PETER PLÖGER

GLÜCKS STRESS

Ohne Druck zufrieden leben

Carl Hanser Verlag

Illustrationen im Buch: Peter Plöger

1   2   3   4   5   20   19   18   17   16

ISBN 978-3-446-44876-6
© Carl Hanser Verlag München 2016
Satz: Kösel Media GmbH, Krugzell
Druck und Bindung: CPI – Ebner & Spiegel, Ulm
Printed in Germany

MIX
Papier aus verantwortungs-
vollen Quellen
FSC® C083411

INHALT

ANHANG

EINLEITUNG

Wenn ich einen Tag Zeit habe, gehe ich gerne raus ins Grüne. Mit einem leichten Rucksack auf dem Rücken laufe ich einen Nachmittag lang durch die Natur. Am liebsten bin ich in Lippe unterwegs, meiner alten Heimat. Vielleicht aus Nostalgie, wohl eher aber einfach deshalb, weil es dort so viele wunderschöne Orte gibt. In dem Rucksack befinden sich nur Grundnahrungsmittel: eine Flasche Wasser und zwei belegte Brote, dazu ein, zwei Bücher, eine Zeitung, ein Notizblock und etwas Geld, um Sekundärnahrungsmittel (Kuchen) kaufen zu können. Wenn es irgendwie möglich ist, laufe ich den ganzen Nachmittag durch Wälder und über Wiesen, halte hier und da an, stecke die Nase in eins der Bücher, beiße in eins der Brote, und alles ist gut.

»Den Moment genießen«, »abschalten«, »ganz im Hier und Jetzt sein«, »die Seele baumeln lassen«, »mit allen Sinnen die Schönheit aufnehmen« – Floskeln wie diese liegen an dieser Stelle nahe. Und doch folgt hier nichts dergleichen. Denn schon im nächsten Satz müsste ich beteuern, wie glücklich mich so eine Wanderung macht. So sind Bücher nun einmal aufgebaut, in denen es um Glück und Natur geht. Ein solcher Satz steht hier aber nicht. Und das liegt daran, dass ich da draußen weder an Glück denke noch an baumelnde Seelen oder tibetanische Mönche. Ich denke die ganze Zeit an die Projekte, die mich gerade umtreiben und faszinieren. Oder an meine Partnerin. Oder an den Kuchen, den ich gleich verkasematuckeln werde. Zwischendurch schaue ich in die Gegend, genieße die schönen Aussichten oder wundere mich über all das Interessante, das da wieder im Gras liegt. Wenn Ameisen auf ihren Duftpfaden über den Weg krabbeln, bin ich ganz dabei und beobachte sie eine Weile. Aber schon bald gehe ich weiter. Alle Sinne offen? Ja sicher, immer mal wieder. Doch meistens dreht sich das Gedankenrad schneller, als Augen und Ohren Informationen liefern können.

Und dann am Abend bin ich durchwärmt von einer tiefen Zufriedenheit. Der Tag hat mich erfüllt. Die vielen Dinge, die ich gesehen, die vielen Gedanken, die ich gedacht habe, die vielen Gefühle, die dabei aufgekommen sind, haben mich gleichermaßen volllaufen lassen mit Lebendigkeit wie Ruhe. Ich gehe den Weg auf der Karte noch einmal nach, und die Erinnerungen glühen auf wie Kohlen, die man sanft anbläst. Lange glimmen sie noch weiter. So ein Tag hinterlässt ein Schwelen an Zufriedenheit.

Ich glaube, das liegt auch daran, dass ich mich während des ganzen Nachmittags nicht mit Abschalten, Den-Moment-Genießen, Im-Hier-und-Jetzt-Sein oder meinen fünf Sinnen beschäftigt habe. Ich war draußen, und das war schön. Fertig. Zudem noch darauf zu achten, dass ich an meinem freien Tag genug »Glück tanke«, hätte nur gestört.

Ganz ehrlich: Ich halte die Fixierung auf das »Lebensglück« für eine große Last. So viele Menschen beschäftigen sich damit, so wenige erreichen, was sie damit erreichen wollten. Und wenn sie es erreichen, ihr Glück, dann liegt es oft nicht an den Anstrengungen, die sie zu diesem Zweck unternommen haben, sondern schlicht am Glück selbst – in seiner Bedeutung als »günstiger Zufall«. Oder wie viele Leute kennen Sie, die nachhaltig glücklich geworden sind durch die Glücksanleitungen, die sie so gewissenhaft befolgt haben, oder durch die endlosen Stunden auf dem Laufband im Fitnessstudio, oder durch die CDs mit Affirmationen, die sie jeden Morgen und Abend hören, oder durch die Blitzkarriere in dem renommierten Fintech-Unternehmen?

Es ist großartig, wenn Menschen sich Gedanken über eine Lebensführung machen, die sie dazu befähigt, ein Leben zu führen, hinter dem sie aus freien Stücken und mit gutem Gewissen stehen können. Wenn sie also eine Antwort auf die Frage gefunden haben, was es für sie bedeuten mag, richtig zu leben. Noch bewundernswerter ist es, wenn sie mit einem Gefühl der Zufriedenheit darauf blicken können. Besser gesagt: »Es wäre ...« Denn statt dieser Lebensführung wählen die meisten das Glück als ihr höchstes Ziel. Und das ist etwas gänzlich anderes.

Glück ist der neue Mercedes. Jeder meint, es zu brauchen. Glück zu haben heißt, Erfolg zu haben. Glück gilt als unbedingt (und unhinterfragt) erstrebenswert, und wer sein persönliches Quantum mehren kann, der tut dies ganz selbstverständlich. Dabei ist »Glück« einer der am meisten gebrauchten, aber gleichzeitig unverstandensten Begriffe unserer Zeit.

Die Versessenheit auf Glück und die besten Methoden, es zu erreichen, werden am sichtbarsten durch die fleißige Industrie, die sich um dieses Thema gebildet hat. Glücksratgeber haben Hochkonjunktur. In jeder Buchhandlung füllen sie den größten Teil der Lebenshilfe- oder Psychologieregale. Die Berater- und Therapeutenbranche hat den »Glückscoach« für sich entdeckt, Unternehmen das »Feelgood-Management« und die Zeitschriftenverlage »Happiness« und »Well-being«. Managementberater werden zu »Life-Coaches« und geschmacksverstärkte Heißgetränke zu »Glückstees«. Auch die Wissenschaft mischt mit: »Positive Psychologie« und »Glücksforschung« sind anerkannte Forschungsgebiete mit eigenen Instituten geworden.

Das alles könnte durchaus ermutigend sein, sofern man es als Zeichen für eine Hinwendung zu der Frage nach einem guten und richtigen Leben deuten könnte. Kann man aber nicht. Denn Aktivismus zeugt nicht von einer ernsthaften Beschäftigung mit nur langfristig beantwortbaren Herausforderungen. Im Gegenteil, er zeugt von Unruhe und Hilflosigkeit.

Was auf den ersten Blick nach Selbstverwirklichung aussieht, ist ein Reflex auf eine schwelende Verunsicherung innerhalb unserer Gesellschaft. Viele Menschen haben heute den Eindruck, dass ihnen, obwohl sie mit weit mehr als dem Lebensnotwendigen versorgt sind, etwas Entscheidendes fehlt. Ihr Leben kommt ihnen übervoll vor: mit materiellen Annehmlichkeiten auf der einen, mit Verpflichtungen und Aufgaben, die sie nicht selbst gewählt haben, auf der anderen Seite. Das Gefühl, es müsse doch noch etwas anderes geben, droht. So verbringen sie ihre Zeit in der Warteschleife. Ihr »wahres Leben« wird noch kommen, so viel ist sicher. Nur wann? Und wie soll es überhaupt aussehen? Es sind die offenen Fragen, die die existenzielle Leere auf Dauer unerträglich machen.

Irgendetwas fehlt immer! Und von etwas anderem hat man zu viel: Die Angst hat sich in unseren Alltag eingeschlichen. Sie war immer da, in den dunkleren Winkeln unserer Lebensläufe, zeigte sich episodisch, wenn jemand starb oder im Betrieb Entlassungen drohten. Doch jetzt flackert sie alltäglich durch die Nachrichten: als Terror, Flugzeugabsturz, Flüchtlingswelle, Eurokrise. Wenn wir den Fernseher abschalten, flackert die Angst weiter und infiziert das Private. So bleibt nur der beunruhigende Eindruck, dass uns die Sicherheit abhandengekommen ist.

> *Angst, den Partner zu verlieren, Angst vor Krankheit, vor Naturkatastrophen, Angst vor sozialem Abstieg, vor Altersarmut, Angst vor falschen Erziehungsentscheidungen. […] Angst kann nicht dauerhaft ausgehalten werden, sie wird verdrängt und in andere Bahnen gelenkt. Daher der Aufwand, der betrieben wird, um die »Fehlerquote« seines eigenen Lebens zu senken.*[1]

Und so sind wir mehr als genug mit dem »wahren Leben« und dem Senken von Fehlerquoten beschäftigt. Wir arbeiten an unserer Happiness, wir maximieren unsere Flow-Erlebnisse, wir optimieren unsere sportliche Performance. Wir schauen, dass wir möglichst oft gut drauf sind und dass wir uns selbst genau spüren. Wenn wir das alles schaffen, dann wird das wahre Leben unvermeidlich beginnen und alle Angst besiegt sein. Doch sind wir dabei glücklich? Werden wir es durch solche Anstrengungen? Ich glaube, nein.

Was wir werden, sind »unglücklich Glückliche«, wie der Philosoph Peter Strasser[2] sie nennt – Glückszombies, die in Äußerlichkeiten und auf Ausweichstrecken nach einem Weg suchen, richtig zu leben. »Unglücklich Glückliche« finden in der Betriebsamkeit ihrer Bemühungen, sich selbst zu verbessern und das Glück zu erzwingen, den Trost, auf dem Weg zu einem Guten Leben[3] zu sein, das sie bald erreichen werden, wenn sie sich nur genug anstrengen. Am Ende wartet jedoch nur eine zusätzliche Überforderung. »Der Motor aller Dinge ist die Unzufriedenheit geworden, begleitet von einem Unbehagen, das vor allem dadurch entsteht, dass man sich eine Aufgabe stellt, die einfach nicht zu bewältigen ist.«[4]

Dennoch wird eifrig weiter an dieser Aufgabe gearbeitet. Wir scheinen uns in den Kopf gesetzt zu haben, dass man Lebensglück herstellen kann, indem man sich folgsam die zusätzliche Belastung der Glückssuche aufbürdet. Damit haben wir uns dem Machwahn hingegeben: Wir nehmen das Glück jetzt selbst in die Hand. Wir machen. Wir tun alles so, wie es in den Montageanleitungen des Glücks geschrieben steht, und dann wird das schon. Woher diese Anleitungen kommen? Das kümmert uns nicht. Sie sind da, das genügt. Sie sind so wunderbar eindeutig: Erfolg haben, entspannen, sich selbst optimieren, die Kinder zu Leistungswesen erziehen und so weiter. Während wir also »darüber lamentieren, dass der Leistungsdruck immer stärker würde und für nichts mehr Zeit bliebe, stehlen wir uns diese Zeit durch unseren Kontroll- und Regulierungszwang. [...] Was zu einem besseren Leben führen sollte, treibt uns inzwischen in die Enge.«[5]

Wenn Glück der neue Mercedes ist, ist Machen die neue Maloche, die es braucht, um sich den Mercedes leisten zu können. Dahinter steht die Annahme, dass man Glück herstellen kann, die Annahme, man könne das richtige, das gute, das wahre Leben einrichten, wie man eine Wohnung einrichtet. Das jedoch

ist eine Aufgabe, an der man scheitern *muss*. Sie ist nicht zu erfüllen, weil die Existenz als Mensch nun mal ihre Unwägbarkeiten hat, ihre Bewegungen, die wir nicht beeinflussen und nicht
einmal nachvollziehen können. Das Leben ist ein Auf- und Abschwingen, das der absoluten Kontrolle entzogen ist.

Die Aufgabe ist zu groß. Wir sollten sie ablehnen. Sie gelingt
uns nicht, weil wir das selbst gebaute Hamsterrad der Glückssuche, in dem wir wie gehetzt immer weiterlaufen, gar nicht
mehr bemerken. Das Glück ist zur Zumutung geworden. Solange
wir glauben, auf diese Weise ein Gutes Leben und Zufriedenheit
erlangen zu können, werden wir weiter mit Volldampf in die falsche Richtung rasen. Es wird weiterhin etwas fehlen und es wird
weiterhin ein Unbehagen auf uns lasten. Wie können wir diesem
Glücksstress entkommen?

Sicher nicht, indem wir dem folgen, was die florierende
Glücksindustrie unermüdlich als Motto ausgibt. Der Philosoph
und Genussforscher Robert Pfaller schreibt:

> *Die meisten Ratgeber tun so, als sei es von individuellen
> Anstrengungen abhängig, ob man zu seinem Glück gelangt.
> Statt die Leute neben ihrem Jobstress, ihrem Kommunikati-
> onsstress, ihrem Nachhaltigkeitsstress auch noch mit ihrem
> Glück zu stressen, sollte man ihnen vielleicht mehr Möglich-
> keiten geben, sich von all diesem Stress auch mal abzukop-
> peln.*[6]

Deshalb wandere ich durch die Natur ohne das wackerstein-
schwere Ziel im Gepäck, damit etwas für mein Glück zu tun. Auf
der Wiese sitzend lese ich auch keine Ratgeber, sondern einen
Roman. Oder Michel de Montaigne, ein Mann, der schon vor
450 Jahren mehr über Lebenskunst wusste als die meisten heutigen Life-Coaches zusammen und dessen *Essais*[7] eine Gelassenheit ausstrahlen, die der Zufriedenheit, die wir alle suchen, ein
sicheres Gerüst baut. Den Glücksstress bin ich satt.

Ich habe auch den Hals voll von all den omnipräsenten Aufforderungen, in allem noch »das Positive« zu sehen, bessere Laune zu zeigen, nicht so negativ zu sein. Ich brauche kein Dauergrinsen, um mit Zuversicht durchs Leben zu gehen. Bisweilen kommen diese Aufforderungen ohnehin von Menschen, denen selber eine Verzagtheit anzumerken ist, eine Unzufriedenheit oder eine Angst. Im einen Moment stupsen sie dich an mit einem »Hey, sei mal positiv!«, im nächsten hadern sie mit einer Nichtigkeit. Dieser selbst verschuldete Glücksstress verbaut den Weg zu einer elementaren Ressource, dem Gespür für die eigenen Bedürfnisse. So führt die Smiley-Kultur dazu, jeden Ernst mit Miesepetrigkeit, jede berechtigte Stressreaktion (und sei es auch nur ein Seufzen) mit persönlicher Unzulänglichkeit zu verwechseln.

Überhaupt zeichnet sich der Glücksstress durch Verwechslungen aus:

› Ganz grundsätzlich verwechselt er ein Gutes Leben mit Glück, das wir angeblich selbst herstellen können.
› Er verwechselt ein gelingendes Leben mit Erfolg.
› Er verwechselt Glück mit positiven Gefühlen und Annehmlichkeiten.
› Er verwechselt schöne Erlebnisse mit dem Spektakulären und Berauschenden.
› Er verwechselt Lebendigkeit mit dem ständigen aktiven Machen und der Kontrolle aller Lebensvollzüge.
› Er verwechselt Sinn mit Zielen.

Was eigentlich dem Guten Leben dienen sollte, dient am Ende dem Machwahnmechanismus, dessen Räder inzwischen so viel Schwung aufgenommen haben, dass sie sich ganz von allein drehen. Sogar die Zeiten, in denen wir von ihm Abstand nehmen und uns seiner Spannung entziehen, also »ent-spannen« könnten, werden noch genutzt, um seinen Schwung aufrechtzuerhalten. »Loslassen« ist zu einem Imperativ geworden, da die Resultate des Loslassens ihrerseits nutzbar sind: Freizeit dient der

Regeneration der Arbeitskraft, die Beschäftigung mit dem Glück dient der Bereitschaft zum Konsum der Angebote der Glücksindustrie. Das Glück ist längst instrumentalisiert.

Es ist verständlich, dass sich kaum jemand mit diesen Zusammenhängen ernsthaft beschäftigen mag. Wer würde seinen ohnehin beladenen Alltag damit schon gerne zusätzlich beladen? Wozu ich Sie mit diesem Buch einladen möchte, ist auch nicht, Ihren Rucksack mit noch mehr Last zu bepacken. Im Gegenteil: Nehmen Sie lieber einen besonders schweren Brocken heraus, den Glücksstress, und ersetzen Sie ihn durch leichteres Gepäck. Hören Sie auf, Ihr Glück *machen* zu wollen. Denn: »Wer das Glück zwingen will, hat nicht verstanden, was ein gelingendes Leben wirklich ist.«[8]

Mit dem Machwahn beschäftigt sich Teil I dieses Buches. Er umfasst eine kritische Bestandsaufnahme unserer verquälten Suche nach dem Glück und der Gründe dafür, warum sie in die Irre führt.

Wie kann es gelingen, ohne Glücksstress zu einem guten, einem gelingenden Leben zu gelangen? Mit dieser Frage beschäftigt sich Teil II. Folgerichtig kann es sich dabei nicht um noch eine weitere Anleitung zum Glücklichsein handeln, nachdem Teil I genau diese ja kritisch durchleuchtet und zurückgewiesen hat. Was ich Ihnen hier anbiete, knüpft sowohl an die Erfahrungen an, die ich als Berufsorientierer und Mentor für Gute Arbeit sowie Lebensberater gesammelt habe, als auch an persönliche Erfahrungen. So ist etwa das Draußensein ein schönes Bild für die Art, ein Gutes Leben anzugehen, die ich meine. Man kann einen unbekannten Streifen Land betreten, sich dort umschauen, einfach einmal da gewesen sein und etwas entdecken, das man noch nicht kannte. Landschaften sind sehr dankbare Partner für Menschen, die gerne entdecken: Man muss gar keine Pläne machen, gar nicht vorher auf eine Karte gucken, man kommt von ganz allein an spannende Orte. Immer.

Den Pfad verlassen, ins Unbekannte gehen und selbst neue

Pfade hinterlassen, das ist mein Weg zu einem gelingenden Leben. Und dieses Leben folgt einem Entdeckerweg.

Ich möchte Sie einladen, Ihrem eigenen Entdeckerweg zu folgen. Es kann nur Ihr eigener sein, denn Entdeckerwege sind immer unerforscht und deshalb einzigartig. Für Versprechungen gibt es schon genug Ratgeber und Coaching-Weisheiten. Glück und Erfüllung und Sicherheit und aufregende Erlebnisse, all das lässt sich jedoch nicht unter Garantie finden, sobald Sie nur ein paar Meter auf diesem Weg zurückgelegt haben. Sie werden nie garantiert finden. Aber Sie können richtig suchen.

Dazu ist der Entdeckerweg da. Er beschreibt, was Sie tun müssen, damit Sie wissen, was Sie suchen. Und damit Sie im Finden immer geschickter werden. Der Entdeckerweg wird Sie im Suchen und Finden ermutigen. Wichtig ist: Es wird *Ihr* gelingendes Leben sein und kein vorgefertigtes, schales Aufbackglück, das nicht zu Ihnen passt.

Die fünf Hilfsmittel, die Sie als Entdecker brauchen, werde ich in Teil II ausführlich beschreiben:

1. Experimente
2. Ein Gespür für das, was für Sie passend ist
3. Eine offene, reaktionsbereite Haltung
4. Mut
5. Reflexion

Diese Dinge werden Sie sich auf dem Entdeckerweg aneignen, und Sie werden im Laufe der Zeit immer geschickter mit ihnen umzugehen lernen. Dabei kommt es nicht darauf an, ob Sie in einer neuen Paarbeziehung sind, Ihrem Job eine neue Richtung geben wollen oder über einen Ortswechsel nachdenken. Auf dem Entdeckerweg können Sie in all diesen Anliegen Ihrem Guten Leben näher kommen.

Ihr eigener Entdecker zu sein hält Spannung und Überraschungen bereit. Manchmal werden Sie auch vor Hindernissen stehen oder Dinge zurücklassen müssen. Was Sie vorhersehen oder planen, spielt auf dem Entdeckerweg meistens nicht die größte Rolle. Das Beispiel von Chitra zeigt dies eindrücklich:

Mein Traum war es, über Zeichensprache bei Menschenaffen zu arbeiten. Es ging so weit, dass mir mein Traum [...] den Mut, die Energie, den Willen und die Chuzpe gab, mich in Kurse für Primatologie einzuschreiben, in allen Kursen Bestnoten zu bekommen und mich für eine Stelle auf einem offensichtlich beschränkten Arbeitsmarkt zu bewerben.« Sie bekommt den Job, kündigt ihn aber wieder wegen der unerträglichen Arbeitsbedingungen. Sie versucht es mit anderen Jobs, überlegt händeringend, Beratungspsychologie zu studieren, und geht zu Karriereberatern. Einer von ihnen sagt ihr schließlich: *»Chitra, Sie müssen Fehler machen! Das ist die einzige Möglichkeit, zu lernen.«* »Dieser Ratschlag befreite mich von der Furcht. Vielleicht wäre das Studium ein Fehler, vielleicht auch nicht. Na und? Ich würde etwas lernen und ich würde diese Erfahrung als ein Abenteuer angehen. [...] Ich wurde angenommen, studierte Vollzeit, arbeitete in Teilzeit und absolvierte drei Praktika in zwei Jahren. Ich lernte über mich selbst, dass dasjenige, was ich am liebsten tat, war, mit Menschen über ihre Traumtätigkeiten zu reden. Heute arbeite ich als Karriereberaterin und helfe Müttern, die von der Sozialhilfe leben, eine zufriedenstellende Anstellung zu finden.*[9]

Das Leben ist ein praktisches Problem, das sich Ihnen jeden Tag stellt. Sie können es leider nicht abhaken wie eine To-do-Liste. Sie werden auch nicht sein inneres Wesen (oder Ihres) finden und, sobald Sie das geschafft haben, glücklich und in Freuden weiterleben. Bei praktischen Problemen helfen auf Vernunft und Erfahrung gründende Heuristiken – und keine Heilsversprechen. Eine solche Heuristik schlage ich mit dem Entdeckerweg vor.

Der Entdeckerweg ist ein offener Weg. Das bedeutet, Sie werden an seinem Anfang nicht sehen, wo er einmal endet, nicht einmal, wie er hinter der nächsten Hügelkuppe weiterführen wird. Er ist wie das Leben selbst und somit im Grunde nichts Neues für Sie. Also: Kein Grund zur Sorge, betreten Sie ihn ruhig!

Vergessen Sie nur nicht, eine Flasche Wasser mitzunehmen, zwei belegte Brote, einen Notizblock und ein gutes Buch. Machen Sie Rast, wo Sie es schön finden, schauen Sie in die Gegend oder lesen Sie. Setzen Sie Ihren Weg fort, sobald Sie die Lust dazu haben. Beschäftigen Sie sich ausgiebig mit Ihren eigenen Gedanken, die sind bestimmt interessant.

Aber denken Sie daran, unterwegs ein Stück Kuchen zu essen!

TEIL I

GLÜCKSSTRESS UND MACHWAHN

KAPITEL 1

MACHWAHN

FÄDEN

Fragen Sie jemanden danach, was heutzutage für ein erfolgreiches Leben wichtig ist, werden Sie Antworten hören wie: Ziele, Vorhaben abschließen, Stabilität, aber auch Bildung, sich fit halten, Kontrolle über die eigene Existenz erlangen, ihr Struktur geben, sie organisieren. Bitten Sie ihn darum, ein Bild von einem Menschen zu zeichnen, unter den er das Etikett »normales Leben« setzen würde, so wird dieses vielleicht eine Figur zeigen und viele, viele Fäden. Die Figur versucht, alle Fäden in den Händen zu halten, und sieht dabei – der Befragte hat zeichnerisches Talent – sehr angestrengt aus. Ein Faden führt zu einem Gebäude mit Glasfassade, dem Arbeitsplatz; ein Faden zu einem beschriebenen Blatt Papier mit einem Siegel darauf, ein Bildungszertifikat; ein Faden zu einem Bett, in dem jemand mit weißen Haaren liegt, medizinische Gerätschaften umgeben ihn, er sieht der Hauptfigur sehr ähnlich; die Hauptfigur hält zudem die Hand einer anderen Figur, die wiederum ein Bündel Fäden in den eigenen Händen hält. Und so weiter.

Das Bild ist im wahrsten Sinne des Wortes bezeichnend: Es stellt die große Anforderung dar, alles beständig unter Kontrolle zu behalten. Kein Faden darf, und sei es auch nur für eine kurze Zeit, locker gelassen werden, sonst entgleitet er uns – mit unabsehbaren Folgen. Und Unabsehbarkeit ist inakzeptabel. Die heutige Gesellschaft suggeriert uns, alle Aspekte des Lebens selbst aktiv gestalten zu müssen, dabei nie innezuhalten und möglichst gründlich zu sein. Diese Suggestion ist so stark, dass sie längst in unser Denken Einzug gehalten hat. Eine regelrechte Kontrollitis hat von uns Besitz ergriffen und verleitet uns, unser Leben unter ein Regime der Selbstkontrolle, Planung und aktiven Einflussnahme zu stellen. Das eigene Dasein fühlt sich nur richtig an, wenn dieses Regime möglichst durchdringend ist, wenn es die Nahrungsaufnahme (»Ich muss auf mein Gewicht achten«) ebenso umfasst wie die Erziehung unserer Kinder (»Wenn die Kleine nicht rechtzeitig Englisch und Klavier lernt, hat sie später überhaupt keine Chancen«) oder die allgemeine Gesundheitsvorsorge (»Habe ich heute Morgen schon meinen Blutdruck überprüft?«).

Bleiben wir für einen Moment beim Beispiel der Kindererziehung. Das Feuilleton, die Buchhandlungen und das Internet sind voll von Erziehungsratgebern, die uns genau das predigen. Auf der anderen Seite gibt es ebenso viele Ratgeber, die das exakte Gegenteil propagieren, die genüsslich diagnostizieren, überambitionierte Helikoptereltern würden ihre Nachkommen keine Minute mehr in Ruhe lassen und so deren Entwicklung hemmen. Erwachsene seien immer ehrgeiziger geworden, bis sie nun Angst hätten, ihren Kindern würde die Zukunft verbaut, wenn sie nicht frühzeitig drei Musikinstrumente, fünf Fremdsprachen und überproportionale EDV-Kenntnisse erlernten sowie möglichst schon vor der Einschulung einen Berufsorientierungskurs mitmachten. Besonders bei diesen sehr beflissenen Eltern zeigt sich die Kontrollitis – das Symptom unserer Zeit. Sie nimmt hier eine geradezu tragische, weil paradoxe Gestalt an: Aus der Furcht heraus, machtlos zu sein angesichts mutmaßlich steigender Anforderungen an die zukünftige Generation, wollen die Eltern mit Macht in die Startbedingungen ihrer Kinder eingreifen. Diese sollen das Rennen erst gar nicht beginnen, bevor nicht die Eltern den Motor gründlich hochgetunt haben.

»Aber Kinder sind kein Rohmaterial«, notiert der *Spiegel-*

Redakteur Hauke Goos in einem Essay über seine Erfahrungen mit seinen eigenen Kindern. »Der Zweck der Grundschule ist nicht vorrangig die Herstellung zukünftiger Abiturienten.« Die »Tigermütter« und »Tigerväter« sehen das bekanntlich anders. Auch ihr Motiv – wie das aller Eltern – ist das Wohl ihrer Kinder. Warum glauben sie aber, es über ein hohes Maß an Forderungen erreichen zu können? Hauke Goos sieht den Grund in der Ungewissheit der Zukunft: »Je größer die Unsicherheit [der Eltern] wird, desto größer wird die Sehnsucht nach einer Schule, die gegen den Wandel immun macht.«[10] Treibt also letztlich ihre Zukunftsangst die Eltern in die Kontrollitis? Sind sie deshalb so verquält bemüht, weil sie das Schicksal ihrer Kinder an einem seidenen Faden wähnen?

Es sieht so aus, als wollten Eltern heutzutage immer das Optimum für ihre Kinder und erwarteten stillschweigend von sich, perfekte Erzieher sein zu müssen. Der viel zitierte dänische Familientherapeut Jesper Juul möchte deshalb gerne ein neues Erziehungsmotto ausgeben: »Gut genug ist perfekt. Wenn Eltern sich damit abfinden, gut genug für ihre Kinder zu sein, dann ist schon viel gewonnen. Weil niemand perfekt ist.«[11] Doch Perfektion wird entgegen Juuls Motto leider überall gesucht, nicht nur im Verhältnis von Eltern und ihren Kindern.

Während in vielen Bereichen unserer Gesellschaft ein kontrollitischer Perfektionismus das Maß aller Dinge ist, haben es Fähigkeiten, die mit Zurückhaltung zu tun haben, schwer. Abwarten, Muße, Passivsein sind genauso wenig heutige Tugenden wie das nutzenfreie Verwenden von Zeit oder das Vertrauen in eine selbst organisierte Entwicklung. Sie alle sind nicht gut gelitten. Deshalb tauchen sie in unserem Selbstbild mit den vielen Fäden auch nicht auf. Sie spielen keine Rolle. Sie werden als ineffizient abgetan und haben ihren Wert allenfalls noch als bunte »Soft Skills«, die ab und an gern gesehen sind, aber im Grunde nicht dazugehören sollen.

Dieser Verzicht wiegt schwer. Denn die Kontrollitis wirkt gerade deswegen wie eine Krankheit, weil ihr der Widerpart fehlt, die zweite Schale an der Waage, die alles im Gleichgewicht halten könnte. Oder, um mit einer in alten Spielkarten hinterlegten Weisheit zu sprechen: Wir sind zu viel vom Magier und zu wenig von der Hohepriesterin.

DER MAGIER UND DIE HOHEPRIESTERIN

Ich glaube nicht daran, dass irgendjemand die Zukunft aus einem Stapel Karten herauslesen kann. Tarot-Karten besitzen dennoch einen ganz speziellen Erkenntniswert, weil oft in ihren Abbildungen eine epochenlange Beschäftigung mit der *conditio humana*, den Bedingungen des Menschseins, kondensiert ist. Aus ihnen lässt sich freilich kein Schicksal ablesen, sicherlich aber einiges darüber, wer wir sind und wie wir ticken. Der Wert der Karten liegt in der komprimierten Darstellung menschlicher Eigenschaften und biografischer Situationen. Sie zeigen, was typisch ist an allgegenwärtigen Lebenslagen. Die »Großen Arkana«, das sind die 22 Hauptkarten eines Tarot-Sets (die »Trümpfe«), sind die Archetypen, die in jedem Leben zu einem bestimmten Punkt eine wichtige Rolle spielen: »Der Wagen« zum Beispiel steht für einen Aufbruch, »der Tod« für das Ende und das Loslassen, »die Sonne« für Lebenswillen und Vitalität. Die Nummer eins und zwei der Großen Arkana, »der Magier« und »die Hohepriesterin«, stehen für zwei grundlegende, sich ergänzende Prinzipien, die man nur dann jeweils mit einem einzigen Wort benennen kann, wenn man viele Aspekte ihrer Bedeutung vernachlässigt. Diese Prinzipien möchte ich deshalb nur fürs Erste »aktive Einflussnahme« und »Aufnahmefähigkeit« nennen.

Der Magier steht für die aktive Seite in uns allen. Er übt einen starken Einfluss auf seine Umgebung aus, er ist der typische »Macher«. Seine wichtigste Eigenschaft ist die Handlungsstärke. Wo es zu handeln gilt, hat er die Ideen und gibt die Impulse. In der Illustration zu dem von Arthur Edward Waite heraus-

gegebenen Tarot (dem »Rider-Waite-Tarot«) steht der Magier –
ein überraschend junger, androgyner Mann – aufrecht da und
streckt den rechten Arm gerade nach oben, während er mit dem
linken nach unten zeigt. Es ist, als wolle er die Bahn eines Blitzes
nachzeichnen, dem er das Kommando gibt, in den Boden zu
fahren. Der Magier hat ein unerschütterliches Vertrauen in seine
eigenen Kräfte. Er verfügt über große Meisterschaft in seinen
Fertigkeiten und beherrscht seine Gegenstände. Die Geste verbindet Himmel und Erde und damit in der Symbolik des Rider-
Waite-Tarots die zwei umfassenden Bereiche des göttlichen und
des irdischen Wissens, auf die der Magier gleichermaßen Zugriff
hat. Er ist derjenige, der alles unter Kontrolle hat. Die Symbole
der vier Elemente auf dem Tisch vor ihm sind ein Ausweis seines
Einflusses auf alles Existierende: der Stab für das Feuer, der
Kelch für das Wasser, die Münze für die Erde und das Schwert
für die Luft. Das Instrument, das er zur Manipulation der Elemente benutzt, ist sein scharfer Verstand, die Ratio ist sein
Medium.

Es ist sicher kein Zufall, dass das Urbild des Magiers eine der
bekanntesten Figuren der Literaturgeschichte ist: Doktor Faust,
der Macher und endlos Strebende.[12] Faust ist ein typischer
Magier, allerdings wird er in der Gestalt des damals neu aufkom-
menden Typus des Wissenschaftlers gezeichnet. Ist er der erste
Kontrollitiker?

Ganz anders die Hohepriesterin. Sie sitzt auf einem Thron,
ruhig und aufmerksam den Blick nach vorn auf den Betrachter
der Karte gerichtet. Die Hohepriesterin steht für die aufnahme-
fähige Seite in uns allen. Sie ist reaktiv, nicht aktiv. Ihre Stärken
sind ihre Wahrnehmungsfähigkeit und ihre Vertrauensfähigkeit.
Mit ihrer Empfindsamkeit ist sie in der Lage, Impulse von außen
und innen aufzunehmen. Sie setzt Vertrauen in das, was kommt,
weil sie um die Fähigkeit alles Lebendigen weiß, sich selbst zu
organisieren und zu gestalten sowie Neues entstehen zu lassen.
Die Hohepriesterin lässt geschehen. Sie hat Vertrauen in ihre
Umgebung, das Ablaufen der Prozesse und in alle, die daran teil-

haben und mit denen sie in Beziehung steht. Ihre Meisterschaft besteht in der Eingebung, dem plötzlichen, unerklärbaren Können. Deshalb sind ihr Medium die Intuition und das Unbewusste. Ihre Karte schmücken an mehreren Stellen Mondsymbole, ihr Wissen ist nach dem Rider-Waite-Tarot ein »lunares« Wissen, ein im ursprünglichen Wortsinne obskures, sprich eines, »das aus dem Dunkel kommt«. Der Gedanke, dass ein solches Wissen ein gutes sein könnte, ist uns fremd geworden – was bereits viel über unseren eingeschränkten Bezug zur Welt aussagt.

Unsere Gesellschaft ist eine Magiergesellschaft. Wir haben uns angewöhnt, immer das Heft des Handelns in der Hand halten zu müssen. Wir würden wohl am liebsten wie der Tarot-Magier den Blitzen die Befehle dazu geben, wo sie in den Boden schlagen sollen – am besten natürlich dort, wo gerade nichts Teures zu Bruch gehen kann, es sei denn, es ist gut versichert. Als eifrige Zauberschüler müssen wir ständig den Stab schwingen. *Wir* sind es, die die Impulse geben. Von äußeren Einflüssen, die uns in Richtungen drängen, die wir nicht billigen, wollen wir nichts wissen. Die Natur ist für uns etwas, das wir einhegen und zurückhalten, dem wir seinen Platz zuweisen müssen – unsere eigene Natur eingeschlossen. Ob wir fremde Triebe im Garten jäten oder unbequeme Triebe verdrängen, die in uns selbst wurzeln, die grundsätzliche Haltung ist eine ganz ähnliche. Es »gilt die Ideologie, alles sei machbar und jeder Einzelne könne die permanent vorgeführten Idealzustände, bis hin zum unendlichen Reichtum wirklich erreichen«.[13] Diese Vorstellung treibt das Individuum immer wieder aufs Neue zu einer forcierten Selbstermächtigung: »Du bist der Herr deiner Gedanken, deines Befindens, deines Schicksals« und so weiter. Die ideologische Zuspitzung davon sind das »Positive Denken« und die sogenannte »Positive Psychologie« (dazu mehr in Kapitel 2). Sie bewirken aber nicht in erster Linie Gutes, denn die Autosuggestionen erzeugen einen enormen Druck. Indem wir glauben, wir könnten unser eigenes Leben in seinen wesentlichen Aspekten kontrollieren und es so zu einem glücklichen machen, erzeugen wir letzten Endes nur eins: einen enormen Glücksstress.

Unsere Zeit ist eine, die jeden Einzelnen und jede Einzelne unter diesen unentrinnbaren Druck setzt: permanent gestalten und selbst Einfluss nehmen müssen. Wir dürfen darin nicht nachlassen, aktiv zu sein, sonst gelingt unser Leben nicht. Das Glück muss gemacht werden. Das ist der *Basso continuo* der Moderne. Es ist die Musik des Machwahns.

Mit so viel Verve spielen wir im Orchester, so eifrig dudeln wir mit, dass wir einen Generalbass, der uns auf Linie hielte, gar nicht mehr benötigen. Das Machen ist uns längst zur Natur geworden. Wir müssen immer alles machen, selbst dort, wo wir es lieber lassen sollten. Überall werden »Lösungen« gefunden, auch dort, wo es vorher keine Probleme gegeben hat. Der Internettheoretiker Evgeny Morozov nennt diese geistesgeschichtliche Entwicklung deshalb »Solutionism«.[14] Es ist ein historischer Irrtum, anzunehmen, mit den vielen Erleichterungen, die uns die Moderne und ihre Technologien bieten, würden wir uns peu à peu in ein angenehmes, müßiges Leben zurückziehen. Das Gegenteil ist eingetreten: Wir sind nur noch besoffener geworden von der Fülle der selbst geschaffenen Möglichkeiten, auf unsere Lebensumstände Einfluss zu nehmen. »Nicht das Erschlaffen der Menschheit in Wohlleben ist zu fürchten«, schreibt Theodor W. Adorno in seinen *Minima Moralia*, »sondern die wüste Erweiterung des in Allnatur vermummten Gesellschaftlichen, Kollektivität als blinde Wut des Machens.«[15]

Was Adorno mit »wüst« und »blind« umschreibt, kommt uns allerdings zielgerichtet und wohldurchdacht vor. Im Einzelnen ist es das sicher auch: Natürlich kann ich meinen Tagesablauf planen, in einen Kalender eintragen und ihn dann Punkt für Punkt abarbeiten. Doch jetzt kommt der große Irrtum: Unser Anspruch ist es, dass möglichst viele unserer Tätigkeiten zielgerichtet und durchdacht sind. Das ist notwendig so, denken wir, da nichts laufen würde, wenn wir nicht alles planen und durchdenken würden. Etwas nicht rational gestalten, kontrollieren, machen zu können, ist uns ein Horror. Das Eingeständnis, einmal etwas *nicht tun* zu können, käme einer Bankrotterklärung gleich. Die Kränkung könnte nicht größer sein.

Um diese Kränkung zu umgehen, sind wir lieber aktiv, aktiver als nötig sogar, denn sie lauert an jeder Ecke. Der Mensch der Moderne, schreibt der Philosoph Byung-Chul Han, neige zur Hyperaktivität. Er fühlt sich gedrängt zum ständigen Tun. Deshalb, so Han weiter, sei sein Tun nicht frei, er bestimme nicht darüber, ob er ständig aktiv sein will oder nicht.[16] Er habe lediglich die Vorstellung, seine Hyperaktivität sei gut und richtig, da sie produktiv sei und ein Zeichen des gesellschaftlichen Fortschritts. Selbstbestimmt sei sie aber nicht.

Der gesamte Energieaufwand, den wir betreiben, fließt in die Aktivität, hinter der letztlich der Drang steht, Dinge und Zustände herzustellen (statt sich ihrem Entstehen anzuvertrauen). Unsere gesamte produktive Spannung geht darin auf. Alle Aktivität ist dabei von einem Hunger durchdrungen: Der Kontrollitiker will, dass sein Tun ihm etwas nützt. Es soll ein sichtbarer – besser noch zählbarer – Überschuss dabei herauskommen, ein Gewinn. »Zeit ist Geld«, wusste schon Benjamin Franklin, einer der Heroen derjenigen Nation, die am ehesten mit der Heiligsprechung des materiellen Lebensstils identifiziert wird, den USA. Und wenn der Nutzen schon nicht greifbar ist, soll er den Kontrollitiker wenigstens in Form eines mitreißenden oder entspannenden Erlebnisses zufriedenstellen.[17] Alles soll erlebt werden: der Sex, das Essen, der Urlaub, ein beiläufiger Blick aus dem Fenster, sogar die Stille. Dabei steht »Erlebnis« in erster Linie für »Intensität«. Und Intensität wird wiederum *hergestellt*, es wird nicht etwa akzeptiert, dass sie so groß ist, wie sie eben ist.

Kontrollitiker sind ständig auf der Suche nach dem nächsten »Bliss Point«. So nennen Lebensmittelingenieure den Punkt der maximalen Aktivierung des Belohnungszentrums im Gehirn bei der Verkostung von Lebensmittelproben. Auch hier verraten Worte sehr viel darüber, wie der Machwahn die Welt formt:

Lebensmittel sind etwas, um deren Herstellung sich *Ingenieure* kümmern. Der Bliss Point wird anhand der *Gehirnaktivität* bestimmt, also einer *materiellen* Veränderung des Stoffwechsels. Das subjektive Geschmacksempfinden ist hier nicht gefragt. Der Bliss Point wird *gemessen* und anhand einer gaußschen Kurve dargestellt, was rein gar nichts über das Erleben selbst aussagen kann. Den Kontrollitiker verlangt es nach Erlebnissen, die ihn immer wieder an seinen Erlebnis-Bliss-Point führen, wortgetreu: den Punkt der Seligkeit. Er glaubt, das wiederholte Erreichen dieses Punktes könne er durch sein Eingreifen herbeiführen, er könne sogar den Zeitpunkt bestimmen und am Ende auch die Intensität des Erlebnisses. Denn darum geht es: möglichst intensive Erlebnisse zu haben, je intensiver, desto größer der Nutzen. So ist der Kontrollitiker gleichzeitig ein Selbstoptimierer, der das Trittsteinhüpfen von Bliss Point zu Bliss Point selbst steuern will.

Gerade dort, wo wir aufgefordert werden »ganz im Moment zu sein«, um eine »tiefe innere Zufriedenheit zu erlangen«, ist der Druck des Machwahns besonders groß. Der Moment, in dem wir gerade leben, ist in der Regel eben leider nicht der befriedigendste, spannendste oder gelungenste. Meistens »kommt einem die Gegenwart blass vor, sodass man fruchtlos und ermüdend an Vergangenheit und Zukunft herumzupft«, schreibt Eva Menasse in ihrem Roman *Quasikristalle*.[18] Die Gegenwart ist ein winziger Punkt, fast nicht zu greifen, außer in künstlichen Ausnahmesituationen. Wenn Sie sich zum Beispiel in eine tiefe Meditation begeben oder in einer Tätigkeit sehr konzentriert versunken sind, haben Sie den Eindruck, von nichts als der Gegenwart erfasst zu sein, Vergangenes und Zukünftiges gleitet einfach vorbei. Das sind jedoch Situationen, die im Alltag selten vorkommen. Dort *sind* wir Vergangenheit und Zukunft: Vergangenheit, weil vergangene Ereignisse unsere Identität ausmachen, und Zukunft, weil zukünftig mögliche Ereignisse unsere Aufmerksamkeit an sich ziehen. Und das ist auch nicht schlimm. Schlimmer ist es, sich durch die Selbstverpflichtung, man müsse vollkommen fokussiert auf den Moment sein, zusätzlichen Stress aufzubürden.

Das Problem mit den »Momenten« ist nicht, dass wir zu wenige davon hätten, sondern dass wir sie gar nicht genug an uns heranlassen. Dafür sind wir dank der Kontrollitis gar nicht offen und bereit genug. Der Moment könnte ja etwas beinhalten, das uns nicht schmeckt, das unkontrollierbar oder unvorhersehbar ist. Momente ja, aber nur, wenn alles darin einem »um zu« untergeordnet ist: um mir zu gefallen, um mich glücklich zu machen, um mich zu entspannen und so weiter. Der Appell, »alle Sinne zu benutzen«, um »intensiv zu leben«, ist deshalb nichts weiter als eine überreizte Reaktion auf den hypochondrischen Eindruck fehlender Lebendigkeit: Zu wenig Zeit, zu viel Stress, zu unüberschaubare Anforderungen allenthalben – und mein Leben bleibt auf der Strecke.

Das Paradoxe an diesem Appell: Da wird erwartet, dass wir dauernd erleben, genießen, im Moment sind. Allein uns fehlen die Voraussetzungen dafür. Eine Form des Lernens intensiver Wahrnehmung hat diese Gesellschaft nämlich nie entwickelt. Weder gibt es eine breite Tradition des gelassenen Genusses, die den Kindern in den Familien vermittelt würde, noch taucht die Kunst des Wahrnehmens im Unterrichtskanon der allgemeinbildenden Schulen auf. Ich muss also etwas tun, das ich von meiner Sozialisation her gar nicht können kann. Die Fähigkeit dazu muss ich mir schon selbst erwerben – eine weitere Anforderung, die ich auf eigene Rechnung erfüllen muss.

Keineswegs fehlen uns die Quellen für Genuss. Was uns fehlt, beobachtet der Philosoph Robert Pfaller, ist jedoch die Fähigkeit, diese Genussressourcen auch zu nutzen. Und das läge unter anderem an einer Verkrümmung unserer Perspektive auf das Leben.

Statt zu fragen, wofür wir leben, fragen wir uns nur noch, wie wir möglichst lange leben beziehungsweise überleben können – gemäß nunmehr völlig fraglos verabsolutierten Prin-

zipien wie Gesundheit, Sicherheit, Nachhaltigkeit und – vor allem – Kosteneffizienz.[19]

Kein Wunder also, wenn einem die Gegenwart »blass vorkommt«. »Wenn die Gegenwart jedoch aufglüht«, so Eva Menasse in *Quasikristalle*, »dann sollte man sich ihr überlassen.«[20] Und wann glüht die Gegenwart auf? Kaum, wenn wir sie glühen *machen*. Das Glühen, das Menasse meint, ist der Moment, der uns geschieht, ein Zufall, der die Gegenwart leuchten lässt, bevor es von selbst wieder dunkler wird. Die Quelle des Lichts bleibt uns unbekannt. Gerade darin liegt ihre Fähigkeit zur Verzauberung. Unser Unwissen macht den magischen Moment erst möglich.

SPAREN SIE HERZARBEIT!

Wer dauernd macht, hat Schwierigkeiten damit, einen Zufall oder ein Schicksal annehmen zu können. Diese Möglichkeit geht uns heute gänzlich gegen den Strich. Der Kontrollitiker ist schicksalsskeptisch. Nichts darf einfach so geschehen, weil es eben geschieht. Vielleicht ist der Mensch in der Moderne deshalb auch dem Religiösen so abgeneigt. Als Magier, der er sein möchte, kann er sich nicht Gott in die Hände geben. Der Fromme kann per se kein Macher sein.

Ebenso wenig kann sich der Kontrollitiker einfach in die Hände eines geliebten Menschen fallen lassen. Partnerschaften wollen gestaltet, besprochen, verhandelt werden, und drohen sie, zeitweise der Kontrolle zu entgleiten (was in zwischenmenschlichen Beziehungen zur Normalität gehört), werden sie schnell betreut, begleitet, therapiert. Manche Beziehungen haben eine Begleitung sicher nötig, der Punkt ist aber, dass das Vertrauen in den Partner und die Beziehung zu oft zugunsten eines kontrollierten Einwirkens ersetzt wird. Kontrollitiker haben das Vertrauen in alles verloren, von dem sie nicht überzeugt sind, es selbst in der Hand zu haben. Dabei vergessen sie, dass das aber nun mal die Natur des Vertrauens ist: Kontrolle abzugeben.

Liebe und Eros können nicht einfach akzeptiert werden, wie sie geschehen. Sie werden auf ihren Nutzen für das Glück hin optimiert. Sie sind das Objekt andauernder »Beziehungsarbeit«. Doch Arbeit an Liebe ist an sich schon ein Paradox, weil Liebe von so vielen Dingen abhängt, die wir nicht unter Kontrolle haben. Wir sind allerdings bereits so daran gewöhnt, an den meisten Bereichen unserer Existenz zu arbeiten, dass wir nicht mehr bemerken, wie sehr Beziehungsoptimierung ein Kind der aktuellen geistesgeschichtlichen Epoche ist.[21] Die Literaturwissenschaftlerin Barbara Vinken schreibt über ihre Ehe:

> *Ich bin schon sehr lange verheiratet und glücklich, und dann sagen die Leute immer: Mensch, das bewundere ich, das ist eine unheimliche Leistung. Gerade das ist es aber überhaupt nicht. Ich habe nie etwas geleistet, und ich glaube, man kann dafür auch nichts leisten; es stößt einem zu. Die Vorstellung von Beziehungsarbeit zeigt, dass wir in einer Gesellschaft leben, in der kapitalistisch-zweckrationales Verhalten auf alles ausgedehnt wird. Gerade für das Erotische ist das verheerend.[22]*

Für die Partnersuche hat sich die Epoche der Kontrollitis das passende Instrument erfunden: das Dating-Portal. Dating-Portale sind ausgereifte technische Werkzeuge zur Ausschaltung des Schicksals. Algorithmen übernehmen die Erstauswahl potenzieller Partner, die bislang größtenteils vom Zufall bestimmt war. Das Bindung stiftende Erlebnis des überraschenden Zusammenpassens wird abgelöst durch das berechnende »Matchmaking«, welches die Kompatibilität über Kategorien wie »Hobbys« oder »Magst du Haustiere?« festzustellen versucht. Das mag sicherstellen, dass die zwei Suchenden in einigen oberflächlichen Dingen eine gewisse Übereinstimmung haben. Es nimmt dem Kennenlernen aber auch die Spannung. Das ist traurig, denn dadurch geht etwas Wesentliches verloren: das gemeinsame Erlebnis, sich *trotz aller Unwahrscheinlichkeit* gefunden zu haben. Das Vertrauen darin, dass dieses Ereignis irgendwann eintritt, und die Spannung, wann es so weit ist, machen einen guten Teil des Wertes einer späteren Beziehung aus. Sie sind die ersten Gemeinsamkeit stiftenden Momente eines frischen Paares. Das Matchmaking kann die Erinnerung an den glücklichen Zufall nicht ersetzen. Uwe Timm lässt seine Hauptfigur Eschenbach in seinem Roman *Vogelweide* sagen:

> *Das Glück des Augenblicks, [...] das Zugreifen, [...] das ist Teil der Paargeschichte, der Fehler wie des Geglückten, das ist die Energie, die in kalten Zeiten wärmt, Streit und Enttäuschung und den gewöhnlichen Alltag lebbar macht. Und warum? Weil man sich getraut hat. Hier, das ist die Suchmaschine, und das andere ist das Hier und Jetzt, das Sich-offen-Halten für den entscheidenden Moment.*[23]

Der Versuch, das Aufeinandertreffen durch Algorithmen zu lenken und ihm so das Zufallselement zu nehmen, führt noch aus einem weiteren Grund in die Irre. Wir *entscheiden* nicht nach vorgegebenen Kriterien, in wen wir uns verlieben oder mit wem wir uns vorstellen können, ein Leben zu verbringen. Matchmaking unterstellt einen rationalen Vorgang, wo gar keiner sein kann. »Normalerweise ist die Anziehung doch weit vor allem, was man vom anderen weiß«, sagt Timms Romanfigur Eschenbach.[24] In der Liebe ist das Bauchgefühl schneller als die Ratio und setzt sich am Ende ohnehin durch. Ich kann nach Matchmaking-Kriterien die perfekte Partnerin in meiner Datenbank haben. Ob sie meine Partnerin *wird*, entscheidet sich, wenn ich auf der Polsterbank im Bistro vor ihr sitze.

Das Versprechen, alles zu eliminieren oder zumindest einzuhegen, was wir bislang nicht unter Kontrolle hatten, nimmt bisweilen groteske Züge an. Schlaf ist etwas, das sich dem aktiven Zutun größtenteils entzieht (es findet nun einmal gerade dann statt, wenn man gar nicht aktiv sein kann). Dachte ich. Als ich neulich in Köln am Schaufenster eines Möbelhauses vorbeikam, wurde ich eines Besseren belehrt. Die dort ausgestellten Bettdecken lockten damit, aufgrund ihrer speziellen Flockenfüllung eine besonders positive Auswirkung auf den Schlaf und die vitalen Funktionen zu haben. Sie wärmten nicht nur (was dem Einschlafen normalerweise zuträglich ist, insofern hätte es mir schon genügt), nein, die Wunderdaunen »verbesserten die Schlafqualität«, »bewirkten eine niedrigere Herzschlagrate« und »sparten durchschnittlich eine Stunde Herzarbeit pro Tag«. Herzarbeit – das wichtigste Körperorgan ein Dauermalocher, der Urlaub nehmen darf? Sicher, natürlich gehört es leistungsoptimiert, um Leistung dreht sich schließlich alles. Wenn dazu eine so schlichte Technologie wie die Bettdecke ausreicht, könnte ich mir tatsächlich überlegen, doch noch Schlafkontrollitiker zu werden. Nur: Was tun mit den gesparten Herzarbeitsstunden?

Die Kontrollitis hält Menschen also auch dort, wo sie überhaupt keinen oder nur einen geringen Einfluss darauf haben, was mit ihnen passiert, dazu an, »etwas zu machen«. Im Fernsehen ist das besonders eindrucksvoll zu beobachten. Hunderttausende junger Leute sind bis heute zum Vorsingen, -tanzen oder -turnen in die Casting-, Model- und Talentshows gelaufen. Dort wird ihnen vorgegaukelt, sie hätten »eine Chance«, wenn sie »noch härter an sich arbeiten«. Unter den schamlosen Augen der Kameras geben Detlev D! Soost, Dieter Bohlen und neuerdings auch Heino den Drillsergeant oder den mauligen Regisseur, der seine Schutzbefohlenen durch Provokationen bis hin zur Entwürdigung zu mehr Leistung antreibt. Und Leistung, das haben die gläubigen Jungtalente schon früh gelernt, gibt es nur durch disziplinierte, entbehrungsreiche Arbeit. Sie nehmen offenbar nicht viel davon wahr, was wirklich mit ihnen gespielt wird. Einen »Recall« bekommt, wer bereit ist, sich zu dem Star hochzuschwitzen, der er doch so gerne sein möchte. Die Castingshows sind das Abziehbild der Machwahngesellschaft. Doch was auf den ersten Blick nach selbstbestimmter Erfüllung eines Traums aussieht, könnte in Wahrheit nicht fremdbestimmter sein: Den Kasernenton, den Takt der Selbstoptimierung und die Haltung der unbedingten Leistungsbereitschaft geben die Produktionsfirmen vor. Sie sind es, die später auch den Nutzen in Form von Millioneneinnahmen (Werbung, verkaufte Tonträger, Verwertungsrechte und so weiter) einfahren. Und die Talente ziehen dankbar mit in dem Glauben, hart an sich arbeiten zu müssen.

Der Weg der Talente ist dadurch vorgezeichnet, wie gut sie altbekannte Starqualitäten verkörpern können. Dazu sind sie längst in das sich ewig wiederholende Rollenschema aufgeteilt worden: Eine ist die Zicke, eine andere die Heulsuse, einer der coole Checker, ein anderer der süße Mädchenschwarm. Was sie von sich aus wollen und planen, wie konzentriert sie auch an sich arbeiten, ist schlicht egal. Ihr Siegeswille wird nur für die notwendigen Inszenierungen gebraucht. Welches Mädchen kann am besten ihren Ekel vor einer ihr um den Hals gehängten Schlange beherrschen und gleichzeitig noch eine gute Figur dabei machen?

Das Tragische an diesen obszönen Zurschaustellungen menschlicher Sehnsüchte und Eitelkeiten ist, dass die Medienkonzerne den Traum der jungen Teilnehmer und deren Überzeugung, alles selbst in der Hand zu haben, so perfide ausnutzen. Das »Schicksal« der Kandidaten ist es, mit mehr oder weniger Talent gesegnet zu sein. Das können sie so aber nicht akzeptieren. Sie glauben dem modernen Mantra, durch Leistungsbereitschaft könnten sie der Begrenztheit ihrer Anlagen entkommen. Ihre Fahrlässigkeit (und die ihrer Erziehungsberechtigten) ist es, diese Mär und die Inszenierungen der Medienproduzenten für bare Münze zu nehmen. Wenn die Hunderttausende sehen würden, wie normal sie eigentlich alle sind, könnten sie zu einem Leben finden, in dem sie sicher irgendwann noch etwas Besonderes bewirken und einen Unterschied machen – als Eltern, Mitarbeiter, Freunde. Diese Leistung der alltäglichen Menschlichkeit genügt ihnen jedoch nicht. So machen sie sich selbst – nicht zu Stars, aber zum Treibstoff der Medienmaschine.

SELF-FRACKING

Die zahlreichen Shows, in denen die Hoffnungen junger Menschen billig verscherbelt werden, sind besonders augenfällige Oberflächenanzeichen für das, was die Gesellschaft im Innersten zusammenhält. Man kann an ihnen wunderbar ablesen, wie Selbstzwang gewürzt mit Fremdbestimmung zum vollkommenen Machwahn verbacken wird. Wer davon am stärksten vereinnahmt ist, ist kaum noch zu entscheiden. Die »Arbeit an der eigenen Person« ist der kategorische Imperativ der heutigen Epoche. Normalerweise bleibt er unausgesprochen. In den »Talentshows« wird er dagegen explizit eingefordert.

Das Credo »Es kann alles gemacht werden – auch ich selbst« ist heute ein fester Bestandteil der Lebensführung. Der »Trend der Zivilisationsbewegung« ist die automatische Selbstkontrolle, sie ist Teil einer festen »Über-Ich-Apparatur«, schrieb Norbert Elias bereits 1969.[25] Die Kontrollitis hat eine einflussreiche Tochter, die Selbstkontrollitis. Wie weit sie schon in den Alltag vorgedrungen ist, merkt man vielleicht dort am deutlichsten, wo man einmal wachen Auges auf das eigene Verhältnis zu seiner Arbeit blickt. Wie oft sind Sie bemüht, Ihre Aufgaben so zu erfüllen, dass die Vorgesetzte zufrieden ist, der Kollege nichts zu nörgeln hat, Sie also zumindest nirgendwo unangenehm auffallen? Und Sie selbst? Wie steht es mit Ihrer Zufriedenheit mit der eigenen Tätigkeit, die Sie täglich sieben, acht Stunden oder mehr ableisten?[26] Sind die Arbeitnehmer mehr damit beschäftigt, einen Job zu tun, der sie abends zufrieden nach Hause gehen lässt, oder eher damit, äußere Vorgaben für die »richtige« Arbeit zu erfüllen? Die da heißen: ständig leistungsbereit sein, pünktlich sein, schnell fertig werden, auf die Qualität achten, sich permanent lernbereit halten und auch noch die nette Kollegin sein, die sich jeder wünscht.

Und in der Freizeit? Viele »nehmen die Arbeit mit nach Hause«. Sie denken auch unter der Bettdecke noch an die Besprechung von morgen und quälen sich mit dem Zweifel, ob sie sich auch richtig vorbereitet haben. Freizeit ist Arbeitszeit in Wartestellung. Man soll sich in ihr regenerieren, um am nächsten Tag wieder fit zu sein und seine Arbeitszeit erneut »in alter Frische« zur Verfügung stellen zu können. Freizeit, die der Erholung für etwas gewidmet ist, erfüllt also wieder – genau wie die eigentliche Arbeitszeit – einen Zweck, ist einem Ziel untergeordnet und will entsprechend optimal eingesetzt und ausgenutzt sein. Paradoxerweise kommt man diesem Sinn gerade dann nicht nach, wenn man »die Arbeit mit nach Hause nimmt«, da die Regeneration in diesem Fall nicht stattfinden kann.

Aber vielleicht kommt dennoch etwas dabei heraus, das nützt – eine bessere Vorbereitung auf das Meeting von morgen zum Beispiel. Dass es *Ihnen selbst* viel weniger nützt als Ihrem Arbeitgeber, ist Ihnen dann offenbar nicht mehr so wichtig. Wir bestehen darauf, dass sowohl die Arbeit als auch die Freizeit, in der wir auf die erneute Arbeit hinarbeiten, Aktivität bedeuten und Aktivität per se etwas Gutes ist. »Was *machen* wir am Wochenende?«, fragt sich der besorgte Freizeitaktivist schon am Mittwochnachmittag. Er ist nicht glücklich ohne die Illusion, seine Zeit individuell und nach seinen Vorstellungen gestalten zu können.

Michel Foucault hat in seinen Büchern (insbesondere in *Überwachen und Strafen*) nachgezeichnet, wie sich seit dem 18. Jahrhundert an den verschiedensten Orten in unserer Gesellschaft Regime der Selbstkontrolle durchgesetzt haben: im Militär, im Gefängnis, in der Schule, schließlich bis in die einzelnen Haushalte hinein. Was zuerst als systematische Fremdkontrolle beginnt – meist unter Androhung von Strafe –, setzt sich über die Zeit in den Gehirnen der Individuen fort. Jeder und jede Einzelne kontrolliert sich irgendwann permanent selbst: Verhalte ich mich noch richtig? Riskiere ich im Ernstfall eine körperliche Strafe beziehungsweise den Ausschluss aus meiner Gemeinschaft? Foucault hat erkannt, dass der Kontrolleur im Hinterkopf viel effektiver ist als der aufmerksamste Wärter, Polizist oder Schulmeister. Wenn jeder sich selbst überwacht, kann niemand dem Netz der Überwachung entgehen.[27]

Vollends zur überdrehten Selbstkontrollitis wird die Selbstüberwachung, wenn sie sich mit dem unreflektierten Machwahn vereinigt. Perfekte Selbstoptimierer *ahnden* nicht bloß eigenes »Fehlverhalten«, sie arbeiten schon *von vornherein* auf eine *erwartete* Anforderung hin. Die »Arbeit an sich selbst« ist eine Veränderung, die weit in die eigene Identität eingreift. Mit Schönheitsoperationen und chemischen Mitteln wie Botox soll das Aussehen einem imaginierten Ideal angepasst werden. »Ich tue es für mich selbst, um mich selbstbewusster zu fühlen«, sagen die Besucher der Schönheitskliniken. Doch fragt man sich, wie viel freier Wille noch dahintersteckt und wie viel davon von außen kommende, internalisierte Optimierungsraster sind. Schönheitschirurgen geben an, bei ihren Patientinnen und Patienten einen »Leidensdruck« feststellen zu können. Den fühlen sie allerdings bereits, wenn zum Beispiel ihre Schamlippen nicht die korrekte, modische Form haben. Ästhetische Maßstäbe können aber nur zu anerkannten Leidenssymptomen werden, wenn es Ärzte gibt, die sie als solche akzeptieren. Manche von ihnen haben die »Arbeit an sich selbst« offensichtlich eifrig gefördert. 2011 wurden in Deutschland allein 25 470 Brustvergrößerungen vorgenommen, 24 290 Eingriffe zur Lidstraffung, 18 290 zur Fettabsaugung und 5400 Schamlippenkorrekturen.[28]

Die Selbstoptimierung am Körper ist gerade auf dem Weg zu einer Massenbewegung. Die »Quantified-Self-Bewegung« manipuliert zwar nicht am eigenen Körper herum, sammelt dafür aber möglichst viele Daten über ihn. Das sogenannte »Self-Tracking«, also der ständige Informationsfluss physiologischer Kennzahlen, dient den Menschen zunächst zur reinen Selbstauskunft. Sie sammeln Daten, um mehr über sich und ihre alltäglichen Gewohnheiten zu erfahren. Auf der Grundlage dieser Daten können allerdings Optimierungsvorhaben in Gang gebracht werden: Wenn ich weiß, wie mein Blutdruck sich im Laufe des Tages verändert, kann ich in einem nächsten Schritt meine Gewohnheiten so einzustellen versuchen, dass der Wert in einem gewünschten, »optimalen« Bereich bleibt.

Mittlerweile übernehmen Apps die Sammlung und Überwachung der Daten. Das Smartphone warnt automatisch, wenn der Blutzuckerspiegel den programmierten Bereich verlässt oder die Laufschuhe zu lange im Schrank gestanden haben. Auch die Krankenkassen interessieren sich begierig für die Perfektionslust der Quantified-Self-Bewegung. Die Versicherungsgruppe Generali ist im November 2014 vorangeprescht und bietet nun ein Lebensversicherungsmodell an, bei dem die Kunden Rabatte erhalten, wenn sie dem Unternehmen regelmäßig per App ihre Gesundheitsdaten übermitteln. »Telemonitoring« heißt dieses Verfahren, und der Name ist wörtlich zu nehmen: »Fernüberwachung«. Die Generali hat sich auf den Weg begeben, aus dem Willen zur Selbstoptimierung eine Pflicht zu machen.[29]

Die technischen Möglichkeiten zu einer noch tiefer gehenden Perfektionierung des menschlichen Körpers werden derweil ständig erweitert. Sie greifen sogar auf den Geist über. »Neuro-Enhancement« will die Leistungsfähigkeit des Gehirns steigern, Krankheitssymptome lindern und neue Dimensionen des Denkvermögens erschließen. Gehirnfunktionen wie Gedächtnis oder Wahrnehmungsfähigkeit sollen den mutmaßlichen Anforderungen der modernen Zeit angeglichen werden. Der recht neue Forschungszweig der »Optogenetik« zum Beispiel beschäftigt sich damit, Nervenzellen lichtempfindlich zu machen, sodass sie über feine Lichtwellenleiter, die ins Gehirn implantiert werden, stimuliert werden können. Weiß man, welche Neuronen etwa für die Stimmung eines Depressionspatienten zuständig sind, können diese gezielt angeregt und kann so die Stimmung des Patienten beeinflusst werden.[30] Wissenschaftler erkennen darin lediglich die »Fortsetzung eines zum Menschen gehörenden geistigen Optimierungsstrebens mit anderen Mitteln«.[31] Zweifel kommen jedoch auf, sobald man fragt, a) ob die Neurowissenschaft mit ihren immer noch kruden Methoden überhaupt schon in der Lage ist, wirklich erstrebenswerte »Optimierungen« anzubieten, und b) warum wir eigentlich glauben sollen, dass Neuronen für das Menschsein so wesentlich seien.[32]

Der vom Machbaren faszinierte Selbstoptimierer folgt einem verständlichen Impuls: Er will Technologien benutzen, die sein Leben bequemer und sicherer machen. Doch er muss aufpassen, dass er nicht zum bloßen datenproduzierenden Anhängsel der Technik oder zum Versuchstier der Medizintechnologie verkommt. Aus dem Self-Tracking wird sehr schnell ein Self-Fracking. Der radikalen Selbstausbeutung der privaten Datenressourcen ist kein systematisches Ende gesetzt. Und schon gar nicht ist die größte persönliche Zufriedenheit der Schlussakkord aller Optimierungsbemühungen.

Wer meint, einen Moment der Ausgeglichenheit erreicht zu haben, versagt. Denn er weigert sich, die Logik der Selbstoptimierung zu befolgen. An ein Ziel zu gelangen, ist nicht vorgesehen. Selbstoptimierung ist ein nicht abzuschließender Vorgang.[33]

Derweil muss selbst denjenigen, die dem technophilen Herumdoktern am eigenen Körper nichts abgewinnen können, dämmern: Auch sie sind trotz ihrer Skepsis längst mit der Konstruktion und Rekonstruktion der eigenen Identität beschäftigt. Sie ist ganz einfach ein Merkmal der Zeit, in der wir leben. Identitäten sind bei Weitem nicht mehr so stark determiniert wie in vormodernen Epochen. Herauszuarbeiten, wer ich bin, ist meine permanente Aufgabe. Jeder muss ständig auf sich schauen und in seinen Körper, sein Handeln, seine inneren Zustände, seine Lebensumstände eingreifen, will er den stets wechselnden Anforderungen gewachsen sein. Das heutige Individuum hat eine »Pflicht zur Selbstwerdung«, schreibt der französische Soziologe

Alain Ehrenberg. Deshalb sei auch die Depression die Krankheit der Moderne. Depressionen stehen am Ende eines Scheiterns, dem Scheitern der Selbstwerdung, für das nur das Individuum die Schuld tragen kann – es hätte doch alle Möglichkeiten gehabt, Hand an das eigene Schicksal zu legen. Wer die Möglichkeiten nicht nutzt, lade Schuld auf sich. Der Druck dieser Schuld führe schließlich in die Depression.[34] Die Selbstoptimierung ist ein Weg, die Depression zu vermeiden.

Sie hat jedoch noch eine andere, kulturelle Motivation. Unsere Haltung zur Welt ist durchdrungen von Ideen, die ihren Ursprung im wirtschaftlichen Handeln haben. Die Wirtschaft unserer Zeit wiederum ist geprägt von einem Leitbild der Optimierung. Optimierung wird mithin von der Ökonomie vorgedacht. Ökonomisches Denken ist eine kulturelle Leitgröße unserer heutigen Gesellschaft. Das Menschenbild der klassischen Marktökonomie ist das des Nutzenoptimierers. Und in der Spieltheorie, die in der Ökonomik eine führende Funktion einnimmt, wird die Optimierung wirtschaftlicher Austauschprozesse beschrieben. Diese einseitige intellektuelle Ausrichtung hat Auswirkungen auf die ganze kapitalistische Gesellschaft. Die Wissenschaft der Ökonomie muss »alle Handlungen« umfassen, schreibt Pierre Bourdieu, »und [muss] selbst jene, die sich als interessenlose und zweckfreie oder von der Ökonomie befreite verstehen, als ökonomische, auf die Maximierung materiellen oder symbolischen Gewinns ausgerichtete Handlungen […] begreifen«. Gerade weil es so gesellschaftsprägend und auf Optimierung angelegt ist, sollten wir uns jedoch die Grenzen des Weltbildes der Ökonomie vor Augen führen. Es ist krisenanfällig, und ihm fehlen ethische Grundlagen, argumentiert Julian Nida-Rümelin: Es stellt uns eine Optimierungsfalle.[35]

Wie alles, was in zu hohen Dosen genossen wird, wird auch die Haltung des Magiers ab einem bestimmten Punkt zu einer überspannten und nachgerade zu einem Gift. Wenn ich hier etwas ironisch von »Kontrollitis« spreche, soll das die Tatsache nicht verniedlichen, dass eine ganze Reihe physischer und psychischer Leiden mit eben dieser Haltung zusammenhängt. Die vielfältigen depressiven Störungen – von denen das modische Burn-out ja lediglich eine unter vielen ist – rühren von einer diffus empfundenen Ohnmacht. »Ohnmacht« umschreibt schon in seiner buchstäblichen Bedeutung, was hier passiert: Man bleibt ohne eine Chance zurück, etwas machen zu können. Diese Chance zu nutzen, gehört aber eigentlich zu den Imperativen unserer Zeit. Wenn man folglich nicht kann, was man doch eigentlich muss, ist eine tief greifende Störung des psychischen Gleichgewichts programmiert.

Immer neue auffällige Befunde über Veränderungen an Körper und Seele treten in jüngster Zeit zu den bestehenden hinzu. Auf dem besten Weg, als psychische Krankheit anerkannt zu werden, ist zum Beispiel die *Orthorexia nervosa*, der zwanghafte Versuch, sich ausschließlich gesund zu ernähren. Orthorektiker essen nach minutiösen Speiseplänen, die genau vorschreiben, was sie zu sich nehmen dürfen. Kriterium ist dabei die Qualität der Nahrungsmittel, »Ungesundes« bleibt per se im Regal. Was andere ihnen vorsetzen, wird skrupulös geprüft und nötigenfalls durch das mitgebrachte eigene Essen ersetzt, sei es auf der Grillparty des Nachbarn oder bei einem offiziellen Anlass. Wohlgemerkt: Es besteht keine medizinische Notwendigkeit, das individuelle Menü so streng zurechtzuschneidern. Lediglich das überstarke Bedürfnis nach gesunder Ernährung leitet Orthorektiker. Wird es einmal nicht befriedigt, strafen sie sich mit immer härteren Sanktionen, sprich immer gesünderen Lebensmitteln. Dass sie möglicherweise einer Zwangsstörung unterliegen, gestehen sie sich dabei oft nicht ein, im Gegenteil: »Das Einhalten der selbst auferlegten Regeln erfordert eine starke Willenskraft, so dass sich Orthorektiker anderen Menschen, die sich nicht in gleichem Maße kontrollieren, überlegen fühlen.«[36] Der moderne Magier ist stolz auf seine Selbstkontrolle, auch wenn sie jedes gesunde Maß längst verloren hat.

Den schnellen Zuwachs an psychischen Störungen könnte

man jedoch selbst als Ausdruck eines verschärften Machwahns im Bereich der klinischen Psychologie und Psychiatrie ansehen. Die Zahl der klinisch anerkannten Erkrankungen hat dermaßen schnell zugenommen, dass Kritiker sich fragen, ob jedem dieser neu eingeführten Befunde überhaupt eine reale Störung zugrunde liegt. Bekannte und bisher als unauffällig geltende Verhaltensweisen, etwa eine kurze Schlechte-Laune-Phase bei einem Kind, werden neu gedeutet und in eine Kategorie im Katalog der Auffälligkeiten gefasst. Was dann so verstörende Blüten hervorbringt wie die »disruptive Launenfehlregulationsstörung«, eine übergroße Launenhaftigkeit. Und eine Regulationsstörung gilt es zu behandeln. Das Kind, so heißt es dann, leide unter seiner eingeschränkten Fähigkeit, missbilligende Emotionen in den Griff zu bekommen. Als letzter Schritt zur eingetragenen Störung folgt die Durchsetzung als neues Krankheitsbild, sprich die Anerkennung durch Eintrag in das *Diagnostische und Statistische Manual Psychischer Störungen* (oder kurz: DSM). Die DMDD (»Disruptive Mood Dysregulation Disorder« oder eben disruptive Launenfehlregulationsstörung) ist geboren. Das Erdenken seelischer Auffälligkeiten nimmt teils derart absurde Formen an, dass der Publizist Michael Foley von einer »Disorder Addiction Disorder« spricht – dem Drang, alle unerwünschten menschlichen Verhaltensweisen als Störung zu deklarieren.[37]

Von den Patienten werden solche Befunde jedoch nur zu gerne akzeptiert. Denn sie geben zumindest die tröstliche Gewissheit einer Diagnose. In der weiteren Perspektive wird die Multiplizierung der Befunde dann aber problematisch, weil in ihr deutlich wird, wie wirkungsmächtig das kontrollitische Denken ist. Launen, Missstimmungen, Unbehagen sollen allesamt eliminiert werden. Sie sind unerwünschte Anzeichen eines Seelenlebens, über das wir keine Macht haben. Dabei hätten wir die doch so gerne. Psychologen und Psychiater rutschen mehr und mehr in die Rolle derer, die die Eliminierung durchzuführen haben. Vordem normales Verhalten und kleine Schrullen geraten in den Sog der Pathologisierung, sie werden zu Krankheiten erklärt, also zu etwas, das man verändern muss. Das sind Machwahn und Kontrollitis in Reinform. Der Magier wird zum Meister der Normierung, der das Irreguläre (die Krankheit) in den Käfig sperren soll. Damit treibt er allerdings einem wesentlichen Teil des Lebens die Lebendigkeit aus. Er will das Unverfügbare zähmen.

DAS UNVERFÜGBARE

Was denken Sie: Wie viel von dem, das für Sie wichtig ist, haben Sie selbst in der Hand? Was an den alltäglichen Ereignissen, an denen Sie teilhaben, kann Sie nicht überraschen, weil Sie es völlig unter Kontrolle haben?

Wenn Sie morgens aufstehen, sind Sie zwar noch mehr oder weniger schlaftrunken. Dennoch wissen Sie, wo Ihre Hausschuhe stehen, kennen den Weg ins Bad, wissen sehr genau, wie Sie das Deo benutzen und sich die Zähne putzen müssen. Die Küche ist auch jeden Morgen dieselbe, es ist ein Leichtes, Frühstück zu machen. Es sind so viele Nahrungsmittel vorhanden, dass Sie die freie Wahl haben. Dasselbe gilt für Kleidung. Das, was Sie morgens tun müssen, können Sie buchstäblich im Schlaf. Keine Rede davon, dass Sie hier etwas nicht in der Hand hätten.

In dieser zuversichtlichen Aufzählung haben Sie eines bereits vergessen: Sie sind aufgewacht. Anders gesagt, *etwas* hat Sie vom Zustand des Schlafs in den Wachzustand geholt. Nicht: *Sie* haben sich geweckt. Sie haben keinen Einfluss darauf, wann Sie wach werden. Sie können sich behelfen mit einem Wecker – das funktioniert für die meisten ganz gut. Sie können sich verlassen auf Ihre »innere Uhr« – das ist riskanter (bei manchen allerdings erstaunlich zuverlässig). Letztlich sind aber nicht Sie es, der den Knopf drückt und Sie damit aus dem Schlaf holt. Wer aber tut es an Ihrer Stelle? Ihre eigene Körperchemie? Ein höheres Wesen, das den Lauf der Welt lenkt? Ätherische Kraftfelder, von denen Sie nichts wissen?

Wenn Sie die Wohnung verlassen und in den Hausflur treten, begegnen Sie an manchen Tagen Ihrer Nachbarin. Sie wundern sich jedes Mal über sie, weil sie Kleidungsstücke trägt, die für Ihr Auge wie bunt zusammengewürfelt aussehen. An anderen Tagen begegnen Sie ihr nicht. Treffen Sie sie nicht, sind Sie etwas enttäuscht, weil Sie nicht sehen können, was sie heute trägt. Ihre Aufmachung ist für Sie jedes Mal wie ein Überraschungsei, ein kleiner Spaß, mit dem der Tag gut beginnt. Wann Ihre Nachbarin vor ihre Tür tritt, liegt ganz in ihrem eigenen Ermessen – beziehungsweise an all den Ereignissen und kleinen Entscheidungen, die die morgendlichen Abläufe Ihrer Nachbarin bestimmen, ähnlich wie bei Ihnen selbst.

Draußen vor dem Haus sind Sie dann vollends in der Welt des Unverfügbaren angekommen. Welche Autos vorbeifahren, ob der Bus pünktlich ist oder nicht, mit welchem Wetter Sie heute rechnen müssen: All das kommt, wie es kommt, gänzlich ohne Ihr Zutun. Die kleinen und großen Ereignisse, die Entscheidungen, die andere Menschen in jeder Sekunde treffen und die sich auf Sie auswirken, sie liegen außerhalb Ihrer Reichweite. Der Busfahrer der Linie 14 gießt sich in der Frühstückspause einen Becher Kaffee in den Schoß, er muss die Hose wechseln, die Abfahrt verzögert sich zwar nur kurz, dennoch erreicht der Bus so spät Ihre Haltestelle, dass Sie lieber die Linie 16 nehmen. Dort begegnen Sie einer alten Bekannten wieder, die Sie in der Linie 14 nie getroffen hätten. Und so weiter.

Auf der Arbeit erfahren Sie dann, dass einer Ihrer Kollegen, den Sie zwar nur oberflächlich, aber schon lange kennen, gerade gestern Abend einen schweren Autounfall hatte. Er liegt auf der Intensivstation, ob er durchkommt, wird sich erst noch zeigen, die Ärzte rätseln noch, was zu tun ist. Vielleicht ist bereits nichts mehr zu machen und Sie werden gerade Zeuge davon, wie ein Leben abrupt zu Ende geht. Ein anderer Autofahrer hatte sich Kaffee über die Hose gegossen, anders als der Busfahrer Ihrer Linie 14 allerdings während der Fahrt. Er war kurz abgelenkt, kam in den Gegenverkehr, stieß mit dem Wagen Ihres Kollegen zusammen. Die Nachricht macht Sie betroffen. Ein winziges Ereignis entscheidet bisweilen darüber, ob jemand schwer verletzt wird – oder sogar darüber, ob er lebt oder stirbt. Im Falle der Terroranschläge von Paris im November 2015 war es lediglich die Entscheidung, in bestimmte Lokale in der Pariser Innenstadt zu gehen, statt zu Hause einen Wein zu trinken oder ins Kino zu gehen. Der Tod ist vermutlich das verstörendste Unverfügbare, das wir kennen. Vielleicht deshalb, weil nur sicher ist, dass er kommen wird, das Wann und Wie uns aber verschlossen bleibt.

Vom Kleinen bis zum Großen: Ihre ganze Existenz ist durchzogen von Dingen, auf die Sie keinerlei Einfluss haben. Das Unverfügbare umgibt Sie zu jeder Sekunde. Und es hat unkalkulierbaren Einfluss auf Ihr Leben – mal unsichtbar, mal deutlich spürbar, mal mittels sehr kleiner Veränderungen, die Sie kaum ernst nehmen, mal durchgreifend und so, dass ein Knick in Ihrer Biografie entsteht. Wann und wie es Sie treffen wird, können Sie weder absehen noch beeinflussen. Sie wissen nur, dass Sie immer wieder auf Dinge stoßen und in Ereignisse verwickelt werden, die Sie weder gewollt noch vorhergesagt haben. Sie bemühen sich weiter um Kontrolle, doch: Wenn Sie genau hinschauen, kann Ihnen fast schwindlig werden davon, wie dünn die Schicht dessen ist, auf das Sie Zugriff haben. Darunter brodelt eine unergründliche Tiefe. Sie schrecken mit Recht davor zurück, länger hineinsehen zu wollen. Zu fremdartig und rätselhaft ist das, was Sie dort sehen würden.

Wir legen großen Wert auf die Magierrolle, weil wir ein starkes existenzielles Bedürfnis haben. Es ist das Bedürfnis nach Sicherheit und Stabilität. Sicherheit und Stabilität haben zunächst so gar nichts mit Beweglichkeit und Initiative zu tun, die für den Magier typisch sind. Wir fühlen uns gut, wenn wir das Heft des Handelns in der Hand halten. Warum ist das so? Weil uns das Heft in der Hand das Gefühl gibt, den Unwägbarkeiten des Lebens gewachsen zu sein. Es gibt derer einfach zu viele: zu viele Ereignisse, die uns ohnmächtig werden lassen. Das Ausmaß der Dinge, die Macht über uns haben, anstatt dass wir Macht über sie hätten, ist so episch, dass es uns nur überwältigen kann. Wir werden bereits ungewollt ins Leben geholt, ungewollt werden wir auch wieder aus dem Leben herausgerissen, sobald unsere Zeit gekommen ist. Dazwischen sind wir ohne Atemholen Dingen ausgesetzt, auf die kein Mensch Einfluss hat: zufälligen Begegnungen, Liebe, Verlusten, Trennungen, Ereignissen, die uns plötzlich neue Chancen eröffnen, und unglücklichen Ereignissen, die uns Möglichkeiten nehmen.

Um existieren zu können, braucht der Mensch den Eindruck, dass er etwas tun, etwas verändern kann. Er braucht das Gefühl, dass er das, was sein Leben ausmacht oder bedeutend für sein Überleben ist, lenken kann. Der Eindruck, das Wichtige entziehe sich ihm, er verstehe es nicht und könne es nicht beeinflussen, verstört ihn. Er muss den Faden, an dem seine Existenz hängt, spüren können, sonst verzweifelt er. Jedenfalls muss er ihn sich vorstellen können. Psychologen sprechen von »Selbstwirksamkeit«, der Erfahrung, auf die Bedingungen seiner Existenz einwirken zu können. Fehlt sie, fängt der Boden unter den Füßen an zu schwanken, der Tritt wird unsicher, man sucht panisch nach einem Halt. Der Eindruck der Selbstwirksamkeit ist ein menschliches Grundbedürfnis. Er ist Teil unserer Würde.

Dennoch erlebt der Mensch immer wieder, dass wichtige Teile seines Daseins außerhalb seines Einflusses liegen. Das heißt, er erlebt Unverfügbarkeit. Das Wichtige ist nicht greifbar, entzieht sich seiner Hand, mit der er es begreifen und gleichsam manipulieren könnte. Mit diesem Erleben ist oft Frust verbunden, existenzielle Angst oder der Eindruck des Unvermögens und der Machtlosigkeit.

Das Unvermeidliche vermeiden zu wollen ist eines der typischen Merkmale der westlichen Kultur. [...] Zwar wissen wir, dass das Ideal der totalen Kontrolle unerreichbar ist. Trotzdem streben wir andauernd danach. Und das macht uns unglücklich.[38]

Die Philosophen thematisieren diese Grundkonstante der *conditio humana* schon seit der Antike. Der Mensch ist vom Unverfügbaren abhängig, darf es aber gleichzeitig nicht zu weit in seine Verrichtungen und sein Weltbild eindringen lassen, wenn er den Eindruck der Selbstwirksamkeit aufrechterhalten will – ein Paradox. Die Stoiker unterschieden strikt nach Dingen, die in unserer Macht liegen, und Dingen, die außerhalb unserer Macht liegen. Ihre Antwort auf das Paradox war die Empfehlung, sich eine Haltung anzugewöhnen, die geistig unabhängig macht von dem, was nicht in unserer Macht liegt. Sie wollten das Unverfügbare mit der sprichwörtlich gewordenen stoischen Gelassenheit nehmen.

Im Alltag konzentrieren wir uns für gewöhnlich ohne nachzudenken auf das, was in unserer Macht liegt, und blenden alles andere aus. Dinge, auf die wir Einfluss haben, gibt es ja nach wie vor genug, sodass uns der Eindruck der Selbstwirksamkeit die meiste Zeit über gelingt. Es ist ein kleiner, aber sehr wirksamer Trick, den wir da praktizieren: Wir ignorieren einfach das Unverfügbare. Dieser Trick ist absolut notwendig, damit wir unseren Alltag überhaupt bestreiten können. Würden wir uns ständig damit beschäftigen, was wir alles nicht kontrollieren können, würden wir sorgenstarr werden und dauernd zaudern. Die brodelnde Tiefe würde uns verschlingen.

DAS UNVERFÜGBARE AUS DEM INNEREN: EMOTIONEN

Das Unverfügbare dringt von zwei Seiten auf uns ein: von innen, aus uns selbst, und von außen, als Dinge und Ereignisse, auf die wir stoßen. Den Teil, der von außen kommt, nennen wir für gewöhnlich »Zufall«. Der Teil, der von innen kommt, ist schwerer einzuordnen, weil er mit unserer Psyche zu tun hat. Unsere Psyche ist ein wenig kapriziös. Sie erzeugt Launen und Stimmungen, die uns manchmal nicht ganz geheuer sind. Zum Teil passen sie uns auch einfach gerade nicht in den Kram. Die Psyche hat eine Eigendynamik, die wir nur schwer lenken können. Dennoch ist sie da, und wir müssen mit ihr umgehen.

Sich zu verlieben ist eine unverfügbare psychische Veränderung par excellence. Wann und in wen ich mich verliebe, hängt von unüberschaubaren Gründen ab. Es gibt dafür sogar Sprichwörter und Redensarten. Eine davon besagt, dass die Liebe immer dann kommt, wenn man gerade nicht nach ihr Ausschau hält. Ein Moment der Unaufmerksamkeit, man schaut gerade weg, und schon legt sie einem auffordernd, lockend die Hand auf die Schulter. Der Schriftsteller Bodo Kirchhoff beschreibt diesen Moment in seinem Roman *Die Liebe in groben Zügen*:

> *Liebe kommt auf uns zu, nicht andersherum, wir können ihr nur davonlaufen, sie als trauriger Sieger abhängen, oder den Atem anhalten, wenn sie plötzlich als etwas Drittes neben uns und dem anderen steht: ein Schrecken fast ohne Vorzeichen, wohl der heilsamste, den das Leben bereithält.*[39]

So grundlos wie sie kommt, kann sie auch wieder gehen, wenn auch vermutlich langsamer. Der erste Rausch ist ohnehin nach sechs Monaten vorbei, heißt es. Die Länge der anfänglichen Verliebtheit ist bereits Gegenstand wissenschaftlicher Untersuchungen gewesen. Doch: Die Wissenschaft kann noch so viel über Hormone oder Neurotransmitter sagen und in Statistiken festhalten, wann typischerweise der erste Schwung nachlässt – am Ende muss doch jeder allein mit dem Zeitpunkt und seinen Nachwirkungen fertigwerden. Er kommt, wann er kommt. Schwieriger als der Zeitpunkt ist ohnehin die schleichende Enttäuschung darüber, dass es eben nachlässt, das große Rauschen.

Ähnlich auf und ab – aber in kürzeren Abständen – geht es mit einem anderen psychischen Zustand, der Ambition. Jeder kennt das Gefühl: Gestern noch bin ich mit großem Vergnügen und der Astschere in der Hand um den Apfelbaum herumgelaufen, habe Zweige gekürzt und mich über den Frühlingsanfang gefreut. Heute ist der nächste Baum mit seinem Frühjahrsschnitt dran, und ich habe plötzlich überhaupt keine Lust mehr dazu. Es ist mir zu anstrengend oder das Wetter ist nicht gut genug. Was auch immer. Ich könnte mir noch so viele animierende Affirmationen vorsagen oder CDs vom Motivationscoach anhören: Die Lust käme nicht zurück. Ich kann nicht sagen, woran es liegt, habe ich doch manchmal auch keine Lust auf Tätigkeiten, die mir an sich Freude bereiten und hinter denen ich voll stehe. Mir bleibt nur das Eingeständnis: Ambitioniert bin ich dann, wenn ich ambitioniert bin.

Nicht nur die Psyche hat ihre Eigendynamik. Auch der Körper verändert sich ohne unser Zutun. Er altert zum Beispiel. Das Altern ist ebenfalls so ein Prozess, den einige gerne aus der Welt schaffen würden. Das wird ihnen allerdings nicht gelingen. Ein Segen, dass das »Problem« so viele Jahrzehnte braucht, um wirklich gravierend zu werden.

Es gibt aber auch ein alltägliches, kurzfristiges »Altern«. Unpässlichkeit, Schlappheit, schlechte Tage: Immer dann, wenn wir nicht ganz auf der Höhe sind, bemerken wir dieses zeitlich begrenzte Nachlassen der Körperkräfte. Manchmal werden daraus Zustände, die wir als Krankheiten bezeichnen. Wir verwenden viel Energie darauf, wieder auf die alte Höhe zu kommen, das »Zwischenaltern« wieder rückgängig zu machen. »Gesund werden« oder »wieder fit werden« nennen wir diesen Wiederaufschwung. Was wir dabei im Grunde beobachten, ist, dass auch der Körper sich nie in einem konstant gleichen Zustand befindet. Er unterliegt einem Auf und Ab. Er schwingt zwischen verschiedenen Zuständen. Wenn ich einen Graphen zeichnen müsste, der dieses Schwingen darstellt, sähe er nicht wie eine durchgehende Linie aus (der beständig »gesunde« Körper), die ab und an von Dellen (»unfitte« Tage, Krankheiten) unterbrochen wird. Er wäre eine Sinuskurve, die sich an einer gedachten Geraden entlang weiterbewegt. So, als schwingende Kurve, müssen wir uns beide, Körper und Psyche, in ihrer Eigendynamik vorstellen (siehe dazu auch das Kapitel 10).

Das Unverfügbare an dieser Kurve ist, dass sie nicht gleichmäßig verläuft. Wenn ich mich im Aufschwung befinde, kann ich nicht wissen, ob er anhält oder in eine kurze Stagnation (den Scheitelpunkt der Kurve) übergeht oder sogar übergangslos in einen Abschwung mündet. Zuverlässig daran ist nur, dass alles immer wieder vorkommen wird: Abwärtsbewegungen, Aufwärtsbewegungen, Scheitelpunkte. Wann sie kommen, ist unvorhersehbar. Wir haben allerdings in der Regel die Wahl, was wir mit diesen Bewegungen und Scheitelpunkten anfangen. Lassen wir sie laufen, wie sie laufen? Oder haben wir, wenn wir schon auf ihr Auftreten keinen Einfluss haben, am Ende doch Möglichkeiten, sie zu verstärken oder abzuschwächen? Können wir bei einem kleinen Aufschwung noch Kohlen nachlegen, sodass ein großer daraus wird? Haben wir also eine Chance, nicht bloß passiv mitzuschwingen, sondern dem Schwung eigene Impulse hinzuzufügen und dem Unverfügbaren damit die Spitze zu nehmen? Ja, haben wir in der Tat. Wie, werde ich später noch erläutern.

DAS UNVERFÜGBARE AUS DEM ÄUSSEREN: ZUFALL

Mich zu verlieben ist nicht allein davon abhängig, welche Kurve meine Psyche gerade nimmt, ob aufwärts oder abwärts. Ich brauche dazu auch einen anderen Menschen, den viel beschworenen »Richtigen«. Ihm im richtigen Moment zu begegnen (wenn ich selbst bereit bin für das überwältigende Gefühl des Verliebens), ist ein großes Glück. »Glück« steht hier in seinem doppelten Sinn: als eine mitreißende Emotion und als ungeplantes Ereignis mit guten Auswirkungen. Als ungeplantes Ereignis gehört es zu den Zufällen, die in unserem Leben eine Rolle spielen – so wie auch sein Gegenstück, das Pech. Zufälle sind Ereignisse, die von außen auf uns kommen und eine Bedeutung für uns haben.

Der Zufall hat schon seine Finger im Spiel, noch bevor wir überhaupt geboren sind. Wer Sie sind – physisch –, wird von

Ihren Genen mitbestimmt. Die wiederum entstammen einer zufälligen Kombination der Gene zweier anderer Menschen, Ihrer Mutter und Ihres Vaters. Der Zufall tritt in diesem Akt sogar in doppelter Gestalt auf. Dass Ihre Mutter und Ihr Vater überhaupt zusammengefunden haben und bis zum Zeugungsakt gelangt sind, ist zu einem guten Teil sein Werk. Damit nicht genug: Sie selbst sind nie nur eine einfache Summe aus Anteilen beider Eltern. Bei der Kombination der Chromosomen Ihrer Erzeuger treten wahllose Mutationen auf. Dazu bekommt jeder Mensch neue Mutationen von den Eltern mit, im Durchschnitt 60, 30 von der Mutter, 30 vom Vater. Der Zufall würfelt und gibt Ihnen ein paar Eigenschaften mit, über die in dieser Zusammenstellung sonst niemand verfügt. Ihre Unverwechselbarkeit verdanken Sie ihm, Ihre Ähnlichkeit mit anderen der dem Zufall trotzenden Stabilität des Restgenoms.

Vom Anfang bis zum Ende bleibt der Zufall unser ständiger Begleiter, der immer wieder, nur zu oft, wenn wir es am wenigsten erwarten, Hand an uns legt. Mal lässt er uns für lange Zeit in Ruhe, mal schubst er uns herum, dass wir nicht mehr wissen, wo uns der Kopf steht. Mit dem Zufall müssen wir uns arrangieren, da er einen guten Teil unseres Lebenslaufs bestimmt. Oft genug nimmt er uns Entscheidungen ab, so oft, dass wir uns die Frage stellen müssen, wie weit es überhaupt noch die eigenen Entscheidungen sind, die unser Leben prägen, meint die Philosophin Barbara Reiter, die ein ganzes Buch über den Zufall geschrieben hat.[40]

Wo ich wohne zum Beispiel, macht einen bedeutenden Teil meines alltäglichen Befindens aus. Man sollte meinen, dass ich meine Wohnung dementsprechend sorgfältig ausgewählt habe. Bei meiner jetzigen Wohnung ist das nicht so. Sie gehört Bekannten von mir, die dort ursprünglich bleiben wollten und sie deshalb gekauft hatten. Letztlich mussten sie aber schon nach nur einem Jahr wieder ausziehen, weil beide ihrer Berufe wegen die Stadt verlassen mussten. Zu genau diesem Zeitpunkt suchte ich gerade eine Wohnung in genau dieser Größe. Dass ich jetzt im neunten Jahr darin wohne, geht also gleich auf eine ganze Reihe glücklicher Umstände zurück – und darauf, dass ich ohne Zögern zugegriffen habe, als meine Bekannten mir vorschlugen, ich könne die Wohnung doch mieten. Wir trafen uns eigentlich wegen einer ganz anderen Sache und ich wusste gar nicht, dass die beiden bald ausziehen wollten.

Die Stoiker haben noch versucht, der launenhaften Tyche (im Lateinischen heißt sie Fortuna) die Brisanz zu nehmen durch ihre gelassene Haltung. Im Grunde versuchten sie, aus dem Satz »Zufälle sind Ereignisse, die von außen auf uns kommen und eine Bedeutung für uns haben« den Teil der Bedeutung zu streichen. Indem sie ihm Bedeutung verweigerten, so ihre Überlegung, würden sie immun werden gegen das unvorhergesehene Ereignis. Das konnten sie wenn, dann überhaupt nur durch eine sehr strikte geistige Disziplin erreichen. Ich frage mich, ob diese Haltung der ständigen Wachsamkeit und mentalen Exerzitien heute noch zeitgemäß ist.

Gibt es aber trotzdem einen Weg, den Zufall – das Unverfügbare überhaupt – als Tatsache des Lebens zu akzeptieren und dennoch gelassen zu sein? Gibt es ein gelingendes Leben *mit* dem Zufall? Ich denke, ja. Das gelingende Leben »bedarf einiger Zutaten, die nicht von uns gewählt werden können«, so Barbara Reiter. Zu ihm »gehört auch die Einsicht, dass bestimmte Faktoren des Gelingens unseres Lebens nicht in unserer Macht und Verantwortung liegen«.[41] Das Gute Leben nimmt den Zufall mit auf die Rechnung. Mehr noch: Es lässt uns eine aktive Rolle dabei, wie wir mit ihm umgehen.

Michel de Montaigne hat in seinen *Essais* sehr viele kluge Gedanken über das Unverfügbare hinterlassen. Der spät berufene Autor und zeitweilige Bürgermeister von Bordeaux hat in seiner Zeit, dem 16. Jahrhundert, sicherlich ebenso viel Unverfügbares erfahren wie wir heute, 450 Jahre später. So schreibt er:

Ich besitze wenig Verfügungsgewalt über mich – der Zufall hat hier größere Rechte als ich. Gelegenheit, Gesellschaft, und

selbst der Tonfall meiner Stimme entlocken meinem Geist
mehr, als ich darin finde, wenn ich ihn in der Einsamkeit
beschäftige und zu ergründen suche.[42]

Montaigne ist von den Stoikern beeinflusst. Man merkt seinen
Essais jedoch an, dass er sich nicht damit zufriedengeben will,
den Zufall geschehen zu lassen. Er scheint zu suchen nach dem,
was der Zufall an Gutem bringen kann. Die Haltung, die ihn auszeichnet, ist eine nicht zu bändigende Offenheit – und das, nachdem ihn die schicksalhaften Wendungen in seinem Leben genauso wahrscheinlich hätten verhärmt und fatalistisch machen
können. Montaigne zieht sich gerade nicht in die Einsamkeit seines Geistes zurück. Er bleibt aufmerksam und kann dadurch
sehen, was ihm in »Gelegenheiten und Gesellschaft« zufällig
begegnet: Bedeutung und Möglichkeiten. Ganz beiläufig – während er mit etwas völlig anderem beschäftigt ist – ergeben sich
Dinge, die eine Wirkung auf sein Leben haben. So wie mir meine
Wohnung bei einem nachmittäglichen Besuch in den Schoß gefallen ist. Das In-den-Schoß-Fallen kann niemand lenken. Was
ich aber beeinflussen kann, ist meine Reaktion darauf. Ich kann
entscheiden, ob ich den Zufall an mir vorbeilaufen lasse oder ihn
als Ereignis »für mich« deute. Das hat auch Montaigne bemerkt.
Haben wir also gerade in Situationen, die vom Unverfügbaren
bestimmt sind, mehr Wirkungsmacht, als wir denken?

GÖTTER, HELDEN UND DIE VERNUNFT

Beide Arten von Unverfügbarem, das von innen Kommende
und das von außen Kommende, bedrängen uns manchmal. Jeder Einzelne spürt eine Demütigung, sobald ihm das Gefühl
der Selbstwirksamkeit fehlt. Das Unverfügbare scheint für Menschen per se zunächst eine Bedrohung zu sein. Nimmt es uns
etwas (durch Tod, Krankheit, Abschied von einem uns nahen
Menschen), kränkt es uns zutiefst. Es ist uns unerklärlich in sei-

ner Unerbittlichkeit. Wir wissen nicht, warum es geschieht, und kommen uns daher machtlos vor.[43] Wir möchten jemandem, der die Verantwortung trägt, unsere Wut ins Gesicht schreien. Aber da ist niemand. Es ist, als ginge die Natur kaltherzig über uns hinweg.

Jedes Individuum findet seine eigene Antwort auf die Bedrohung: verdrängen, kleinreden, aggressiv gegenhalten, trotzig standhalten, Hilfe holen, Schutz suchen, abwarten, hoffen und so weiter. Dinge, die so allgegenwärtig sind und so grundlegende Tatsachen des Daseins bilden, bleiben nicht ohne Spuren in der Geschichte der Menschheit. Ganze Religionen, Kulturtechniken und Gesellschaftsmodelle gründen auf der (nicht immer ausbuchstabierten) Frage: Wie können wir handeln angesichts dessen, was nicht in unserer Macht steht? Man könnte fast sagen, die Menschheitsgeschichte ließe sich schreiben als eine Geschichte der Versuche, Mittel zu finden, dem Unerbittlichen zu begegnen. Verschiedene Zivilisationen und Epochen haben ihre jeweils eigenen, typischen Muster erfunden, um mit der Tatsache der Existenz des Unverfügbaren umzugehen. Besonders spannend ist es, zu sehen, welche Anteile dieser Muster in unserem modernen Machwahn noch immer wirksam sind.

Eine uralte Reaktion auf das Unverfügbare ist der Glaube an eine höhere Instanz: Wir Menschen können das Unbegreifliche zwar nicht fassen, es gibt aber ein Etwas, das dazu in der Lage ist. Die Journalistin Svenja Flaßpöhler nennt diesen Glauben die »erste tröstliche Fiktion« (die zweite ist der Glaube an die individuelle Selbstbestimmung).[44] Es spendet den Trost, auf eine allmächtige Instanz im Hintergrund zurückfallen zu können, wenn die eigenen Mittel nicht mehr ausreichen. Dieses Etwas kann ein nicht näher umschriebenes »Schicksal« sein (was dem matten Eingeständnis gleichkommt, dass die Dinge, tja, eben so sind, wie sie sind). Raffinierter ist da schon die Vorstellung von einem oder mehreren Göttern, deren Einsicht und Wirkmacht in die Weltläufe diejenigen der Menschen weit übersteigen. Was immer geschieht – ob wir es verstehen und akzeptieren können oder nicht –, geschieht in dieser Vorstellung nach dem Willen der göttlichen Mächte und daher wenigstens nach einem Willen und nicht bloß aus einem ungreifbaren Zufall heraus. Wo es Götter gibt, gibt es jemanden, der lenkt, der eingreift, der schließlich für jedes Geschehen verantwortlich gemacht werden kann. Mit den Göttern gibt es einen Blitzableiter für die Enttäuschungen und die Trauer über die unhintergehbaren Zumutungen des Daseins. Darin liegt ein Trost des Glaubens.

Die Religion des Christentums hebt diesen Trost besonders hervor. Christliche Gelehrte haben sich immer wieder mit dem Unverfügbaren und seiner Rolle im Dasein der Gläubigen beschäftigt. Bereits bei Meister Eckhart, dem vielleicht bekanntesten Theologen und Mystiker des Hochmittelalters, findet sich der Zufall – in seiner Sprache, dem Mittelhochdeutschen, »zuoval«. Möglicherweise war er es sogar, der den Begriff überhaupt erst ins Deutsche einführte. »Zuoval« ist nach Eckhart dasjenige, das uns von Gott kommend zufällt. Das kann »von innen« sein in Form eines Einfalls oder »von außen« in Form eines unvorhergesehenen Ereignisses. Im Unterschied zu unserem heutigen Verständnis des Begriffes hat der »zuoval« laut Meister Eckhart jedoch eine Quelle: Gott. Damit kann er auch ein Ziel oder einen Zweck haben, Teil eines weiterführenden Plans sein, einen noch versteckten positiven Ausgang für den Betroffenen zeitigen, kurz: Sinn haben. Das ist dem ursprungslosen modernen Zufall nicht eingeschrieben. Dass die auf christlichen Fundamenten stehende »westliche« Zivilisation im Laufe der Zeit von Eckharts Deutung zu der modernen Auffassung gefunden hat, spiegelt die historische Entwicklung von überwiegend religiösen Vorstellungen zu »aufgeklärten«, rationalistischen Ideen (siehe dazu auch den Abschnitt über den Rationalismus) wider.[45]

Hinter der Idee einer höheren Instanz, die den Zufall »macht«, steht die Hoffnung auf Erlösung. Wenn es diese Instanz gibt, dann haben wir Grund zu glauben, dass sie uns gnädig gestimmt ist und uns einen letztlich doch noch guten Ausgang zugedacht hat. Der Zufall dient dann auf eine Weise, die wir nur nicht verstehen, dem Guten. Heute demütigt er uns noch, aber am Ende werden wir erlöst, sprich für unser Erdulden belohnt. Die Erlösung kann allerdings nur Gott bringen, so der christliche Glaube. Martin Luther erinnert daran mit dem Motto *sola gratia* – »einzig Gottes Gunst«. Die Aufgabe des Christen ist es, fest auf Gott zu vertrauen und nach diesem Glauben zu leben: *Sola fide*, »einzig der Glaube«, führt zur Erlösung.

Ohne Luthers tröstliche Leitsätze, ohne Glauben (sei er christlich oder gehöre er zu einer anderen Erlösungsreligion) muss der Mensch sich etwas anderes schaffen, das ihm Hoffnung bringen kann. Tatsächlich meinen wir in der Moderne (sofern wir nicht an Gott oder an Götter glauben), die Erlösung durch das Machen finden zu können, durch die Herstellung unserer eigenen *conditio humana*. Unser Leitsatz ist: Wenn wir nur beständig an uns arbeiten, werden wir das Glück schon erreichen. So schrauben wir an uns selbst herum, »verbessern« unseren Körper und unsere Psyche und denken, einen erlösten Zustand erlangen zu können – der dann auch noch anhält. So als seien wir es, die für unsere eigene Erlösung sorgen könnten, als würden wir für unser Streben und unsere Zielgerichtetheit von irgendwoher belohnt. Als könnten wir den erlösten Zustand schon genau ausmachen und brauchten nur darauf zuzulaufen. Luther war klüger. Er wusste, dass nicht feststeht, worin genau die Erlösung besteht. Er wusste auch, dass wir sie nicht selbst herbeischaffen können, sie nicht in unseren Händen liegt. Die Gunst der Erlösung bleibt eine Gunst, ob sie einen Gott als Stifter hat oder nicht. Wir können sie nicht suchen und, sobald wir sie entdeckt haben, auf sie zusteuern. Sie kommt zu uns.

Eine weitere Art und Weise, auf die Existenz des Unverfügbaren zu reagieren, die sich in vielerlei Facetten durch die Menschheitsgeschichte zieht, ist die Verklärung ins Heroische. Nein, wir können ihnen nicht entgehen, heißt es mit viel Pathos, weder dem Tod noch dem Verlust noch dem Schmerz noch allen anderen, weniger bedrohlichen Ereignissen. Aber wir können ihnen aufrecht begegnen, stolz sogar, mit der Waffe in der Hand. Zornig sollen wir ihnen entgegenblicken, nicht verzagt. Das Leben ist ein Kampf, darum brauchen wir Stärke. Und Stärke holen wir uns im Ringen mit dem Unverfügbaren, mit jedem Sieg ein wenig mehr.

Der Gestus ist uns vertraut aus Heldengeschichten: Segler im Kampf mit den Elementen; der von Kugeln durchsiebte Westernheld, der blutend immer weiter schießt und auch den letzten Gegner noch niederstreckt; der tapfere Pechvogel, der immer wieder aufsteht; Kapitän Ahab, gefesselt an den weißen Wal. Wie viel Pathos wirklich in dem Motiv steckt, wird klar, wenn man sich zum Beispiel kriegsverherrlichende Literatur wie das Gedicht *Schlacht – das Maß* von Rudolf G. Binding, selbst Veteran des Ersten Weltkriegs, anschaut.

> *Einmal vor Unerbittlichem stehn,*
> *wo Gebete entrechtet, Gewinsel zu Gott*
> *lächerlich ist,*
> *wo keines Mutter sich nach uns umsieht,*
> *kein Weib unsern Weg kreuzt,*
> *wo alles ohne Liebe ist,*
> *wo nur die Wirklichkeit herrscht*
> *grausig und groß,*
> *solches macht sicher und stolz.*
> *Unvergesslich und tiefer*
> *rührt es ans Herz des Menschen*
> *als alle Liebe der Welt.*
> *Und wir fühlten: dies war das Maß.*

Diesen Ausschnitt aus dem Gedicht zitiert auch die Figur des Leutnant Werner im Film *Das Boot*, allerdings in einer Situation, in der ihm klar wird, dass er sich der heroischen Verklärung nur zu bereitwillig hingegeben hat. Das U-Boot ist schwer beschädigt in der Meerenge von Gibraltar auf Grund gesunken, die Chancen, heil wieder an die Oberfläche und durch den

Sperrgürtel britischer Zerstörer zu gelangen, gehen gegen null. »Ich hab's ja selbst so gewollt«, hadert Leutnant Werner (gespielt von Herbert Grönemeyer), den Tod vor Augen. »Ich war ganz besoffen davon. Das ist jetzt die Wirklichkeit.« Davon, sicher und stolz zu sein, ist er hier, am tiefsten Punkt, in etwa so weit entfernt wie von seinem norddeutschen Heimathafen. Leutnant Werner ist der Propaganda der Nationalsozialisten auf den Leim gegangen. Bindings Gedicht war wie gemacht für Joseph Goebbels' Gehirnwäscheprogramm.

Die heroische Verklärung hat sich aber nicht nur bei den Nationalsozialisten, sondern im Laufe der Geschichte generell als sehr geeignet erwiesen, Menschen darauf einzuschwören, das (mutmaßlich) Unvermeidbare zu akzeptieren – in diesem Fall: für die Ziele einer kleinen Elite bis in einen grausamen Tod zu gehen.

Die dritte historische Art und Weise, mit dem Unverfügbaren umzugehen, öffnet das Tor in die Moderne. Auch sie fußt auf einem Glauben, dem Glauben daran, den Zufall mit dem Geist zähmen zu können. Die Vernunft soll das Unverfügbare bändigen. Der Rationalismus macht diesen Glauben zum Programm.

Es überrascht nicht, dass diese Idee in dem Moment der Geistesgeschichte zu einer beherrschenden Vorstellung wird, da die bislang alleinige Säule des Heils, das Vertrauen in Gott, Risse bekommt. Zu oft scheint sie erschüttert worden zu sein, durch katastrophale Beben, die sich durch die Geschichte des späten Mittelalters und der beginnenden Neuzeit ziehen: die Pestwellen, die blutigen Auseinandersetzungen in der Nachfolge der Reformation, die Gräuel des Dreißigjährigen Krieges – all das erscheint den Menschen unverdient, und sie können sich nicht länger erklären, wie es zu solchen verheerenden Ereignissen kommt, wenn es doch einen gnädigen Gott geben soll. Kann man auf seine Gnade wirklich vertrauen, wenn er doch gleichzeitig die Quelle alles Unverfügbaren sein muss? Soll der Mensch sich mit seinen unverständlichen Ratschlüssen zufriedengeben? Oder hat der Mensch selbst nicht doch mehr Macht über das, was auf Erden passiert, jedenfalls mehr, als er sich bis dato einzugestehen bereit war? Das Erdbeben von Lissabon 1755, eine der bis dahin größten und opferreichsten Naturkatastrophen, sieht man diesbezüglich als Zäsur. Es hat nicht nur unzählige Gebäude einstürzen lassen, es hat auch die existenzielle Sicherheit durch den Glauben endgültig erschüttert. Die Menschen der »westlichen Welt«, ihrer Glaubensgewissheiten beraubt, sind zu diesem Zeitpunkt aber bereits nicht mehr ganz hilflos. Eine neue Idee hat sich durchgesetzt.

An Gottes Gnade lässt sich zweifeln, an unserer eigenen Fähigkeit, die Welt mittels unseres Verstandes zu erfassen und mit Technologien gefügig zu machen, nicht, behauptet der Rationalismus. Die Wissenschaft soll das Werkzeug sein, das uns ermöglicht, die Natur bis ins minutiöseste Detail zu durchleuchten. Insbesondere die Naturwissenschaften sollen alles, was ist, messen, in Zahlenwerten festschreiben und in nachvollziehbare und allgemeingültige Gesetze überführen. Was derart gründlich verstanden ist, kann sich unserem Zugriff nicht mehr entziehen, so der Gedanke. Es wird verfügbar. Für den eigentlichen Zugriff sind dann die Ingenieure zuständig. So soll der Zufall aus der Welt geschafft und dem Menschen Macht verliehen werden.

Die Philosophen des Rationalismus bereiten den Boden für eine Selbsterhebung des Menschen. Georg Wilhelm Friedrich Hegel sieht den Kampf gegen den Zufall sogar als Hauptaufgabe seiner Zunft: »Die philosophische Betrachtung«, schreibt er in *Die Vernunft in der Geschichte*, »hat keine andere Absicht, als das Zufällige zu entfernen.«[46] Das moderne Denken ist zum Teil bis in den Alltag hinein ein Kind des Rationalismus. Hoch gehandelt werden heute Vorhersagbarkeit, Kausalität, Zielfokussierung, Effizienz und Messbarkeit. Vorhersagen sind nicht nur in der Wissenschaft ein Prüfstein für die Richtigkeit von Annahmen. Sie begegnen uns als Wahlprognosen, Einschätzung von Krankheitsrisiken beim Arzt, bei der Börsenspekulation oder beim Blick aufs Wetter. Für den Kontrollitiker ist das Wissen darüber, was auf ihn zukommt, in jeder Lebenslage ein entscheidendes Wissen. Deshalb wird jeder Fortschritt in der Prognostik begrüßt. Je präziser die Vorhersage, desto erfolgreicher der Kampf gegen den Zufall.

Unsere Prognosen werden (scheinbar) umso zutreffender, je genauer wir die Gesetzmäßigkeiten kennen, die einen Vorgang bestimmen. Deshalb mögen wir es im Alltag so gerne, wenn wir etwas in einen kausalen Zusammenhang bringen können. Wenn das Kind eine Fünf in der Englischarbeit mit nach Hause bringt und die Mutter entnervt mit dem Heft vor seiner Nase herumwedelt, weil es schon wieder nicht genug geübt hat, dann stellt sie einen eindeutigen Kausalzusammenhang her. Kausalität schafft Übersichtlichkeit. Die Wirklichkeit aber ist meistens nicht so eindimensional. Das Kind wird sich mit einigem Recht fragen, warum die Mutter nicht den heftigen Streit auf der Rechnung hat, den es mit seinem Vater an dem Tag hatte, an dem es die Arbeit schrieb.

Kausalität dient dazu, aus einer unhandlichen Wirklichkeit die Verwirrung der Komplexität zu tilgen.[47] Die Wissenschaft versucht im Prinzip dasselbe – so manches Mal mit wenig Aussicht auf Erfolg. Nur sind die Gegenstände, die sie untersucht, in der Regel noch sehr viel komplexer als eine verpatzte Englischarbeit. Das Gewimmel, das wir »Wirtschaft« nennen zum Beispiel, hat mehr mit einem ökologischen System (einem Teich oder einem Wald) gemein als mit einer Ansammlung steriler Kausalketten. Mit anderen Worten: Es lebt. Alles, was lebt, ist in sich komplex und verändert sich zudem andauernd. Deshalb ist es schwer, darin Gesetzmäßigkeiten auszumachen. Ein lebendes System verstehen zu wollen, wie man eine Kette kausaler Ereignisse versteht, ist unmöglich. Für lebende Systeme gilt eben nicht: Wenn A, dann B (auf jeden Fall und sofort). Sondern: Wenn A, dann erst einmal C oder gar nichts oder etwas völlig Unerwartetes. B kommt auch vor, aber wie es mit A verknüpft ist, kann man nicht eindeutig sagen. Nur eins ist in komplexen Systemen wirklich sicher: dass nichts wirklich sicher ist, weil das Unverfügbare immer dazwischengrätschen kann.

Wenn wir annehmen, Vorhersagen machen und die Gesetzmäßigkeiten hinter dem, was sich tut, verstehen zu können,
sehen wir das als Beweis dafür, auch gezielt handeln zu können.
Daraufhin machen wir einen weiter gehenden Schritt: Dieses
Können wird zur Pflicht erhoben. Wir *müssen* fortan unser Handeln an Zielen ausrichten (andernfalls würden wir uns nicht
erlauben, es rational zu nennen). Wenn uns jemand nach dem
Grund unserer Handlungen fragt, nennen wir ihm oft ein Ziel
oder einen Zweck. Ein Ziel ist immer ein guter Grund dafür, so
und so gehandelt zu haben. Ziele schenken uns den Eindruck,
überhaupt die Möglichkeit des sinnvollen Tuns zu besitzen. Das
ist fundamental wichtig für unser Sicherheitsgefühl.

Wir versuchen, gesellschaftliche oder persönliche Probleme
dadurch anzugehen, dass wir starre Lösungsmethoden über sie
stülpen: Es gibt Ausgangsbedingungen, es gibt ein gewünschtes
Ergebnis, wir müssen also nur einen Weg finden, wie wir von
den Ausgangsbedingungen zu dem Ergebnis kommen. Wenn wir
diese Lösung erst einmal gefunden haben, können wir sie fortan
auf alle ähnlichen Probleme anwenden, müssen also lediglich das
Methodenraster an das Problem koppeln und erhalten ein positives Resultat. Das mag bei manchen technischen Herausforderungen funktionieren. Bei Menschen oder Gesellschaften in der
Regel jedoch nicht. Trotzdem wird es versucht. Der Algorithmus
ist das Lösungsmuster unserer Zeit.[48]

Vorhersagen, Gesetzmäßigkeiten und Zielgerichtetheit laufen
zusammen in einem der meistgeschätzten Werte der kontrollitischen Moderne: der Effizienz. Ziele müssen mit dem geringst-
möglichen Aufwand erreicht werden. Ressourcen sollen so spar-
sam wie möglich eingesetzt werden. »Rationalität« wird gelesen
als »Mit minimalem Einsatz maximale Wirkung erzielen«. Wir
versuchen, Kontrolle über einen Teil unseres Lebens zu erlangen,
indem wir ihn im Voraus planen, eine Ziel-Mittel-Kalkulation
aufstellen und den Plan dann bis zu seinem programmierten
Ende abarbeiten.

Insbesondere die Zeit, die uns zur Verfügung steht, wird auf diese Weise rationalisiert.[49] Zeit effizient zu nutzen ist ein modernes Gebot, das den zehn von Moses am Berg Sinai überbrachten an Heiligkeit in nichts nachsteht. Eine Ethik der Geschäftigkeit durchzieht die Moderne. Zeit muss sinnvoll verbracht werden, und das heißt in diesem Fall: produktiv. Der Soziologe Max Weber hat darin eine Parallele zum christlichen Arbeitsethos ausgemacht, die er in seinem mittlerweile zum Standardwerk gewordenen Buch *Die protestantische Ethik und der Geist des Kapitalismus* darlegt. »Nicht Muße und Genuß«, schreibt er, »sondern *nur Handeln* dient nach dem unzweideutig geoffenbarten Willen Gottes zur Mehrung seines Ruhms. *Zeitvergeudung* ist also die erste und prinzipiell schwerste aller Sünden.«[50] In diesem Sinne sind wir alle selbst heute noch überaus folgsame und fromme Gläubige.

Was effizient ist und was nicht, soll möglichst nicht nur vage per Schätzung oder Bauchgefühl bestimmt werden. Die Kontrollitis verlangt entschieden mehr Präzision. Also macht der moderne Magier den Erfolg seiner Bemühungen am liebsten an dem fest, was er messen und zählen kann. Was man auf diese Weise festlegt, verliert seine Unwägbarkeit, so die stillschweigende Überzeugung. Die »Arbeit an sich selbst« zum Beispiel hat den besonderen Charme, sichtbare Ergebnisse zu produzieren, wenn sie mit technischen Mitteln ausgeführt wird. Die Kausalkette ist einfach: Ich spritze Botox, die Stirn wird glatt. Der unbeeinflussbare Prozess des Alterns bekommt einen Anstrich von Kontrollierbarkeit, der heraufziehende Tod ist bis zur nächsten Spritze erst einmal gebannt.

Die große Messlust beginnt schon im zarten Kindesalter: bei der Englischarbeit. Ob ein Kind gut Englisch kann, wird ihm in der Schule durch die Erfassung in einer engen Skala von Zahlenwerten bescheinigt. Gute Schulnoten sind wichtig für die Zukunft des Kindes. Wer fragt schon danach, was es wirklich lernt und inwieweit Inhalte sich wirklich mit Noten abbilden lassen? Bei den schulischen Leistungen hört das Messen aber längst nicht auf: Die Körperhaltung muss orthopädisch unauffällig sein, der Arzt kontrolliert (das großväterliche »Steh gerade, Junge!« kehrt in neuem Gewand zurück, nur ohne den Befehlston). Der Aufenthaltsort der wuseligen Kleinen muss ständig überwachbar und auf Längen- und Breitengrad genau bestimmbar sein – dank Smartphone und GPS heute technisch überhaupt kein Problem. Das alles soll der »Entwicklung« der Kinder zugutekommen. Nur wird »Entwicklung« hier zu einer weiteren Chiffre des allgegenwärtigen Machwahns: als ob man einen jungen Menschen nur schälen müsste, um an sein besseres, gar sein optimales Ich zu gelangen.

Im Erwachsenenalter geht das Spiel munter weiter. Die Nahrungsmittelzubereitung untersteht strenger Rationalisierung. Beim Kochen werden die Zutaten inklusive Nahrungsergänzungsmittel aufs Gramm genau abgewogen – statt einfach das Essen abzuschmecken – und der Kaffee kommt aus Tabs in Normgröße. Den eigenen physiologischen Zustand stellt man ebenfalls unter ein striktes Regime: Beim Sport werden Puls und Laktatwerte minutiös überwacht, um sicherzugehen, dass das Training auch maximal effizient ist. Selbst beim Putzen ist der Gedanke nicht fern, gleich noch etwas Nützliches für das Abnehmen zu tun. »30 Minuten den Boden gewischt, 140 Kilokalorien verbraucht«, so wirbt ein großer Kaffeeröster in seiner Filiale für seinen neuen Wischmopp. Früher war Bodenwischen einfach anstrengend, heute können Sie damit auf den Punkt genau eine Kalorienportion verbrennen.

»Richtiges« Leben nach dem Verständnis der Selbstoptimierung erfordert Präzision und Sorgfalt. Zahlreiche Instrumente aus der technologischen Zauberküche sind heute allgemein erschwinglich und erlauben jedem die Genauigkeit, die er braucht. Medizinische Messgeräte, die früher Hochleistungssportlern vorbehalten waren, sind heute ebenso leicht zu bekommen wie eine Eieruhr oder ein Backthermometer. Manche Freizeitsportler fühlen sich beim Laufen oder Bokwa nicht wohl, wenn sie keines der technischen Zubehöre aus dem Onlinesportstore bei sich tragen: Pulsuhren, Schrittzähler mit GPS-Tracking oder Funktionsshirts, die gegen den Schweiß mit Silberfäden durchwirkt sind. Je genauer und detaillierter ich mich selbst messtechnisch überwachen kann – so der Glaubenssatz –, desto effektiver kann ich an mir arbeiten, soll heißen: desto wirksamer kann ich auf mich und meine Lebensumstände einwirken.

GLÜCK IST EINE ZUMUTUNG

All das sind Spielarten rationalistischen Denkens, der Reaktionsweise unserer Kultur auf das Unverfügbare. Die Kontrollitis ist also eine Tochter des Rationalismus. Sie trägt aber ebenso noch Elemente von Glauben, Erlösungsvorstellungen, Utopien oder Heroismus in sich. Nachdem sich herausgeschält hat, dass ältere Vorstellungen – insbesondere der religiöse Glaube – keine Sicherheit gegenüber dem Unverfügbaren geben können, musste sich der »westliche« Mensch in der Moderne ein neues Mittel suchen, dem Unverfügbaren zu begegnen. Der Versuch, die Sicherheit wiederzuerlangen, mündete in einen neuen Leitsatz: »Greife ein in dich und deine Wirklichkeit, dann hast du Macht über das Unverfügbare.« Das neue Mantra ist eine Beschwörung des Machenkönnens. Der Anspruch der Moderne ist, sich der Natur entgegenzustemmen und den Bereich, der unter unserer Kontrolle liegt, immer weiter auszudehnen und somit das, was in ihm liegt, für uns verfügbar zu machen.[51]

Die Rolle des Blitzableiters gegen die Zumutungen der Existenz, die früher die Götter innehatten, müssen wir heute selbst übernehmen – als gesamte Menschheit oder (im alltäglichen Kleinklein) als Individuen. Moderne Menschen wollen kontrollieren und herstellen statt erleben und erleiden. Vielleicht rührt diese trotzige Haltung ja aus der »menschlichen Neigung, überall die Vernunft am Werk zu sehen und unwillig zu sein, Dinge, die von schicksalhafter Bedeutung für uns sind, als schlichten Zufall zu akzeptieren«.[52] Für unser persönliches Glück ist diese Neigung jedenfalls eher schädlich.

Es ist ein mentaler Totalitarismus, der die gesamte Moderne durchzieht. Wir wollen den totalen Zugriff auf das Leben. Das Leben wird sich jedoch dem totalen Zugriff immer entziehen. Das hinter diesem Totalitarismus stehende Sicherheitsbedürfnis erfahren wir dagegen nur noch unbewusst. Wir leiden also unter unserem Machwahn und unserer Kontrollitis, merken es aber nicht einmal mehr, weil wir so sehr daran gewöhnt sind. Auf diese Weise erhalten wir die Illusion, alles beeinflussen zu können, aufrecht.

Wirklich gut geht es uns, wenn wir uns in einem Zustand befinden, den wir als »Glück« bezeichnen. Glück – was immer das ist – ist uns enorm wichtig. Das Thema reizt uns zu öffentlichen Selbstvergewisserungen, in denen wir uns fragen, was das Leben als solches eigentlich soll. Im Januar 2014 beispielsweise machte eine junge Studentin mit ihrem Aufguss des alten Aufrufs *carpe diem* kurz Furore. Julia Engelmanns Slam-Gedicht, das sie bereits im Mai 2013 auf dem Bielefelder Hörsaal-Slam performte, missversteht sich als Aufschrei gegen die Gebote der Zeit. Unsere Zeit stelle uns unter vielfache Zwänge, Stress und Hektik regierten in der Arbeit wie im Privaten, Raum für das wahre Leben sei rar. Engelmanns Mahnungen, sich Momente zu schaffen, in denen man wirklich lebt, an die man sich im Alter noch erinnern kann, hat sie sicherlich als Anreiz gemeint, einem alternativen Lebensmodell zu folgen. Sie stellen jedoch den von ihr beklagten Zwängen nur noch weitere an die Seite. Der Unterschied ist, dass die einen zeitgemäß sind, während die anderen nicht so erscheinen.

»Nutze deine Zeit!«, ruft uns Engelmann zu. »Lebe jetzt!«, titelt der *Focus* während des Engelmann-Hypes. All das sind Imperative. Es ist wieder ein Anspruch, diesmal derjenige, eine Lebensgeschichte hervorzubringen, die voll von »besonderen Momenten« ist. Doch auch an diesem Anspruch können wir scheitern. Zudem sagt uns der Anspruch allein noch nicht, worin das Besondere dieser Momente denn nun eigentlich bestehen soll, er lässt uns ohne sichere Kriterien zurück. Wir können am Ende nicht gewiss sein, ob wir sie erfüllt haben oder nicht. »Für die, bei denen sich die durch Julia Engelmanns Auftritt erzeugte Euphorie wieder verflüchtigt hat, geht die Suche nach dem Sinn des Lebens weiter«, schreibt Rebecca Niazi-Shahabi.

Jede Begegnung, jeder Theater- oder Kinobesuch, jedes Buch und jede Reise werden daraufhin abgeklopft, ob sie die entscheidende Botschaft für sie bereithalten. [...] Stets fragen sie sich, ob sie durch das, was sie gerade hören und sehen, besser verstehen, wer sie sind und was sie mit ihrem Leben anfangen sollen.[53]

So bleibt ihnen, egal welchen Verlauf ihr Leben nimmt, immer das Gefühl, vielleicht doch gescheitert zu sein. Das ist die alte Krux des Glücksstresses.

Ansprüche bedrängen uns immer dann besonders, wenn sie mehrdeutig sind und ihre Verwirklichung weit in der Zukunft liegt. »Nutze deine Zeit!« ist nicht per se ein schlechter Rat, natürlich nicht. Er wird nur leicht missverstanden als Aufforderung zu etwas, das wir zusätzlich zu allen anderen Ansprüchen erfüllen sollen. Wir kommen von den Imperativen offenbar nicht weg. Immer ist der Druck da, so und so zu sein, zu denken, zu fühlen. Tut man es nicht, lebt man angeblich falsch.

Die große Ironie der Kontrollitis ist, dass wir, indem wir so viel Gewicht auf das Machen legen, gerade nicht so frei sind, wie der Magier es ist. Die Annahme, wir würden uns dem Magier annähern, indem wir den Zufall tilgen, wie der Rationalismus es anstrebt, ist ein Missverständnis. Eine Welt ohne Zufall wäre zwar streng vorhersehbar. Auch eine Welt, in der wir nur glauben würden, es gäbe keinen Zufall, hätte dieselben Konsequenzen für unser Handeln, da wir sie für prinzipiell vorhersagbar halten würden. Sie wäre aber unerträglich, da sie keine menschliche Freiheit zulassen würde – in ihr wäre ja bereits alles vorherbestimmt. Doch Freiheit ist eine der wichtigsten Dimensionen menschlicher Existenz, grundlegender noch als Glück.

Der Magier, wie er im Tarot ursprünglich als menschlicher Archetypus gemeint war, ist ein echter Impulsgeber. Er steht für die Freiheit des ersten Anstoßes. Von ihm geht ein Momentum aus, eine Bewegung, deren Richtung und Stärke er bestimmt hat. Wir dagegen reproduzieren im Machwahn das, was in unserer Gesellschaft als normal empfunden wird. Dabei vernachlässigen wir zudem sträflich die Qualitäten, die in dem Archetypus der Hohepriesterin zusammenkommen. Dass wir nicht – wie es für ein Gutes Leben notwendig wäre – gleichmäßig zwischen Magier und Hohepriesterin wechseln, macht uns unfrei. Wenn wir besser, freier leben wollen, müssen wir uns auch anschauen, wie der Hohepriesterinnentypus agiert. Auf dem Entdeckerweg, auf den ich Sie in Teil II einlade, werden Sie diesen Typus besser kennenlernen.

Wir suchen Selbstwirksamkeit mit gezielten Handlungen zu erreichen, die das Wissen um den Ausgang dieser Handlungen bereits einschließen. Eine echte Lebenskunst aber ist ein permanentes Spiel, in dem Aufmerksamkeit, Entschiedenheit, Revisions- und Lernvermögen, Fehlerfreundlichkeit und Akzeptanz des Unverfügbaren zusammenfinden. Sie dient damit dem Ziel des gelingenden Lebens.

KAPITEL 2

DAS GUTE LEBEN

Ob Sie wollen oder nicht, Sie werden dann und wann mit der
Frage konfrontiert: Wie lebe ich richtig, was ist gut für mich,
wann kann ich sagen, dass mein Leben gelungen ist? Manchmal
beschleicht Sie die Frage, wenn Sie vor einer wichtigen Entscheidung stehen. Dann kommen Sie zwischen den ganz konkreten
Veränderungen, über die Sie nachdenken müssen, immer wieder auf solche übergreifenden Dinge und schütteln vielleicht
den Kopf über Ihre eigenen philosophischen Grübeleien. Die
Frage kann genauso gut lange unbemerkt im Keller Ihrer unbe-
wussten Lebensthemen schlummern. Von dort wirkt sie still
und spurlos in Ihren Alltag hinein. Erst wenn Sie auf Probleme
stoßen, die Sie nicht überwinden zu können glauben, tritt sie
Ihnen vor die Augen, sodass Sie ihr nicht mehr ausweichen
können.

Die Frage nach dem Guten Leben. Sie ist das übergreifende
Thema jeder Biografie. Alles, was eine gewisse Tragweite für Sie
hat, hat mit Ihrem ganz persönlichen Guten Leben zu tun: Ver-
lasse ich den ungeliebten Job und suche mir einen neuen, oder
gehe ich das Risiko ein, mich selbständig zu machen? Ziehe ich
schon nach einem halben Jahr zu meinem neuen Partner und
lasse meinen Freundeskreis in der alten Stadt zurück? Soll mein
Kind auf die Regelschule oder lieber auf die weiter entfernte
neue Waldorfschule, deren Konzept mir ganz gut gefällt, von der
Bekannte mir aber abgeraten haben? Wie Sie sich entscheiden,

wird in jedem Fall darüber mitbestimmen, wie gelungen Ihnen Ihr weiteres Leben vorkommen wird.

Die Frage nach dem Guten Leben ist eine sehr gute Frage. Ich glaube, es ist die bedeutendste Frage, die man sich überhaupt stellen kann. Sie ist wichtiger als das Thema »Glück«. Das mag Sie jetzt überraschen: Meinen die beiden Begriffe nicht dasselbe? Wir sprechen häufig von »Glück« oder »Lebensglück«, wenn wir das große Ganze, die Fragen von übergreifender Bedeutung meinen. Sobald wir von Glück sprechen, schleichen sich allerdings auch eine ganze Menge Dinge in unsere Vorstellung ein, die dem Guten Leben im Weg stehen, uns sogar weiter davon entfernen können. Das hängt damit zusammen, dass der Machwahn unsere Vorstellungen beeinflusst. Tatsächlich verstellt die Rede vom Glück den Blick auf das Gute Leben. Wieso das so ist, werde ich in diesem Kapitel erklären.

Führen Ihre Entscheidungen zu einem guten Ausgang, sagen Sie, dass sie Ihr Glück gesteigert haben. »Glück« ist in unserer Kultur der Begriff, der sich eingebürgert hat für Fragen wie »Geht es mir gut?«, »Gelingt mein Leben?« oder »Was ist richtig und gut?«. Er ist einer der wichtigsten Begriffe unseres Zeitalters geworden. Wenn zukünftige Historiker jemals auf unsere Epoche zurückblicken, wird ihnen auffallen, dass Glück darin ein führendes Thema war. Feuilletonisten mit spitzerer Feder werden sogar schreiben, wir seien vom Glück regelrecht besessen gewesen. Überall suchten wir danach, und kaum ein Lebensbereich blieb von dieser Sucht ausgespart. Ironischerweise vergaßen wir darüber, nach dem Guten Leben Ausschau zu halten. Hätten wir das aber getan, dann wäre uns aufgefallen, dass beides nicht miteinander identisch ist und das Gute Leben wichtiger ist als Glück.

MACH DEIN GLÜCK!

Wir messen, wie viel Glück wir anhäufen. Ganz in der Logik des Machens gefangen, glauben wir, es sei mit dem Vermehren getan. Unsere Standardfrage lautet auch hier: Wie komme ich mit möglichst wenig Aufwand an möglichst viel davon? Wir bleiben also, auch wenn es darum geht, glücklich zu sein, den rationalistischen Prinzipien des Zielehabens, Vermehrens, Messens und Effizientseins treu.

Eine Zeit lang waren dabei Geschichten vom Erfolg die Lieblingserzählungen. Erfolg hat, wer einen Job hat, mit dem er zufrieden ist, ein Einkommen etwas über dem Durchschnitt, ein hübsches Haus in der Vorstadt oder ein Loft in der City, einen Partner, vielleicht ein oder zwei Kinder, dazu ein Auto, Küchengeräte und Möbel, die jeweils »up to date« gehalten werden. Es ist ein Bild wie aus der *Truman Show*[54] – so fadenscheinig und oberflächlich, dass es viele heute zu Beginn des 21. Jahrhunderts bereits mit Skepsis erfüllt. Es mag immer noch ein weitverbreitetes Modell sein, dennoch: Die Zweifel daran, dass in dieser simplen Aufhäufung von »Must-haves« die Formel für ein glückliches Leben steckt, sind inzwischen gewachsen. Das damit verknüpfte Lebensmodell ist nur noch eines von vielen, die alle gleichermaßen gültig erscheinen.

Wahrscheinlich ist es der betont materialistische Zungenschlag, der die Skeptiker daran Anstoß nehmen lässt. Das materialistische Weltbild fängt erst allmählich an, zu veralten und durch postmaterialistische Weltbilder abgelöst zu werden, nach denen zum Beispiel der Schaden unserer Wirtschaftsweise für die Natur oder die Idee des fortgesetzten Wachstums kritisiert wird. Konsequente Materialisten, die sich nach dem ausrichten, was sie (und andere) besitzen und welche soziale Position sie einnehmen, geraten inzwischen mehr und mehr auf das Nebengleis der überholten Lebensmodelle.

Stutzig machen allein schon die Zahlen, die zum Verhältnis

von Wirtschaftsleistung und Lebenszufriedenheit in westlichen Industrieländern vorliegen. Eine Untersuchung versammelte Daten zum Pro-Kopf-Einkommen in den USA der Jahre 1940 bis 1990 und verglich sie mit Aussagen einer ausgewählten Zahl von US-Bürgern zu ihrem Wohlbefinden. Das Pro-Kopf-Einkommen steigt (von den unmittelbaren Nachkriegsjahren abgesehen) stetig an: von circa 6000 Dollar im Jahr 1940 auf circa 20 000 Dollar 1990. Der Index der Aussagen von Probanden, die als Einschätzung ein »very happy« abgaben, sank jedoch im gleichen Zeitraum leicht von 7,5 auf 7,2. Die materialistische Einstellung, nach der sich Konsumenten vor allem auf den Erwerb von immer mehr Gütern konzentrieren, führt sie in ein Paradox:

> *Die Marktvernunft leitet Materialisten dazu an, Wohlstand anzuhäufen; mehr Wohlstand hat nur geringe Auswirkungen auf die Lebenszufriedenheit. Ferner ist denjenigen, die eine materialistische Lebensweise wählen, etwas zu eigen, das mit geringer Lebenszufriedenheit verknüpft ist. Materialisten, die nach der ökonomischen Weisheit Gewinner sein müssten, neigen tatsächlich dazu, Verlierer zu sein.*[55]

Sicher setzt sich die Erkenntnis allmählich durch, dass Glück nicht in Eigentum und Stellung zu finden ist, jedenfalls in unserer so konsumgesättigten postindustriellen Kultur. Der amerikanische Psychologe Tim Kasser hat zu diesem Zusammenhang geforscht und bestätigt: Eine materialistische Einstellung führt sogar eher noch ins Unglück. Außerdem trete sie häufiger bei Menschen auf, die um ihr Glück fürchteten oder bisher wenig davon erfahren haben. In seiner Untersuchung *The High Price of Materialism* schreibt er:

> *Materialistische Werte erlangen bei solchen Menschen vorrangige Bedeutung, die ihre Bedürfnisse lange Zeit nicht befriedigt sehen. Diese Werte treten also darum in Verbindung*

mit einer geringen Lebensqualität auf, weil sie für unerfüllte Bedürfnisse stehen. Aber materialistische Werte sind nicht allein Zeichen für Unzufriedenheit. Darüber hinaus verleiten sie die Leute dazu, ihr Leben so einzurichten, dass es ihre Bedürfnisse kaum befriedigen wird, sondern im Gegenteil noch zu ihrem Unglück beiträgt.[56]

Zwar ist eine materialistische Einstellung nicht mehr der Königsweg zum Glück. Geblieben ist jedoch nach wie vor der Gedanke, dieses ließe sich herstellen, so wie man eine gute Stimmung erzeugt oder eine frische Raumluft. Auch ohne uns materialistische Werte leuchtend auf die Fahnen zu schreiben, hängen wir dem Machwahn und der Kontrollitis an. Dort, wo wir eigentlich ein Gutes Leben leben könnten, bauen wir an unserem Glück. Der Kontrollitiker spricht von Glück, wenn er in ein Wellness-Wochenende fährt und »sich mal wieder richtig entspannt« bei Klangmassagen und ein bisschen Yoga; wenn er beim Einkaufen ausnahmsweise nicht auf die Preise geguckt, sondern sich einfach was gegönnt hat; wenn er am Sonntag diesen »Weg der tausend Blicke« durch die schöne Natur gegangen ist, genau wie er im Prospekt vom Regionalmarketing angepriesen wurde; wenn er – obwohl ja schon deutlich über 60 – dank Investitionen in sein privates Pharmaschränkchen immer noch »sexuell leistungsfähig« ist; wenn seine Facebook-Seite endlich die magische 500-Likes-Marke erreicht hat.

Die Zeichen des Machwahns finden sich in all dem, was wir für ein »lohnendes« Dasein tun. Wir beanspruchen das Glück für uns wie etwas, das wir erwerben könnten. Da wir gern in Kategorien des Aneignens denken und entsprechende Methoden parat haben, ist unsere Gesellschaft sehr an den Glauben gewöhnt, dass es zielführende Strategien für den Glückserwerb gäbe. Wir wollen in konkreten, überschaubaren Schritten zu ihm gelangen: Wenn ich das und das tue, habe ich hinterher ein Stück Glück. Stück summiert sich mit Stück, und irgendwann habe ich so viel Lebensglück zusammen, wie ich wollte, und, voilà, das

Leben ist gelungen. So das verbreitete, für unsere Zeit und Gesellschaft typische Bild.

Ob Zeitschriften, Coaching-Websites, Facebook-Posts oder Bücher: All die Quellen, aus denen Menschen schöpfen, um herauszufiltern, wie man denn nun richtig lebt, tragen eher dazu bei, ein gelingendes Leben zu verhindern. »Denn hier werden ausdauernd angeblich ideale Verhaltensweisen angepriesen, die den hilfesuchenden Leser nicht selten überfordern und dadurch unglücklich machen«, schreibt der Psychiater und Bestsellerautor Manfred Lütz.[57] Wenn schon ein Rat, dann müsste er lauten: Misstrauen Sie allzu einfachen und Garantien gebenden Ratschlägen! Aber gerade die Glücksindustrie muss, da sie es mit einem komplexen Gegenstand zu tun hat, den Begriff »Glück« so weit verkürzen, dass sich möglichst greifbare Tipps formulieren lassen. Also konzentriert sie sich in ihren Darstellungen auf:

a Das *Gefühl* des Glücks und wie es zu erreichen ist. Gefühle sind konkret und im Alltag nachvollziehbar.

b Den *Zustand* der Lebenszufriedenheit, den es herzustellen gilt. Ihn kann man leicht ersehen an sozial anerkannten Glückstrophäen (Entspannung, interessante Arbeit, Konsumartikel, typische Lebensziele und so weiter), die sich zu einer Gesamtzufriedenheit aufsummieren sollen.

c Ein erlernbares *Mindset*, mit dem a) oder b) systematisch erlangt werden kann: optimistisch sein, positiv denken, für etwas brennen oder Ähnliches.

d *Rezepte:* Das Glück lässt sich üben. Mach es genau so, wie ich es sage, dann wirst du dein Glück erreichen!

Alle Ratschläge müssen leicht zu erlernen sein. Deshalb ist der letzte Punkt »Rezepte« der wichtigste, der in jedem Fall vorkommen muss. Die Methode sollte möglichst unkompliziert sein und den Anwender nicht mit der tatsächlichen Komplexität des Lebens belasten. Und sie muss eine Garantie beinhalten. Ich will als Leser beziehungsweise Klient ja wissen, wie ich es selbst herstellen kann. Mit einem Glück, das nicht herstellbar oder zu kompliziert ist, kann ich nichts anfangen.

Vier Teilbereiche der Glücksindustrie sind es, die die vereinfachte Glücksidee vertreten und ihre Rezepte (zum Teil mit großem Nachdruck) im öffentlichen Diskurs installieren:

1. Selbsthilferatgeber
2. Management- und Erfolgsratgeber[58]
3. Populäre Wissenschaft[59]
4. Popularisierte religiöse Quellen,[60] insbesondere aus asiatischen Weisheitslehren

Diese Teilbereiche sagen eine Menge darüber aus, welche Vorstellung von Glück (und damit letztlich von einem gelingenden Leben) heute das Meinungsklima beherrscht und was daran so falsch ist. Deshalb werde ich mich mit ihnen etwas ausführlicher beschäftigen.

GLÜCKSGURUS

In einem populärwissenschaftlichen Artikel berichten die beiden Glücksforscherinnen Sonja Lyubomirsky und Katherine Jacobs Bao über ihre eigenen Forschungsarbeiten zu den Faktoren, die die Lebenszufriedenheit beeinflussen. Ihr Resultat: Neben dem Einfluss der Gene und der Lebensumstände blieben »immerhin 40 Prozent ›Verhandlungsspielraum‹« und somit »beträchtliche Möglichkeiten, unser Glücksniveau zu beeinflussen«. Es sei den beiden Psychologinnen auch gelungen, »Strategien [zu] identifizieren, die das Glück fördern und stabilisieren«. Zu diesen »Strategien« gehöre es, für mehr Abwechslung zu sorgen, Veränderungen zum Guten mehr wertzuschätzen oder in der Partnerschaft für mehr Gelegenheiten zu sorgen, in denen positive Gefühle entstehen können.[61] Mich persönlich haben diese Vorschläge vor allem wegen ihrer Banalität überrascht. Einen ausgesprochenen Bezug auf ein gelingendes Leben haben sie bei näherer Betrachtung nicht. Sie sind eher kleine Alltagskniffe, die das Dasein etwas angenehmer machen – Ratschläge, wie sie eine fürsorgliche Mutter ihrem flügge werdenden Kind auf den Weg geben könnte: »Nimm alles nicht so schwer. Du wirst schon sehen ...«

Lyubomirsky hat 2007 auch einen Ratgeber herausgebracht, der sich als wissenschaftlich fundierte Anleitung zum Glück versteht. Der englische Originaltitel ist Programm: *The How of Happiness – A Scientific Approach to Getting the Life You Want.* In dem Buch erfährt man mehr über »zwölf Glücksaktivitäten«, die einen in die Lage versetzen sollen, »seine individuelle Glücksstrategie zusammenzustellen«.[62] Das Buch spielt mit allem, was heutige Leser auf der Suche nach Lebenszufriedenheit gerne hören: Es geht um mich, ich kann etwas tun und mein Leben besser machen. Zudem hat die Autorin als Wissenschaftlerin einen vertrauenswürdigen Hintergrund. Dass Glück und Gutes Leben nicht dasselbe sind und dass das Letztere auch durch noch so viel Methodenwissen nicht automatisch zu erreichen ist, darüber darf das Buch nichts sagen, wenn es selbst erfolgreich sein will.

Es ist immer wieder derselbe Eindruck, der sich beim Lesen der allermeisten Sachbücher, Ratgeber und Onlinepublikationen zum Thema »Glück« aufdrängt: Die Frage nach dem gelingenden Leben wird vergleichsweise oberflächlich behandelt, Komplexitäten werden ausgeblendet. Es macht dabei kaum einen Unterschied, in welchem Rahmen dies geschieht: ob als öffentlichkeitsfähige »Übersetzung« wissenschaftlicher Forschung oder vor dem Hintergrund einer Ideologie wie der des »Positiven Denkens«.

Ihnen allen gemeinsam ist die machwahnkompatible Behauptung, persönliches Glück lasse sich von jedem Einzelnen herstellen. Wo in der Realität die Dinge, die auf das Gute Leben des Einzelnen Einfluss nehmen, unüberschaubar sind, wird forsch das Machen zu dem Faktor erklärt, der über alles entscheidet: Jeder kann, wenn er will. »Wir *können* […] lernen, die verschiedenen Wege zum Glück zu beschreiten«, schreibt W. Doyle Gentry in *Glück für Dummies*. Gentry schlägt fünf »erprobte Verhaltensstrategien« vor, »mit deren Hilfe Sie Ihre Chancen auf das wahre Glück deutlich verbessern können«: 1) den Flow erleben, 2) Herausforderungen für sich nutzen, 3) ein kohärentes Leben leben, 4) täglich ein Bekenntnis ablegen (achten Sie auf positive Dinge, werden Sie ein positiver Mensch), 5) ein glückliches Gesicht machen (hellt auch Ihr Gemüt auf). Zusätzlich enthält *Glück für Dummies* einen »Top-Ten-Teil« mit jeweils zehn »Methoden, ein glückliches Kind großzuziehen«, »Dingen, die Ihrem Glück im Weg stehen«, »Möglichkeiten, für mehr Glück im Leben zu sorgen«, »Gedanken, die zum Glück führen«.[63] Das Buch listet eine ganze Reihe von Möglichkeiten auf, an der alltäglichen Optimierung zu arbeiten, bleibt aber eine Begründung dafür, warum etwa Positivität zu einem gelingenden Leben gehören soll, weitgehend schuldig. Das ist ein Zug, der sich durch sehr viele Selbsthilfe- und Glücksratgeber zieht.

Was beeinflusst das »gute Gefühl«, was lässt es ansteigen oder sinken? Lyubomirsky stellt drei Einflussgrößen einander gegenüber, die das Wohlbefinden nach ihrer Auffassung mitbestimmen: Neben dem Selbermachen sind das die (genetische) Veranlagung sowie die Lebensumstände. Die beiden Letzteren ließen sich nicht beziehungsweise nur schwer beeinflussen, das Verhalten jedes Einzelnen allerdings sehr wohl. Und hier setzt sie folgerichtig mit Emphase an: »Wenn eine unglückliche Person Interesse, Begeisterung, Zufriedenheit, Frieden und Freude erleben will, kann er oder sie das tun, indem er oder sie die Verhaltensweisen einer glücklichen Person erlernt.« Lyubomirskys anschließendes Versprechen ist, bei Lichte betrachtet, gewaltig: Sie will ihren Lesern eine Methode nahebringen, »die Sie sofort anwenden können und die sofort Ihr Wohlbefinden ankurbeln wird, sogar wenn Sie sehr niedergeschlagen sind«. Wie aber ist Lyubomirsky zu ihrem Befund gelangt, dass Wohlbefinden (oder Glück) zu 50 Prozent von der Veranlagung bestimmt wird, zu

10 Prozent von den Umständen und zu 40 Prozent vom Verhalten des Einzelnen? Durch ein Ausschlussverfahren und eine anschließende Behauptung: Wenn Veranlagung und Umstände zusammen 60 Prozent ausmachen, bleiben 40 Prozent unerklärt. Der unerklärte Rest muss folglich auf das individuelle Verhalten zurückzuführen sein.[64] Andere als diese drei Faktoren zieht Lyubomirsky gar nicht erst in Betracht und einen empirischen Beleg bleibt sie ebenfalls schuldig.

In das Horn der Kontrollitis stoßen auch Managementberater sehr gerne. Das ist bei ihnen sicherlich zum guten Teil beruflich bedingt – Manager werden mit dem Machen, dem Alles-unter-Kontrolle-Haben identifiziert wie keine andere Berufsgruppe. Abgeleitet aus seinen Erfahrungen als Berater und Trainer schreibt zum Beispiel Reinhard K. Sprenger: »[M]eine Hauptthese ist: *Glück ist keine Glückssache.* Glück, was auch immer Sie persönlich darunter verstehen, ist nicht etwas, das Ihnen ›zustößt‹. Glück ist das Ergebnis von selbstverantwortlichem, entschiedenem Handeln.« Seine Ausgangsthese könnte oberflächlicher nicht sein: »Sie haben Ihr Leben, so wie es jetzt ist, frei gewählt.« Das heißt für Sprenger: inklusive der Dinge, die Sie unzufrieden machen. Erzählen Sie das mal jemandem, der gerade seinen Job durch die Fusion zweier Unternehmen verloren hat, oder der Flüchtlingsfamilie aus Syrien. Sprenger ficht das nicht an: »Die meisten Menschen haben vergessen, dass sie *wählen*«, zum Beispiel hier und jetzt dieses Buch zu lesen, statt andere Dinge zu tun. »Wenn Sie etwas ›eigentlicher‹ wollten, würden Sie es schlicht tun. […] Wenn Sie also weiterlesen, dann haben Sie Preise verglichen, sich entschieden, es sich ausgesucht.«[65] Sprenger benutzt ein zweifelhaftes ökonomistisches Bild für Entscheidungsprozesse. Sie sind für ihn eine Sache des Alternativen-Auffassens, Kosten-und-Nutzen-Abgleichens und Beste-Alternative-Wählens. Er blendet dabei aus, dass ökonomische Rationalität nicht die einzige Rationalität ist, nach der man gute Entscheidungen fällt – im Gegenteil, sie ist sogar eine besonders eingeschränkte Form. Sprenger blendet auch aus, dass wir existenzielle Veränderungen aus vielen Gründen durchlaufen, und nur wenige davon haben mit reflektierten und rationalen Entscheidungen zu tun. In der Regel wählen wir nicht, was wir in Zukunft sein werden. Wir handeln auf bestimmte Art und Weise und verändern uns dann in Konsequenz dieser Handlungen. Glück oder Unglück sind meistens keine Folge kalkulierenden Abwägens.

Den meisten »Glücksexperten« ist zum einen gemeinsam, dass sie das Glück auf möglichst einfache Begriffe bringen und die komplexen Einflüsse, die zu einem gelingenden Leben beitragen beziehungsweise ihm im Weg stehen, auf ein Minimum herunterbrechen. Zum anderen teilen sie die Behauptung, wir hätten das persönliche Glück in der eigenen Hand. Am stärksten macht diese Behauptung das Positive Denken. Positives Denken hängt von der Glaubwürdigkeit der Annahme ab, das Glück sei individuell herstellbar. Sollte dieser Punkt nicht stimmen, bräche das gesamte Gedankengebäude zusammen und mit ihm eine ganze lukrative Branche mit Buch-, CD-, Film-, Online-, Vortrags- und Trainingsangeboten.

Positives Denken funktioniert wie eine marktwirksame Ideologie. Sie macht ihren Punkt besonders stark und verkürzt dabei so massiv wie möglich auf den Appell: »Nehmen Sie Ihr Glück in Besitz!« Und wie soll das Glück in Besitz genommen werden? Verändern Sie den Inhalt Ihrer Gedanken, und Sie verändern sich selbst! Der Weg zum Glück führt über Glücksgedanken. »Du bist Gott in einem physischen Körper«, ruft Rhonda Byrne aus, die durch ihr multimediales Produkt *The Secret* zu Bekanntheit gekommen und damit zur aktuellsten Epigonin der langen Erfolgsgeschichte einer immer aufs Neue wiederholten, simplen Idee geworden ist.[66] Jeder Mensch sein eigener Selfmademan? Ist das eine Erfolg versprechende Weise, ein gelingendes Leben anzustreben?

»Wenn das Schicksal uns eine Zitrone gibt – machen wir Zitronenlimonade daraus!« Dieses zum Standardbegleitsatz der

Gebetsmühlen der Erfolgs- und Motivationsmanufaktur aufge-
stiegene Bonmot stammt von Dale Carnegie, einem der meist-
zitierten Vertreter des Positiven Denkens. »Das größte Problem
[...], mit dem Sie und ich uns herumschlagen müssen, ist die
Wahl der richtigen Gedanken«, befindet er in seinem Dauer-
brenner *Sorge dich nicht – lebe!*. Carnegie hat mit seinem Glauben daran, welche Macht der Geist sowohl über das Schicksal
seines Trägers als auch über andere Menschen hat, die ihm folgenden Generationen von Coaches und Trainern inspiriert und
den Weg für andere Leitfiguren des Positiven Denkens wie zum
Beispiel Norman Vincent Peale geebnet.[67]

Einen betont christlichen Inhalt verleiht Joseph Murphy dem
Positiven Denken (und stellt sich damit in eine etwas andere
Tradition als Carnegie). Die Grundannahme bleibt dennoch die
gleiche: »Das Gesetz des Lebens ist das Gesetz des Glaubens.
Schwierigkeiten jeglicher Art sind das Alarmsignal der Natur,
daß wir in falscher Richtung denken, und deshalb kann uns auch
nur eine Veränderung des Denkens befreien.« Murphy macht
die Quelle für jede angestrebte persönliche Veränderung im
Unterbewusstsein aus. Was immer »in der Welt unserer Sinne
Ausdruck findet, wurde – bewußt oder unbewußt – durch die
Kraft des Geistes bzw. des Unterbewußtseins geschaffen.« Per
Kontrolle über das Unterbewusste gewinne ich also Kontrolle
über meine Wirklichkeit: »In *Ihren* Händen liegt die Kom-
mandogewalt, *Sie* erteilen die Befehle – und Ihr Unterbewußtsein wird gehorchen und treu Ihre Eingebungen verwirklichen.«[68] Es ließe sich mit anderen Worten von den Gedanken
steuern und manipulieren wie ein mechanisches Gerät.

Wenn die Tiefenstrukturen des Geistes schon als eine Art
technisches Hilfsmittel der Bedürfnisbefriedigung angesehen
werden, liegt es nahe, sie gleich wie einen Computer zu behandeln. Tatsächlich nutzt die Methode des Positiven Denkens die
Computermetapher auch. Eine aktuelle Variante setzt zum Beispiel Rhonda Byrne ein. In *Hero*, einem Nachfolger von *The Secret*, schreibt sie:

Wenn Sie es zum Inhalt Ihrer Gedanken machen, dass Sie Ihren Traum erreichen können, ändern Sie die Programme in Ihrem Unterbewusstsein. Ihr Unterbewusstsein gleicht einem Computer und verfügt über viele verschiedene Programme, die Sie installiert haben. [...] Die Programme in Ihrem Unterbewusstsein sind allesamt durch Gedanken dort abgelegt worden, und allein durch Gedanken werden Sie ein neues Programm entwickeln können, das das alte überschreibt.[69]

Am Anfang der Blitzkarriere des Computers stand einmal der menschliche Geist als Metapher. Den Computer jetzt zu einer Metapher für den Geist zu machen, ist ein Zirkelschluss und absurd obendrein. Abgesehen davon bleibt auch Byrne den Beweis schuldig, dass eine direkte Beeinflussung unseres Unterbewussten kraft der Gedanken so zuverlässig möglich ist, wie die Metapher es nahelegt. Byrne ignoriert damit die Lernpsychologie, die ihrer Kernaussage »Alles Gelernte entstammt unseren eigenen Gedanken« widersprechen würde. Zudem unterscheidet sie nicht zwischen den »Gedanken« und dem »Willen«. Sie meint Letzteres, verwischt jedoch die Begriffe zu einem pathetisch-wohlklingenden, letztlich aber unbestimmten Brei.

Die These von der Selbstformbarkeit des Geistes als Bedingung für das Glück findet zum Teil Unterstützung in der populärwissenschaftlichen Literatur. Der Wissenschaftsjournalist Stefan Klein etwa spinnt sie in seinem erfolgreichen Sachbuch *Die Glücksformel* weiter. Dort versammelt er Evidenzen aus der Neurologie für die Formbarkeit des Gehirns (lies: des Geistes). Er kommt zu dem Schluss: »Mit den richtigen Übungen kann man seine Glücksfähigkeit steigern. Wir können unsere natürliche Anlage für die guten Gefühle trainieren, so, wie wir uns eine Fremdsprache aneignen.«[70]

Die »richtigen Übungen« hat das Positive Denken auch sofort parat. Sie sind, Sie ahnen es, denkbar einfach und führen garantiert zu einem schnellen Erfolg. Joseph Murphy zum Beispiel empfiehlt:

Sie brauchen nur Folgendes zu tun: Wiederholen Sie bei sich drei- bis viermal am Tag jeweils fünf Minuten lang: »Reichtum – Erfolg.« Diese Worte haben eine ungeheure Macht, denn sie verkörpern die unendliche Kraft des Unterbewußtseins. Konzentrieren Sie Ihr Denken auf diese Kraft in Ihrem Innern, und die von Ihnen gewünschten Bedingungen und Umstände werden sich alsbald in Ihrem Leben einstellen.[71]

Beruflicher Aufstieg und ein opulentes Einkommen durch stupides Wiederholen der immer gleichen Worte in der Frequenz und Dauer täglicher Klogänge? Ich kann jeden verstehen, der hier skeptisch wird. Dennoch geht es noch dubioser. Bei Dale Carnegie findet sich folgende »Übung«: »Sind Sie allein, dann zwingen Sie sich, eine Melodie zu pfeifen, zu singen oder zu summen. Tun Sie so, als fühlten Sie sich glücklich. Das wird Ihnen nämlich helfen, sich glücklich zu fühlen.«[72] Der Zynismus dieser Ratschläge ist nur schwer zu überbieten. Menschen, die sich nicht nach Glücklichsein fühlen, sollen sich zwingen, ihre Emotionen zu ignorieren, und sich dem Glücksstress ergeben – welch höheres Ziel kann es schließlich geben. Die Verkürzung der Parameter, nach denen menschliches Dasein bewertet wird, ist nirgends so radikal, die Lächerlichkeit der Ratschläge, mit denen Menschen verdummbeutelt werden, nirgends so voller Hohn gegenüber der Komplexität des Lebens wie beim Positiven Denken.

Als wüssten sie, wie mager die Kost ist, die sie zu bieten haben, bemühen sich die Verkäufer des Positiven Denkens sehr darum, darzustellen, wie fundiert ihre Geheimnisse und Erkenntnisse sind. Sie gerieren sich in der Regel als Hüter eines »universalen Gesetzes«, das sie aber gern mit denjenigen teilen, die ihnen folgen wollen. Ein solches ist das »Gesetz der Anziehung«: »Gleiches zieht Gleiches an.« Das bedeutet, dass gute Gedanken (und nur gute Gedanken) Gutes anziehen, schlechte Gedanken dagegen das Unglück. Das Gesetz der Anziehung ist eine Art Universalregel des Positiven Denkens, die in wechselnder Gestalt immer wieder auftaucht. Das Positive Denken braucht »Gesetze«

dieser Art, um wissenschaftlich und damit glaubwürdig zu wirken. Carnegie spricht gerne von »fundamentale[n] Gesetze[n] der menschlichen Natur«.[73]

Dabei sind ihre Vertreter viel weniger von der Wissenschaft inspiriert als von einem profanen Pragmatismus. Zweck ihrer Bemühungen ist es, Leser beziehungsweise Zuhörer auf den »richtigen« Pfad zu führen. Dem muss sich die Fundierung ihrer Lebensregeln in sorgfältiger Forschung oder in praktischer Erfahrung unterordnen. Ihr Vokabular ist dementsprechend zumeist pseudowissenschaftlich, mystisch und mit aufgeladenen Metaphern angereichert. Das auf diese Weise nobilitierte Gesetz der Anziehung ist kein wissenschaftliches Gesetz, sondern gleicht am ehesten bestimmten Praktiken der schwarzen Magie. Voodoo-Puppen werden als Stellvertreter eingesetzt, um den durch sie vertretenen Menschen das widerfahren zu lassen, was den Puppen widerfährt. Im Positiven Denken ist der Geist oder das Unbewusste die traktierte Puppe, die mit Gewalt zum »Positiven« gebeugt werden soll, damit die ganze Person auf magische Weise folgt.[74]

Die Behauptung des Positiven Denkens, es gäbe eine direkte Verbindung zwischen der Manipulation der eigenen Gedanken und einer positiven Veränderung der Wirklichkeit – und damit letztlich dem Glück –, ist irreführend. Sie kommt der Behauptung gleich, wir könnten uns unsere Realität herbeiträumen. Sicherlich, es nützt uns, Träume und Ziele zu haben. Je konkreter und bildreicher sie sind, desto mehr motivieren sie uns und desto eher bringen sie uns Wohlbefinden. Doch die Motivation folgt nur unter bestimmten Umständen. Zudem ist Wohlbefinden für eine tatkräftige Veränderung offenbar eher schädlich. Das haben Forschungen von Gabriele Oettingen ergeben, Psychologieprofessorin und ehemalige Mitarbeiterin von Martin Seligman, einem der führenden Köpfe der Positiven Psychologie.

Oettingen und ihr Team fanden heraus, dass Träume und forcierte Wunschvorstellungen, wie sie auch in den Methoden des Positiven Denkens eingesetzt werden, unsere Motivation nur dann steigern, wenn sie mit guten Erfahrungen verknüpft sind. Wenn ich mir etwa vorstelle, wie ich die wichtige Zwischenprüfung in meinem Studienfach morgen bestehe und wie groß das Gefühl der Freude dann sein wird, lässt mich das meine Nervosität etwas vergessen und gibt mir einen Schubs, mich optimistischer zu *fühlen*. Zum *Handeln* – etwa noch einmal für die Prüfung zu üben oder mich am Morgen mit einer Entspannungsübung »runterzubringen« – motiviert es mich aber vor allem dann, wenn ich vorher bereits gute Erfahrungen mit Prüfungen *gemacht habe*, wenn ich also die Erfahrung habe, Prüfungssituationen gut überstehen zu können. Je weniger die Wunschvorstellung von der gelungenen Prüfung an vorhergehende Erfahrungen gekoppelt ist – auch das ist ein Ergebnis von Oettingens Forschungen –, desto eher lähmt sie mich sogar. Sie lullt mich dann in ein Wohlgefühl ein, entspannt mich, hindert mich aber eher daran, tatsächlich tätig zu werden, um meine Chancen zu verbessern, die Wunschvorstellung auch zu erreichen.[75] Ein Sich-Vorsagen optimistischer Affirmationen reicht also bei Weitem nicht aus, am wenigsten, wenn sie aus der Luft gegriffen und weit von der Realität entfernt sind (»Reichtum«, »Erfolg«, »allseitige Beliebtheit«).

Die Verknüpfung von einfachen Willensakten oder Wunschsätzen mit einer Veränderung der Wirklichkeit ist also vollkommener Unsinn.

Dabei wird die psychologische Binsenweisheit ignoriert, dass Gedanken lediglich ein Mosaikstein von vielen sind, die das psychische Befinden eines Menschen ausmachen. Triebe, vorbewusste emotionale Vorgänge, lange zurückliegende Lernprozesse sowie das äußere Umfeld haben einen mindestens ebenso großen Anteil an der seelischen Konstitution eines Menschen. So ist auch für ein negatives psychisches Befinden ein vielschichtiges Ursachenbündel verantwortlich. Dazu gehören zum Beispiel erlernte (falsche) Verhaltensweisen, Reaktionen von Außenstehenden, Anforderungen und Belas-

tungen im sozialen und beruflichen Umfeld und nicht zuletzt
auch körperlich-organische sowie genetische Faktoren.[76]

Positives Denken (und auch die Positive Psychologie) macht es sich zu leicht: Es simplifiziert psychische Vorgänge und ignoriert Forschungsergebnisse aus der Psychologie. Die Realität der Menschen sieht anders aus als in ihren Beschwörungen. Glück ist nicht auf Kommando zu bekommen.

Positives Denken, Positive Psychologie und alle Methoden, die sich von ihnen herleiten, waren nichtsdestoweniger sehr erfolgreich und sind längst ins Alltagswissen eingeflossen. Sie bestimmen mit, wie wir über Glück denken und nach welchen Kriterien wir unser Leben einrichten. Offensichtlich sprechen sie viele unserer Bedürfnisse an, insbesondere das nach Orientierung. Wir brauchen etwas, und Positives Denken gibt es uns. Damit verrät diese Ideologie viel über unser Missverständnis zwischen »Gutem Leben« und »Glück«:

› Positives Denken spricht das Bedürfnis nach Vereinfachung und nach Bequemlichkeit an. Es hat klare Antworten, eine Weltauffassung, die allgemeingültig erscheint, und jeden Zweifel ausschließende Rezepte, denen man im Alltag leicht folgen kann. Positives Denken erscheint als leichte und sichere Methode, persönliche Ziele ohne persönliches Risiko zu erreichen.

› Menschen wollen sich stark, erfolgreich und allen Herausforderungen gewachsen fühlen. Die Zumutungen des Unverfügbaren verspricht Positives Denken auf eine einfache Art und Weise zu beseitigen – ein Taschenspielertrick, der die Menschen bei ihren ureigenen Ängsten und Bedürfnissen packt.

› Positives Denken weckt die Hoffnung auf eine Erlösung. Veränderungen oder auch nur die ganz alltägliche Kontinuität, das Aufrechterhalten meiner selbst, sind oft anstrengend und manchmal sogar schmerzhaft.

› Positives Denken gibt denen, die an ihrem Schicksal leiden (etwa an einer schweren Krankheit wie Krebs), ein Stück Selbstwirksamkeit zurück: Sie können etwas tun, sei es auch nur, dass sie an ihrer inneren Einstellung arbeiten und zu einer tröstenden Haltung gegenüber ihrer Lage kommen – ein Trost, der allerdings trügerisch ist, da er selten zu einer nachhaltigen Veränderung führen wird.

› Positives Denken stellt sich selbst als kritischer Gegenpol von Schulmedizin und etablierten Kirchen dar, indem es deren Wirksamkeit für die körperliche und psychische Gesundheit verneint: »Kein Priester, Naturheilkundler, Psychologe, Psychiater oder Mediziner hat je einen Patienten geheilt.« »Es gibt nur eine Heilkraft, und deren Quelle ist das Unterbewußtsein.« Dem unterstellten Versagen der etablierten Systeme wird die »garantiert wirksame« Methode der Selbstsuggestion gegenübergestellt.[77]

Selbstredend will ich nicht bezweifeln, dass es all diese Bedürfnisse gibt, dass sie für viele Menschen real und deshalb legitim sind. Der Punkt ist, dass die Methode des Positiven Denkens bei keinem dieser Bedürfnisse auf Dauer Abhilfe schafft. Im Gegenteil: Sie lässt die Menschen allein, nachdem sie den Fokus auf ihre Wünsche oder Leiden zuerst noch verstärkt hat. Kurzfristige Vorteile mag sie noch erbringen, eine nachhaltige Veränderung ist mit ihren Methoden jedoch nicht zu leisten. Wer tatsächlich versucht, mit Positivem Denken zu seinem Glück zu kommen, der wird aller Voraussicht nach scheitern. Ein ähnliches Versprechen (ein ebenso zweifelhaftes), wenn auch eleganter und mit mehr wissenschaftlicher Fundierung formuliert, machen Vertreter der Positiven Psychologie.

Für das Scheitern ist in den Glücksrezepten dann allerdings wieder jeder Einzelne selbst verantwortlich, denn er ist es ja, der sein Befinden und seinen Erfolg maßgeblich beeinflusst. Lebensumstände werden – auch wenn sie sozial, familiär, geografisch, beruflich et cetera bedingt sind – auf das »falsche Denken« zurückgeführt. Bei der Armut zum Beispiel handele es sich um »eine von vielen geistigen Erkrankungen«. Das wird ihn interessieren, den Neuarbeitslosen, der gerade nach 25 Jahren seinen Job verloren hat. Auch echte Krankheiten werden schlicht auf die falsche Einstellung zurückgeführt: »Krankheit kann nicht existieren in einem Körper, der harmonische Gedanken trägt«, schreibt Byrne in *The Secret*. Sogar Bürgerkriege und humanitäre Katastrophen sind vor dem Positiven Denken nicht sicher. In einem Interview auf ABC Nightline wurde der Autor Bob Proctor, Mitarbeiter an der Verfilmung von *The Secret*, auf den Bürgerkrieg im Sudan angesprochen: »Die Kinder in Darfur verhungern. Haben sie den Hunger selbst angezogen?« Proctors Antwort: »Ich denke, das Land hat das vielleicht tatsächlich getan.«[78]

Das alles ist eine groteske Überforderung des Individuums, die sämtliche äußeren Einflussfaktoren ausblendet und so tut, als läge alle Verantwortung nur beim Einzelnen selbst. Statt die Anwender Positiven Denkens wie versprochen zu unterstützen, wird gedroht, »dass wir durch unglückliche Gedanken das Unglück herbeirufen« – eine Aufforderung, sich noch mehr dem Machwahn hinzugeben. Positives Denken erzeugt so letzten Endes Schuldgefühle bei denen, die es über eine längere Zeit anwenden, ohne die so dringend gewünschten Ergebnisse zu erreichen.

Das »positive Denken« ist eine ausgesprochen totalitäre Methode, die den Menschen in die Verkrampfung führt, weil er sich einem Motto unterwerfen soll, das nicht zu realisieren ist. Es handelt sich hier um die Diktatur des optimistischen Denkens, um die Diktatur der Ideale des Erfolgs, des Reichtums, der Schönheit und des Könnens, des Gewinnens, des Gutseinmüssens.[79]

Die hohen Erwartungen gegenüber allen Selbsthilfetechniken produzieren reihenweise eingebildete Versager und Hypochonder. Das kann die Betroffenen tatsächlich krank machen. Perfektionistisches Denken und Depression hängen nachgewiesenermaßen oft zusammen. Selbsthilfe durch Glücksrezepte ist also nicht nur nicht förderlich, sondern oft sogar schädlich. Sie »versperrt uns den Weg zur Verwirklichung unseres Potenzials an Glück und Zufriedenheit«, schreibt der Neuropsychologe Paul Pearsall. »In der Selbsthilfe können unsere Überzeugungen dazu führen, dass wir die wahren Probleme unseres Lebens gar nicht begreifen und entsprechend auch nicht in Angriff nehmen.« Die positiven Auswirkungen »negativer« Haltungen auf ein gelingendes Leben werden im Gegenzug ausgeblendet. Dabei mehren sich die wissenschaftlichen Hinweise darauf, dass etwas pessimistischere Einstellungen altersbedingte Behinderungen vermeiden helfen und sogar mit einer höheren Lebenserwartung zusammenhängen können.[80]

Bei schweren Erkrankungen kann Selbsthilfe durch Positives Denken zwar eine kurzfristige Linderung der Niedergeschlagenheit bewirken. Doch wirkt sie letztlich nur oberflächlich bei der Einhegung von Leiden und schweren Erkrankungen, weil Gefühle wie Angst und Ärger, die für den langfristigen Genesungsprozess wichtig sind, verdrängt werden. Zudem haben Studien gezeigt, dass Patienten, die eine positive Seite in ihrer Erkrankung sehen, dennoch Einbußen in der Lebensqualität erlitten. Die Überlebensrate ist bei Patienten, die Positives Denken anwenden, nicht höher als bei anderen.[81]

Die magischen Techniken des Positiven Denkens und der Positiven Psychologie sind im Grunde Methoden der Verdrängung, die ihre Schüler auffordern, so zu tun, als gäbe es keine Probleme jenseits derer, die sich durch mentale Kraft lösen lassen. In diesem »Jenseits« liegen allerdings die allermeisten wichtigen Herausforderungen des Lebens. Ihnen gegenüber sind die Carnegies, Byrnes und Lyubomirskys bei Lichte betrachtet völlig hilflos. Sie fordern ihre treuen Kunden auf, Augen und Ohren zu verschließen und lieber noch eine Autosuggestion zu sprechen. »Hören Sie auf, die Nachrichten anzusehen« ist ein gebräuchlicher Tipp, der diese vollkommene Hilflosigkeit wunderbar demonstriert.[82] Abschottung gegenüber allen schädlichen, »Negativität übertragenden« Umweltfaktoren ist die Direktive. Die Notwendigkeit, sich der Außenwelt gegenüber abzukapseln, ist übrigens ein Hinweis darauf, dass wohl so mancher Vordenker des Positiven Denkens die Bedeutung der Lebensumstände höher einschätzen würde als die zehn Prozent, die Lyubomirsky veranschlagt. Denn warum sollte man sie ignorieren müssen, wenn sie doch eigentlich nicht von Belang sind?

An die Stelle der unverstellten Betrachtung der Wirklichkeit tritt die Beschwörung des Guten, das Herbeiwünschen einer besseren Wirklichkeit. Verdrängen, abschotten, beschwören – ein gelingendes Leben sollte keine so deutlichen Anzeichen einer psychischen Pathologie zeigen.

Die von den hier zitierten Autoren propagierten Methoden stellen den Herausforderungen des Alltags in unseren modernen Gesellschaften in Wahrheit nichts Konstruktives an die Seite. Die Vorstellung vom gelingenden Leben, die sie transportieren, ist eine äußerst dürftige, dünn ausgestrichene Philosophie: Das gelingende Leben ist der Erfolg und das gute Gefühl. All die unüberschaubar vielfältigen Formen des Guten Lebens ignoriert das Positive Denken. Damit bleibt es in einer Auffassung der negativen Freiheit stecken: Es kann sagen, *wovon* wir frei sein sollen – von Misserfolg und »schlechten« Gefühlen –, nicht aber, *wozu* wir frei sein sollen. Es schweigt zur positiven Freiheit.[83] Es räumt die »negativen Gedanken« mit missionarischer Brutalität zur Seite, setzt aber nichts an ihre Stelle, das die Menschen nachhaltig unterstützen könnte. Positives Denken ist rau und antihumanistisch in seinem Menschenbild. Zudem ist es geprägt von intellektueller Kargheit. Die Botschaften, mit denen es seine Anhänger manipuliert, sind lediglich schmächtige Papiertiger. Denn das Gute Leben kommt in ihnen nicht vor.

GLÜCKSGEFÜHLE

Die Botschaften des Positiven Denkens sind trotz allem bereits so weit in den Alltag eingesunken, dass sie nicht mehr als solche wahrgenommen werden. Sie formen die Vorstellungen vom gelingenden Leben, ohne hinterfragt zu werden. »Sieh's mal positiv« ist in Alltagsgesprächen fast so geläufig wie das »Guten Tag«. Kurse zur Selbsthilfe und zum Lebensmanagement mit den Botschaften der Positiv-Denken-Lehre – neu formuliert, aber im Inhalt unverändert – haben Dauerkonjunktur.

Neulich fand ich eine Postkarte mit sagenhaften 46 Botschaften darauf: »Genieße«, »Beginne heute«, »Behalte deine Kindheit« und so weiter. In den einschlägigen, neuerdings wie Pilze aus dem Boden schießenden Zeitschriften können Sie Affirmationskärtchen finden, die »mehr Weisheit in dein Leben bringen« sollen: »Meine Arbeit schenkt mir tiefe Erfüllung«, »Ich bin schön und alle lieben mich« und andere Kalendersprüche, die mit dem wirklichen Leben der allermeisten Leserinnen und Leser nur schwer zur Deckung zu bringen sein dürften.

Zu den Alltagsannahmen über das gelingende Leben, die durch die Botschaften des Positiven Denkens befeuert werden, zählt auch die Gleichsetzung von Glück mit Wohlbefinden. In der Glücksliteratur ist diese Gleichung inzwischen eine feststehende Formel. »Zufriedenheit setzt sich wie ein Mosaik aus vielen glücklichen Momenten zusammen«, schreibt zum Beispiel Stefan Klein in *Die Glücksformel.* »Und sich dieser Augenblicke des Glücks bewusst zu werden ist ein sicheres Mittel, das Unglück hinter sich zu lassen.« Auch Martin Seligman bestimmt das Glück in Vergangenheit, Gegenwart und Zukunft in *Der Glücks-Faktor* ausschließlich als eine Reihe positiver Emotionen. Glück sei sogar ein »universales Gefühl«, attestiert der Psychologe W. Doyle Gentry. Natürlich folgt darauf der Hinweis auf die Machbarkeit des guten Gefühls: »Fröhlichkeit kann zur Gewohnheit werden«, verspricht Klein.[84]

Die Positive Psychologie stimmt froh gelaunt zu. »Wenn Sie sich gut fühlen«, schreibt Marci Shimoff, »erschafft Ihre Energie ein machtvolles Schwingungsfeld, das die Dinge, die Sie sich wünschen, leichter zu Ihnen zieht.«[85] Das Gesetz der Anziehung, da war doch was.

Gute Gefühle haben angeblich eine ganze Reihe günstiger Auswirkungen auf denjenigen, der sie hat. Sie »machen uns stärker, gesünder, kreativer – wenn sie im richtigen Verhältnis zu negativen Emotionen stehen. Dreimal mehr positive Emotionen als negative: Das ist die wissenschaftlich erwiesene Formel, die Sie immun macht gegen Krisen und Rückschläge.« So viel Präzision macht Eindruck, wissen die Glückslehrer. Das tut auch die Vielfalt der nutzbringenden Auswirkungen des guten Gefühls: Es erweitert »unsere angeborenen geistigen, körperlichen und zwischenmenschlichen Ressourcen«, fördert die geistige Leistungsfähigkeit, macht klug, weil es neue Verknüpfungen im Gehirn entstehen lässt, erweitert den Horizont, verbessert die Problemlösekompetenz, schafft körperliche, intellektuelle und soziale Reserven, schützt die Gesundheit, wirkt gegen Depression und Niedergeschlagenheit.[86]

Untersuchungen zu den Auswirkungen der Betonung des Positiven auf die Gesundheit und das Wohlbefinden liefern allerdings widersprüchlichere Ergebnisse, als die eindeutigen Botschaften der Positiven Psychologen uns weismachen wollen. Sie spiegeln also eine wissenschaftlich untermauerte Gewissheit vor, die gar nicht existiert. Dennoch fährt die Positive Psychologie mit der »Tyrannei der positiven Haltung« – so die Psychologin Barbara Held – munter fort.[87]

Abgesehen davon, dass die Verknüpfung zwischen positiven Emotionen und der Gesundheit umstritten ist, muss die erste Frage lauten: Wie viel haben denn gute Gefühle überhaupt mit dem gelingenden Leben zu tun? Ist es für meine Existenz wirklich so wichtig, dass ich mich möglichst oft gut fühle? Sollte tatsächlich die Fröhlichkeit zur Gewohnheit werden? Es erscheint mir vorschnell, gute Gefühle zum Generalschlüssel für das perfekte Dasein zu erklären. Wer das tut, umgeht die Frage, worin denn ein gelingendes Leben überhaupt besteht, und setzt eine zu einfache Antwort an ihre Stelle. Um die Anstrengung, die wirkliche Antwort in einem langen Leben für mich selbst herauszufinden, komme ich nicht herum. Die Frage lässt sich nicht durch ein Allroundrezept, sondern nur von jedem individuell beantworten – und das auch sicher nicht in einem simplen Handstreich. Gute Gefühle spielen für das gelingende Leben sicher eine Rolle, sie sind aber keine notwendige und erst recht keine hinreichende Voraussetzung.

Gute Gefühle sind *ein Teil* des Guten Lebens. Sie tragen dazu bei, dass wir uns auf der *emotionalen* Seite »erfüllt«, »gesund« oder »befriedigt« wahrnehmen. Ich beurteile mein Leben aber nicht bloß nach seiner emotionalen Erfüllung. Ich stecke mir beispielsweise auch Ziele, die ich in rationalen Schritten zu erreichen versuche, und wenn ich das schaffe, spreche ich ebenfalls von einem Gelingen oder einer Erfüllung. Ich habe ethische Vorstellungen davon, wie mein Leben richtig zu führen ist, die sich ebenso mehr oder weniger weit erfüllen. Nicht zuletzt sind auch meine »negativen« Gefühle ein Teil von mir: Trauer, Schmerz, Verlustgefühle, Ängste. Die Art und Weise, wie ich sie in mein Dasein einfüge, bestimmt letzten Endes mit darüber, inwieweit es gelingt oder misslingt.

Schon diese Gefühle als »negativ« zu bezeichnen, drängt sie an den Rand, an den sie gar nicht gehören. Sie mögen unbequem oder sogar belastend sein, aber es wäre unvernünftig, sie umgehen zu wollen oder sie wegzupositivieren. Es ist zum Beispiel wichtig für jemanden, der gerade seine Frau verloren hat, eine ihm angemessene Zeit lang wirklich trauern zu können. Die Art und Weise, wie er das tut (er schläft schlecht, wacht jeden Morgen mit dem Gefühl der Einsamkeit auf, verfällt tagsüber mehrmals in dunkle Stimmungen und so fort), ist ein Teil seiner Persönlichkeit. Es gibt keinen Gemütszustand, der ohne Grund existiert. Alle sind sie ursprünglich dazu da, Erlebnisse und die

auf sie folgenden Gefühle auszuhalten und in das Leben zu integrieren. Die Trauer hat ihren Platz, der ihr nicht durch wohlfei-
len Smiley-Optimismus oder vorzeitige Rückkehr zum gut
gelaunten Funktionieren streitig gemacht werden sollte. So ist es
ein verheerendes Signal, wenn das Diagnosehandbuch für psy-
chiatrische Krankheiten *DSM-5* Trauer ab einer Dauer von zwei
Wochen zur Depression und damit zur psychischen Krankheit
erklärt.[88]

Negative Emotionen müssen nach der Logik des Rezeptpositi-
vismus jedoch vermieden werden. Wenn sie dennoch auftreten,
sollen Sie sie schnell in den Griff kriegen. Vorsicht vor Niedergeschlagenheit, mahnt Stefan Klein, sie sei »einer der größten Räu-
ber des Glücks«. Depressionen, so die noch aufrüttelndere Dro-
hung, könnten sogar das Gehirn schädigen. Auch damit liegt die
moderne Feelgood-Psychologie auf einer Linie mit dem Positiven Denken. Joseph Murphy riet bereits: »Du kannst es dir nicht
leisten, negativ zu sein; dieser Gemütszustand vermindert deine
Vitalität, beraubt dich deiner Begeisterungsfähigkeit und macht
dich sowohl physisch als auch mental krank.« Deshalb sei es
wichtig zu lernen, negative Gefühle zu beherrschen. Es gilt,
»die bewusste Kontrolle der Emotionen zu trainieren«. Der
Machwahn rückt den schlechten Gefühlen zu Leibe, als wären es
Krebsherde. Und wieder wird er durch vereinfachende Argu-
mente untermauert. Wieder werden gelingendes Leben und gute
Gefühle differenzierungslos gleichgesetzt. Klein zieht, um diesen Punkt zu unterstreichen, sogar Spinoza heran: »Freude«, so
der niederländische Philosoph, »ist der Übergang des Geistes in
einen perfekten Zustand. Schmerz dagegen ist der Übergang in
einen niedrigeren Zustand.«[89]

Unglück, Schmerz, Trauer, Zweifel, Sehnsucht: All das, insi-
nuiert das Zitat, sollen Gemütsregungen sein, die unserer Be-
stimmung im Wege stehen. »Perfekt« soll der Zustand sein. Das
bedeutet aber, dass er Regungen ausschließt, die uns erst ermöglichen, beispielsweise Mitgefühl zu zeigen, Bindungen zu anderen Menschen aufrechtzuerhalten und die Wirklichkeit in ihrer

ganzen Fülle wahrzunehmen. Diese Fülle soll der Perfektion geopfert werden. Nach dieser Rechnung wird ein komplexer Gefühlshaushalt sauber in zwei Schubladen aufgeteilt. Beide sollen dem Machen zugänglich sein: Gute Gefühle werden verstärkt und wiederholt, schlechte Gefühle werden beherrscht oder verdrängt.

Die Vertreter des Glücks der guten Gefühle zeigen auch, wie positive Emotionen sich verstärken lassen. Das Gehirn ließe sich nämlich »umprogrammieren« und so der Genuss des Positiven vergrößern. Mit anderen Worten: Wir alle könnten lernen, unser Gehirn »zum Guten zu prägen«. Die Glücksformel läge in einem unentdeckten emotionalen Potenzial. Haben wir die Umprogrammierung erst vollzogen, könnten wir sogar aus Schmerz Genuss machen. Dieser Rezeptoptimismus will uns dazu bringen, im kleistschen Sinne »aus jeder Blüte Honig [zu] saugen« und zu lernen, »an jedem Nektar möglichst viel Gefallen zu finden«.[90]

Die technische Metapher des Umprogrammierens führt auch hier in die Irre. Das Gehirn soll »zum Guten geprägt werden«, was das Gute ist, ist aber nicht ausgemacht. Das Gute ist individuell verschieden und kulturell geprägt. Es will erst im Laufe des Lebens herausgefunden werden. »Das Gute aufzuprägen« hieße, den Findungsprozess abrupt zu unterbrechen und so zu tun, als wäre von vornherein klar, was jeder Einzelne zum Glück noch braucht (zum Beispiel einfach mehr gute Gefühle). Der Druck, der dem Einzelnen durch das Vorhaben einer solchen Umprogrammierung entsteht, ist immens. Dem superlativgetränkten Ratschlag, »an *jedem* Nektar *möglichst viel* Gefallen zu finden«, fehlt es deshalb an Menschlichkeit. Er trägt das Optimierungsdenken bis in unser Inneres. Das, was für uns am wenigsten manipulierbar ist, die spontanen Regungen, sollen wir jetzt auch noch in den Griff bekommen.

Selbst dort, wo die Botschaft scheinbar sehr sanft und freundlich zu ihren Empfängern gelangt, ist der Druck noch zu bemerken. Fernöstliche Weisheitslehren werden oft im Sinne des

Positivparadigmas verkürzt und als aufgeweichte Aphorismen weiterverkauft. »Jeden einzelnen Moment, in dem wir etwas Friedvolles und Schönes wahrnehmen, bewässern wir die Samen für Frieden und Schönheit in uns«, wird der vietnamesische buddhistische Mönch Thích Nhất Hạnh zitiert. »Während derselben Zeit werden andere Samen wie Angst und Schmerz nicht bewässert.«[91] Die Botschaft klingt zunächst sehr menschenfreundlich und friedlich. In den Händen der Priester der Glücksformeln wird sie jedoch zu einem Instrument der Kontrollitis. Auch hier ist wieder vorgegeben, was es anzustreben gilt: das »Schöne und Friedvolle«.

In dieser Vernutzung fernöstlicher Lehren steckt eine monokausale Sicht der Dinge: Was das Schöne und Friedvolle ist und was es für das Dasein des Einzelnen bedeutet, sei ausgemacht. Mehr Schönes und Friedvolles in diesem Sinne bedeutet aber tatsächlich nicht notwendig ein besseres Leben. Beizeiten bringt uns das Abstoßende oder Schmerzvolle dem gelingenden Leben sogar näher. Tatsächlich kann Schönes mit Grausamem verbunden sein: Auch den Detonationspilzen von Atombomben ist eine erhabene Ästhetik zugesprochen worden. Und das Friedvolle kann mit dem Versagen von Ethik einhergehen: Wenn ich angesichts einer akuten Bedrohung für Leib und Leben nicht entschieden (und manchmal brutal) handele, handele ich unter Umständen nicht richtig. Die Kurden im Nordirak taten recht daran, ihre Familien und ihren Besitz mit Waffengewalt gegen die Kämpfer des sogenannten »Islamischen Staates« zu verteidigen. Der überhöhte Blick auf den »Samen des Schönen und Friedvollen« kann uns daran hindern, im Konkreten gut zu handeln. Im Handeln liegt aber erst die Annäherung an das Gute Leben. Im Handeln erreiche ich Stimmigkeit, weil sie mich das Gute erproben lässt. Die bloße Verinnerlichung eines Prinzips des Handelns genügt nicht, die Beschränkung auf einige wenige Prinzipien – Schönheit suchen, friedvoll sein – erst recht nicht.

Alle Anstrengungen der selbst ernannten Glücksbringer, den

Leuten zu erklären, sie könnten ein gelingendes Leben erreichen, indem sie »gute« Gefühle erzeugen oder verstärken, sind letzten Endes Versprechen, alle Menschen in Glücksmacher zu verwandeln. Das Versprechen ist natürlich zu groß. Es spielt mit den Hoffnungen der Menschen auf eine einfache Formel dafür, das Leben richtig zu leben. Die gibt es jedoch leider nicht. Dem zum Trotz wollen viele gerne daran glauben, dass es sie gibt. Das erklärt, warum die Glücksindustrie einen solchen Erfolg hat. Ihre Ideen bestimmen zu weiten Teilen unser Bild von einer gelingenden Existenz: Glück ist das Wichtigste, Glück lässt sich von mir selbst herbeiführen, glücklich bin ich, wenn ich positive Gefühle habe. Das sind einprägsame Vorstellungen. Der Königsweg zu einem gelingenden Leben sind sie aber nicht.

GLÜCK MACHT NICHT GLÜCKLICH

Unsere Vorstellung vom gelingenden Leben ist das Glück. Unsere Seinsweise in der Welt ist das Machen. Das ist keine gute Kombination.

Die Tücke des Glückmachens ist: Wer sich so sehr darauf konzentriert, wie das Glück herzustellen sei, der erwartet auch, dass er es bekommt. Es ist schließlich das Lebensziel, das sich als allgemeingültiges durchgesetzt hat. Das heutige Weltbild gibt keine Alternative her. Der französische Philosoph Pascal Bruckner spricht sogar davon, wir seien »verdammt zum Glück«[92] – uns bleibt nichts übrig, als diesem Leitbild hinterherzuhecheln, weil uns andere Ideen vom gelingenden Leben fehlen.

Die fatale Folge ist, dass wir in einem Hamsterrad der Glückssuche gefangen sind. Die Moderne hat uns in eine Verpflichtung zum Glück gesetzt. Wer nicht irgendwann glücklich ist, gilt als gescheitert. »Der wahre Slogan unserer Tage ist nicht ›Just do it!‹, er lautet: ›Du bist an allem schuld‹«, schreibt die Autorin Ariadne von Schirach.[93] Die Latte, über die wir springen müssen, liegt fast unerreichbar hoch. Aber wann genau reicht es, wann sind wir zufrieden, wann dürfen wir zufrieden sein? Wann können wir mit Recht von einem gelungenen Leben sprechen? Das »Glück« ist ein unscharfer und mehrdeutiger Begriff. Fragen Sie 100 Passanten in einer Fußgängerzone danach, werden Sie 101 Antworten bekommen. Genau deshalb ist es nie genug mit dem Glück: Wir können qua Unschärfe gar nicht wissen, wann wir ausreichend davon haben. Für unseren kontrollitischen Anspruch, genau bestimmen zu können, wann wir mit etwas Erfolg haben, taugt es als Maß nicht. Es ist nicht nur ein unsicherer Kantonist, sondern auch noch einer, dessen Namen wir nicht kennen. Wann genau würden Sie denn von sich sagen: »Ich bin glücklich«? Wenn Sie nach einer anstrengenden Woche, in der Sie viel geschafft haben, vor Ihrem Lieblingsessen sitzen, Hähnchen mit Thai-Soße? Wären Sie jeden Tag gleichermaßen über das Essen glücklich, egal, in welcher Stimmung Sie sich befänden? Unabhängig davon, wie viel Zeit Sie dafür haben? Wären Sie ebenso glücklich über Ihre Mahlzeit, wenn Sie jeden Tag Hähnchen mit Thai-Soße äßen? Oder wenn Ihr Nachbar auch jeden Tag Hähnchen mit Thai-Soße äße?

Oft wird Glück auch verwechselt mit einem Zustand, in dem uns alles angenehm und leicht vorkommt. Für manche ist Glück ein Zustand, in dem sie auf nichts mehr verzichten müssen.

Die Forschung kümmert sich inzwischen um diese Fragen. Die noch junge wissenschaftliche Disziplin der Glücksforschung ging (wenig überraschend) unter anderem aus den Wirtschaftswissenschaften hervor. Eine wachsende Zahl von ausgebildeten Ökonomen wendet sich inzwischen von Berechnungen des Bruttoinlandsproduktes ab (dem alten Indikator für die Volkszufriedenheit) und versucht stattdessen zu klären, was uns wirklich glücklich macht. Sie bestätigen, dass Glück eine Größe ist, die sich der präzisen Erfassung entzieht. Immerhin können sie aber sagen, dass es von verschiedenen anderen Größen und Prozessen abhängt. Vom Vergleich mit anderen und von der Gewöhnung zum Beispiel. Wenn wir nach unserer Lebenszufriedenheit gefragt werden, stellen wir gerne unseren Status quo dem unserer Nachbarn und Bekannten gegenüber, die einen in etwa vergleichbaren Standard haben. Wenn wir besser fahren als unser Nachbar, schätzen wir uns zufrieden. Die Gewöhnung spielt ebenfalls eine große Rolle. Ein einmal erreichter Lebensstandard macht uns für eine Weile zufrieden. Er nutzt sich jedoch bald ab, die Zufriedenheit sinkt wieder auf das alte Maß. In der Folge versuchen wir, den nächsthöheren Standard zu erreichen und so weiter und so fort. Das Ergebnis ist die Tretmühle, die uns immer weiter die Leiter hinauftreibt hin zum endgültigen Glück, also dem Zustand, in dem wir nicht mehr treten müssen[94] – den wir allerdings nie erreichen.

Die Wissenschaften springen dem von Machwahn getriebenen Glückssucher ungewollt bei. Sie liefern die Fakten, die die Ratgeber ausschlachten, um ihre Rezepte glaubwürdig zu machen. Dabei kommen sie allerdings von dem alten Credo der klassischen Ökonomik nicht los: Sie sehen das Glück als etwas, das es zu vermehren gilt. Je mehr davon da ist, umso besser – als sei das Glück eine andere Form von Geld. Dabei ist die Idee vom Guten Leben eine, die sich *gegen* den alles niederwalzenden »Wachstumsjuggernaut« richtet.[95] Die Idee vom Glück jedoch bleibt dem maximierenden Wachstumsweltbild treu, das uns in tristen Dauerkonsum und weltumspannende Ressourcenausbeutung geführt hat.

So finden wir nirgends eine wirksame Kraft in unserer Gesellschaft, die das gelingende Leben auf andere Weise begreift als ein Glück, das selbst herstellbar und nach definierbaren Faktoren zu bestimmen ist. Es kann daher nur ein Versprechen bleiben, das man sich selbst gibt, aber niemals halten können wird. »Man verrennt sich in dem Gefühl, einstweilen unverwirklicht zu sein, auf das wahre eigene Leben noch zu warten, und pflegt einen geradezu unsinnigen dégout gegen das, was man schon ist«, schreibt der Philosoph Dieter Thomä.[96] Es ist, als hätte man eine Art Wahnvorstellung: Man gräbt auf einem leeren Grundstück und meint, man baue ein Haus. Noch ist es nur ein Loch in der Erde. Aber sobald es fertig ist, wird es richtig gemütlich und schön! Dabei gräbt man in Wirklichkeit nur ein Beet um in einem Garten, in dem ständig etwas nachwächst, der sich laufend verändert und der immer aufs Neue Arbeit macht.

Das richtige Leben würde sich anders anfühlen, im wirklichen Leben würde sich eins zum anderen fügen, und alles würde einem leicht von der Hand gehen. [...] Irgendwann dämmert es uns: Unser »falsches« Leben ist echt. Es ist wirr und ungeplant, es gefällt uns nicht, und außerdem haben wir uns das alles ganz anders vorgestellt, aber wir erleben es gerade und es ist auch nicht zu stoppen. Aber wider besseres Wissen halten wir an unserer Vorstellung vom »wirklichen oder echten« Leben fest.[97]

Wir laufen etwas hinterher, das so wenig greifbar ist, dass es uns ständig entkommen *muss*. Wir behelfen uns damit, eigene Ziellinien einzuziehen, bei deren Erreichen wir eben sagen: Jetzt bin ich glücklich. Wir sind genötigt, uns den Glücksmaßstab, nach dem wir uns richten wollen, also auch noch selbst zu schaffen. Wieder etwas, das wir erst herstellen müssen. Haben wir das getan, ist das Glück nur leider immer noch nicht sicher. Wir verfügen nicht über Kriterien, die uns ein Urteil darüber erlauben würden, ob unser Maßstab richtig ist, ob er allgemein gilt oder für wie lange er das tut. Wie gesagt: Die Glücksidee ist eine fadenscheinige Begleiterin.

Bin ich von einer Idee existenziell abhängig, weiß aber nicht, ob und wann ich sie erfüllt habe, dann gerate ich in Dauerstress. Genau das passiert uns Kontrollitikern, schreibt auch Pascal Bruckner: Die Glücksidee ist so vage, dass wir ständig meinen, noch mehr Anstrengung investieren zu müssen, um ihre (vorgestellten) Anforderungen zu erfüllen.[98] Deshalb werden wir mit der Idee des Glücks niemals glücklich.

Der Philosoph Wilhelm Schmid, der einige Bekanntheit als Experte für Lebenskunst erreicht hat, hat sich ausführlich mit dem Thema »Glück« befasst. Die unaufhörliche Suche danach, schreibt er, führe zu einem großen Unglück. Die permanente Unfertigkeit, die sie erschaffe, bringe uns letztlich einen selbst erzeugten »Glücksstress« ein. Ein vager und unerreichbarer Lebensmaßstab macht unglücklich und unter Umständen sogar krank. Krank werden könne man, so Schmid, schließlich »auch aufgrund von *Begriffen*, die einen so hohen Maßstab des Lebens festlegen, dass das Leben daran nur noch scheitern kann«. Und weiter:

> [J]e mehr ein Mensch sich auf das Wohlsein festlegt, desto größer wird das Potenzial für den Gegenpol. Bindet er sein Glück an die Gesundheit, kann ihn ein Schnupfen schon unglücklich machen. Soll ihm immer alles nur Spaß machen, genügt eine Stunde Langeweile fürs Unglück.[99]

Wenn das Unangenehme, die Unverfügbarkeit doch wieder zurückkommt, reagiert der Mensch mit noch stärkerer Glückssuche. Er verliert seine Lebendigkeit und seine Freiheit dadurch, dass er sich an den Glücksstress bindet. Glücksstress und Machwahn sind die hässlichen Zwillingsgeschwister, die sich mit unlösbarem Klammergriff in unsere Rockzipfel gekrallt haben und uns unter Daueranspannung halten. Sie halten uns von einem Leben ab, das wir nach besseren Maßstäben als »gut« bezeichnen könnten.

Die moderne Glücksidee, wie sie von der Optimismusindustrie propagiert und im Alltag praktiziert wird, geht fundamental fehl. Sie ist zu verarmt, um unsere Existenz tatsächlich zu erfüllen. Je mehr wir nach Glück streben, desto mehr vergessen wir zu leben und desto mehr richten wir unsere Aufmerksamkeit darauf, wie wir stattdessen leben sollten.

Was wir Kontrollitiker in all dem Bemühen nicht beachten, ist, dass wir dringend eine tragfähige Idee vom gelingenden Leben brauchen – jeder und jede in der eigenen, persönlichen Ausprägung. Um eine solche aber überhaupt wahrnehmen zu können, müssen wir zurücktreten vom dauernden Machen.

Beginnen Sie also damit. Sagen Sie: »I do not care – Ich kümmere mich nicht darum.« Kümmern Sie sich nicht so viel um das Glück. Sie haben das Recht, das Glück als Lebensziel abzulehnen. Entlasten Sie sich vom Glück! Glück ist nämlich nur gut, solange es Ihrem Guten Leben nicht im Weg steht.

DAS GUTE LEBEN IST LEBEN MIT SINN

Wie sieht eine bessere Idee vom Guten Leben aus? Ich denke, es ist ein guter erster Schritt, sich durchaus über die Frage nach dem Glück an sie anzunähern, dabei aber eine andere Spur zu verfolgen als die Glücksindustrie.

Der Lebenskunstspezialist Wilhelm Schmid unterscheidet verschiedene Bedeutungen, die alle in dem umfassenden und schillernden Begriff »Glück« stecken. Diejenige dieser Bedeutungen, die im Machwahn besonders hervorsticht, ist das Wohlfühlglück. »Ich bin glücklich« heißt demnach, dass ich ein angenehmes Gefühl habe, mit mir selbst einverstanden bin, meinen momentanen Zustand willkommen heiße, Lust auf das habe, was gerade passiert, und so weiter. Die Betonung liegt hier auf dem augenblicklichen Gefühl. Diesen angenehmen Zustand versucht jede und jeder Einzelne so oft wie möglich zu erfahren und so lange wie möglich aufrechtzuerhalten. Ob sie sich dessen bewusst sind oder nicht, spielt keine Rolle. Spiegelgleich versuchen sie, unangenehmen Gefühlen – Schmerzen, Trauer, Angst, Unsicherheit und so fort – aus dem Weg zu gehen beziehungsweise ihre Dauer zu beschränken. Das Wohlfühlglück lässt sich aber leider nicht auf Dauer behalten. Das Unverfügbare kommt dazwischen und wir schlagen auf dem harten Boden der Realität auf, auch wenn wir noch so sehnlich wünschen, es wäre nicht der Fall. Dennoch wollen wir immer wieder das Gefühl des Glücks erfahren. »Moderne Menschen […] tun sich schwer mit den tristen, grauen, alltäglichen Zeiten, in denen die Lust sich erst wieder erholen muss«, beobachtet Schmid. Der dräuende Wunsch wird zu einem Hindernis, das sich zwischen uns und das Gute Leben legt. »Ein schier unlösbares Problem ist die Erwartung, die auf jede Wohlfühl-Erfahrung geradezu automatisch folgt: Dass sie sich genau so, also identisch wiederholen lasse. Genau das aber ist nie der Fall, denn identische Wiederholungen gibt es nicht.«[100]

Eine andere Lesart von Glück wird gar nicht mehr gesehen, geschweige denn wertgeschätzt. Schmid nennt es das »Glück der Fülle«. Es ist dem Wohlfühlglück gewissermaßen entgegengesetzt, weil derjenige, der es erfährt, dazu erst einmal eine Weile lang gelebt haben muss. Es ist ein leises Glück. Aber es ist auch stabiler als das Wohlfühlglück. Es hält an, weil es nicht auf dem beruht, was momentan ist, sondern auf einem vertieften Verständnis meines eigenen Wesens und der Bedingungen, unter denen ich existiere. Die antiken Griechen nannten es *eudaimonía*, was etwa so viel heißt wie »Dasein, dem das Gute innewohnt«. Heute wird es meist kurz mit »Glückseligkeit« übersetzt oder mit »das Gute Leben«. Aber Vorsicht bei Übersetzungen: *eudaimonía* meinte nicht das flüchtige Gefühl des Angenehmen. Im Gegenteil: Das Glück der Fülle lässt mich mein Leben mit all seinen Hoch- und Tiefpunkten und auch seinen unverständlichen Zügen anerkennen. Es erlaubt mir, dem eigenen Leben gegenüber eine *grundsätzlich und umfassend* ausgeglichene, akzeptierende Haltung einzunehmen, die dementsprechend von Dauer ist.

Schmid zufolge würde jemand, der das Glück der Fülle kennt, Fragen wie die folgenden mit einem Ja beantworten:

Ist es mir möglich, die Polarität des Lebens zu akzeptieren, nicht in jeder ihrer Erscheinungsformen, aber in ihrer Grundstruktur? Kann ich einverstanden sein mit dem gesamten Leben? Wie lebe ich mit dem Negativen an mir selbst und in meinem Leben? Erscheint das Leben in all seiner Polarität dennoch von Grund auf schön und bejahenswert? Dann kann ich mich eingebettet wissen in einen größeren Zusam-

menhang, in dem das Eine wie das Andere Platz hat. Mit einer Dankbarkeit gegenüber dem Leben und der Freude, die nicht darauf beruht, nur die positive Seite des Lebens wahrhaben zu wollen.[101]

Das Glück der Fülle führt also auf eine wichtige Spur: die Bedeutung des Ganzen und die Bedeutung von Zusammenhängen. Zusammenhänge durchziehen die Alltagserfahrung zu jeder Zeit und in vielen Formen – Zusammenhänge, die etwas erklären (zum Beispiel Ursache und Wirkung), Zusammenhänge, die Bindungen zu anderen Menschen schaffen (etwa der Familie oder dem Freundeskreis), Zusammenhänge, die Assoziationen schaffen (zwischen einem bestimmten Ort und einem Gefühl), Zusammenhänge zwischen meiner Vergangenheit und dem Punkt, an dem ich jetzt gerade stehe (der Entscheidung, einen Beruf aufzunehmen oder aufzugeben), Zusammenhänge zwischen dem, was ich bis heute an Erfahrungen gesammelt habe, und meiner Haltung zum Leben.

In allen diesen verschiedenen Formen leisten Zusammenhänge etwas sehr Wichtiges: Sie schaffen Sinn. Wer Zusammenhänge erkannt hat, hat verstreute Lebenserfahrungen zueinandergeführt und ihnen etwas Vereinigendes mitgegeben, nach dem er sie in Zukunft beurteilen wird. Der Blick geht dann von den einzelnen Ereignissen, Personen und Dingen weg und hin auf das Ganze. Das ist Sinn: den Blick zu heben von dem unmittelbar nächsten Meter und ihn auf größere Teile der Straße zu richten – einen Teil der Strecke, die vor mir liegt, oder einen Teil der Strecke, die schon hinter mir liegt –, zu sehen, welche Bedeutung diese Strecken für meinen weiteren Weg haben.

Sinn ist wichtiger als Glück – anders als wir es heute gewohnt sind zu denken. Warum ist das so? Sinn rückt den Fokus auf das ganze Leben, während Glück episodische Erfahrungen in den Mittelpunkt setzt. »Ein Leben, das mit glücklichen Momenten vollgefüllt ist, kann trotzdem ein unglückliches sein, wenn diese Momente sich weigern, sich zu einem großen Ganzen zusammenzufügen.«[102] Menschen brauchen Sinn in ihren Erfahrungen, Gedanken und Gefühlen, Sinn viel mehr als Glück. Sinn ist Teil des gelingenden Lebens, während Glück seine Tücken hat. Sinn ist eine Urteilsgrundlage, die aus selbst entdeckten, vereinigenden Zusammenhängen schöpft und deshalb Orientierung, Hoffnung und Kraft verleiht.

Menschen müssen mit dem Ganzen ihres Lebens einverstanden sein können, nicht nur mit ein paar herausragenden Höhepunkten. Eine Existenz, in der ich nur einige Höhepunkte ohne Reue oder Zweifel gutheißen könnte, wäre zu dünn, um mich zu tragen. Es ist, wie ein Seil zu knüpfen: Einzelne Fäden verknüpfe ich zu einem Strang, so lange, bis ich daran hängen kann, ohne dass er reißt. Je mehr Fäden ich einknüpfe und je gründlicher ich sie miteinander verflechte, desto eher werde ich ein ganzes Seil haben, das meine Masse aushält, und desto zuverlässiger wird es sein. Hätte ich nur die einzelnen, unverknüpften Fäden, würde ich abstürzen.

Aber das ist noch sehr vage: ein gutes Seil. Woran erkenne ich ein gutes Seil? Woran erkenne ich ein Gutes Leben? Woher weiß ich, dass der Sinn, den ich wahrnehme, der »richtige« ist? An einem Seil kann ich ziehen und damit prüfen, ob die Verknüpfungen eng genug sind und das Seil hält. Am Leben kann ich nicht ziehen. Wie kann ich dennoch sicher sein, dass ich ein Gutes Leben führe?

Bin ich ein konsequenter Kontrollitiker, werde ich mir damit behelfen, dass ich sage: Der Sinn liegt in einem Ziel, das ich verfolge. Ein Ziel zu erreichen bedeutet Erfolg haben. Ein Ziel kann ich eindeutig identifizieren wie einen Punkt in der Landschaft. Mein Ziel könnte sein, dass ich mir irgendwann eine Harley-Davidson leisten möchte oder dass ich meiner Tochter zu einer guten Ausbildung verhelfe. Ich kann auch Erfolgsbedingungen formulieren: Wenn ich den Punkt erreiche (die Harley steht in der Garage, die Tochter macht einen Bachelor-Abschluss), ist es gut. Ich kann mir auf die Schulter klopfen und mir bestätigen: »Gut gemacht!« Hier bin ich Herr über das Ziel und über die

Mittel, es zu erreichen, ich bin Magier und Macher. »Sinn« steht dann für das Ende einer Kette gezielt herbeigeführter Handlungen, er steht für den Erfolg. Das ist ganz im Weltbild des Machwahns gedacht.[103]

Erreiche ich mein Ziel, beende ich damit auch die Bewegung zum Ziel hin. Leben jedoch ist Bewegung, die niemals endet. Es kommt nie zum Stillstand. Mit der Vorstellung, irgendwo ankommen zu können, widerspreche ich also einer seiner grundlegenden Eigenschaften. Sicher: Ich kann nach dem ersten einen neuen Zielpunkt bestimmen und mich darauf zubewegen, dann wieder einen neuen und so fort. Dann strampele ich mich immer wieder aufs Neue an einzelnen Höhepunkten ab: Ich laufe zum einen Gipfel, peile den nächsten an, laufe darauf zu. Damit habe ich eine Kette von einzelnen Punkten. Wo aber liegt darin das Ganze, worin liegen die Zusammenhänge?

Erneut kann ich mir behelfen, indem ich mir sage, dass es sehr wohl einen umfassenden Sinn in meinem Leben gibt. Ich habe nämlich ein übergreifendes Ziel – niemals mehr Geld auszugeben, als ich auf dem Konto habe zum Beispiel, oder dass meine Kinder immer zufrieden mit mir als Vater sind. Das, so könnte ich es in einen Satz packen, sei der »Sinn meines Lebens«. Wenn ich so an »Sinn« herangehe, tue ich im Grunde nichts anderes als in dem Kettenmodell. Nur verlege ich den Hochpunkt an das Ende: Am Ende meines Weges will ich feststellen können, dass ich meinen eigenen Maßstab (Kontostand, Zufriedenheit der Kinder) eingehalten habe. Natürlich gibt es Ziele, mehr oder minder große, mehr oder minder langfristige. Und Ziele sind etwas Gutes, weil sie motivieren und zur Ausdauer anspornen. Sinn ist aber etwas anderes als ein Punkt am Horizont, bei dessen Erreichen ich denken darf: »Jetzt hat sich alles andere auch gelohnt.«

ZIELE: FÜRS LEBEN ZU ENG

Ziele haben unbestreitbar einen großen Nutzen bei der Gestaltung meines alltäglichen Lebens – allerdings nur, solange ich mir auch über ihre Grenzen im Klaren bin. Ziele sind nicht per se gut. Als Trittsteine zu einem gelingenden Leben taugen sie unter Umständen wenig, als ein Ersatz ohnehin überhaupt nicht. Das liegt an mehreren Gründen:

› Ziele sind stur. Ziele binden mich. Sie legen mich auf etwas fest und lassen mich daran kleben, auch wenn es schon längst nicht mehr zum Guten Leben führt. »Aber ist es nicht gut, Ziele zu haben? Nicht wenn Sie sich von ihnen gefangen fühlen.«[104] Je konkreter die Zielformulierung, desto mehr mögliche Ereignisse und Wendungen schließt es aus.

› Wir nehmen zu oft in Kauf, dass wir auf den Pfad beschränkt werden, von dem wir annehmen, dass er uns zu einem Erfolg führt. Ziele machen uns pfadabhängig und daher unbeweglich. Sie erlauben uns keine andere Bewegung als diejenige, die direkt auf den Punkt zuführt. Sinn dagegen ist ein riesiges Terrain, dessen Gestalt erst noch im Gehen erschlossen werden muss. Ein Ziel ist ein »dorthin«, Sinn ist ein »vorerst da entlang«. Ein Ziel ist ein ferner Punkt. Sinn ist eine Richtung.

› Ziele fokussieren mich auf eine mögliche Zukunft. Die Gefahr liegt darin, dass sie mich damit von dem, was heute bereits möglich ist, ablenken.

Die bessere Alternative ist, eine gute Gegenwart zu gestalten, die in eine sehr gute Zukunft wächst. Wenden Sie Ihre Aufmerksamkeit von fernen Zielen zur Gegenwart und bewerkstelligen Sie einige der Erfahrungen, die zu dem Leben gehören, das Sie sich wünschen jetzt und hier – auch wenn diese am Anfang noch ein vermindertes Ausmaß oder eine geringere Intensität haben.[105]

Statt das Unwahrscheinliche in der Zukunft zu suchen, ist es günstiger, das mögliche Gute jetzt zu erzeugen und es sich in etwas noch Besseres entwickeln zu lassen.[106]

› Extrinsisch motivierte Ziele (und dazu gehört oft auch der Erfolg et cetera) können schädliche Auswirkungen auf meine Motivation zum Handeln haben. Untersuchungen zeigen, dass Belohnungen (Zusammenhänge der Form »Wenn du dieses Ziel erreichst, bekommst du etwas dafür«) die intrinsische Motivation dafür, das Ziel zu erreichen, verringern. Zudem verringern sie offenbar die Qualität des Ergebnisses des gewünschten Verhaltens.[107] Extrinsische Motivation lässt also zum einen den Antrieb dazu schrumpfen, die belohnte Handlung zu vollziehen, zum anderen verschlechtert sie auch noch die »Performance«. Dieser Befund spricht dagegen, eine Kombination aus einem Ziel und einer Belohnung zur Motivation einzusetzen.

› Manche Ziele sind von sich aus schlecht, weil sie zum Beispiel unrealistisch sind oder mich von einer sinnerfüllten Lebensführung fernhalten. Betrachten Sie etwa das Ziel, bei »Deutschland sucht den Superstar« zu gewinnen. Es ist ein typischer Wunschtraum, der von introjektierten Zukunftsprojektionen charakterisiert ist (also solchen, die ursprünglich von außen kommen, die ich aber als Teil meiner eigenen mentalen Ausstattung übernommen habe): erfolgreich sein, berühmt sein, geschätzt werden, ein Star sein, Aufmerksamkeit in übergroßer Menge erhalten und andere Dinge mehr, die in unserer Gesellschaft gerade hoch geschätzt werden. Man kann zu Recht fragen, ob dieser Wunschtraum nicht in sich zusammenfallen würde, sobald der Person, die ihn hat, bewusst wird, dass auf einen ersten Platz bei »DSDS« in der Regel nicht Berühmtheit und Beliebtheit folgen. Man kann ebenfalls fragen, ob die Person im wirklichen Leben auf die Frage »Worin siehst du ein gelingendes Leben?« nicht ganz andere Dinge nennen würde: Freundschaft, Familie, den Aushilfsjob in der Zoohandlung. Warum sich also lange mit einem

Wunschtraum aufhalten, der mit dem eigentlichen Guten Leben gar nichts zu tun hat?

› Die gerade Linie von A, dem Punkt, an dem ich jetzt stehe, nach B, meinem Ziel, erscheint uns einfach und klar. Aber Prozesse, die uns als in sich abgeschlossen und klaren Regeln folgend erscheinen, sind es üblicherweise nicht. Alle Lebensprozesse sind Stränge aus komplex verbundenen Wirkungslinien. Scheinbar geradewegs zielführende Entwicklungen tragen viele Ursachen und Wirkungen in sich, die wir nur nicht mehr als solche wahrnehmen. »Wenn etwas schließlich als ›lautstarkes Ereignis‹, als zielgerichtete Entscheidung zutage tritt, so kann man nur selten abschätzen, wie lange der Prozess war, der ohne unser Wissen stattgefunden und sich nur in kleinen Schritten vollzogen hat.«[108]

› Wie viele der Ziele, die ich mir setze, werde ich auch erreichen? Wie viele Menschen erreichen eine zufriedenstellende Zahl ihrer langfristigen Lebensziele? »In zehn Jahren bin ich ein angesehener Arzt mit eigener Praxis in einer schönen Stadt.« Um solche Vorhaben wirklich realisieren zu können, braucht es viel mehr als nur den festen Vorsatz, dass ich es schon erfüllen werde, wenn ich nur hart genug dafür arbeite. Dazu gehören günstige Umstände, wohlmeinende Mitmenschen, das Fehlen störender Ereignisse und so weiter, nicht zuletzt die langfristige Stabilität Ihrer eigenen Vorhaben. Auch wenn Sie Ihr Ziel tatsächlich erreichen, heißt das noch nicht, dass Sie damit dem gelingenden Leben ein sicheres Haus gebaut haben, in das es einzieht und für immer bleibt.

Sich Ziele zu setzen ist dann gut, wenn die Aufgabe klar umrissen ist. Wenn die Gelingensbedingungen einfach sind (das heißt für mich nachvollziehbar und mit meinen Mitteln realisierbar), weiß ich, was ich zu tun habe, um von A nach B zu kommen. Eine Schülerin, die ihr Abitur schaffen möchte, weiß, dass sie bis zu ihren Prüfungen noch Klausuren schreiben muss (sie kennt sogar die genaue Anzahl, wenn sie sich bei den Lehrern informiert). Will sie eine Durchschnittsnote von 2,0 haben, kann sie sich auch herleiten, dass sie in Geschichte mündlich noch um eine halbe Note zulegen und sich in Deutsch keine Schnitzer mehr erlauben darf. Das sind klare Gelingensbedingungen, die sie in Wenn-dann-Sätzen formulieren kann. Ein *gelingendes Leben* jedoch ist eine komplexe Angelegenheit, seine Gelingensbedingungen sind unüberschaubar und wandelbar, mithin keine Sache, die mit einer Addition von Zielen erledigt wäre.

Ziele sind gute Hilfsmittel, um wohldefinierte Schritte zu machen. Dort, wo ich Schritte detailliert formulieren kann, können Ziele mir dabei helfen, eine Richtung vorzugeben und mich zu motivieren, die Schritte auch tatsächlich zu gehen. Als Etappenziele funktionieren sie, als Beschreibung eines Lebensplans aber nicht. Faustregel: Je kurzfristiger und je klarer die Bedingungen, unter denen eine Sache gelingt, desto eher sind konkrete Ziele am Platz. Je langfristiger angelegt und entfernter dasjenige ist, worauf Sie hinsteuern, desto besser ist ein offener Weg geeignet, es zu erlangen, einer, der vage genug ist, dass er und die Realität sich einander anpassen können. Diese Offenheit bewahren Sie sich, indem Sie auf die Methode des Gehens achten statt auf einen fernen Punkt, den zu erreichen Sie sich vorgenommen haben.

Der Machwahn bewirkt, dass wir immerzu versuchen, die Wege schon zu kennen. Dabei müssen wir doch am dringendsten das Gehen lernen. Sollen Ziele mir dabei helfen, sollten sie eingebettet sein in einen größeren Rahmen: eine Verfahrensweise oder eine Praxis des gelingenden Lebens. Wichtig ist, dass diese Praxis erfahrungsoffen und ergebnisoffen ist. Besser als ein festes Ziel ist die Freiheit, einen Weg gehen zu können, der mich Schritt für Schritt der mir angemessenen Form des gelingenden Lebens näher bringt, der mir also das realisieren hilft, was für mich einen Sinn ergibt.

Wenn Seneca also sagt: »Wer seinen Hafen nicht kennt, kann sein Schiff auch nicht steuern«, so stimmt das nur für kurze Reiseetappen. Für die ganze Fahrt taugt seine Regel nicht.

Da ist es besser zu sagen: »Wer sein Schiff nicht kennt, wird nie ein guter Kapitän.«

WO IST DAS GUTE LEBEN?

Sinn mit Fernzielen zu verwechseln, ist ein Missverständnis. Es gibt nicht den einen Sinn des Lebens, den ich mir zu Beginn aufschreiben und unter das Kopfkissen legen könnte. Auch Günther Anders stellt den Lebenszielgedanken mit einiger Vehemenz in Zweifel:

> *Warum setzen Sie eigentlich voraus, daß ein Leben, außer dazusein, auch noch etwas »haben« müßte oder auch nur könnte – eben das, was Sie »Sinn« nennen? Lassen Sie es sich doch nicht weismachen, daß Sie Ihren Lebenssinn »finden« könnten (denn der ist nicht irgendwo versteckt, vielmehr gibt es ihn nicht).*

Das Gefühl der Sinnlosigkeit sei nicht etwa pathologisch, sondern eines »von unbeschädigter Wahrheitsbereitschaft«. Dennoch hat es Sinn, nach dem Sinn zu fragen. Wie Patrick Spät so bündig formuliert: »Es gibt [...] keinen Sinn *des* Lebens, aber es kann einen Sinn *im* Leben geben.«[109] Wie Sie an diesen herankommen, werde ich Ihnen im zweiten Teil des Buches demonstrieren.

Das Spannende und gleichzeitig Irritierende am Sinn ist: Es gibt das Ganze und die Zusammenhänge, ich kann sie allerdings nicht immer und nicht vollständig erkennen. Teile davon liegen offen vor mir, andere sind noch verborgen. Ich kann darauf zählen, dass ich sie irgendwann erkennen werde, aber wann das sein wird, weiß ich nicht. Ich sehe Ausschnitte, immer mehr und immer klarer. Andere Ausschnitte kann ich nur erahnen, ich weiß, dass sie da sind, mache schon Konturlinien aus, aber ihre volle Gestalt bleibt noch im Dunkeln. Je länger ich lebe, desto mehr vom Ganzen eröffnet sich mir. Vielleicht werde ich es trotzdem nie vollständig übersehen können. Dennoch werde ich ab einem bestimmten Zeitpunkt mit einiger Sicherheit benennen können, worum es sich bei dem Ganzen handelt. Das Leben ist wie das Puzzle eines Gesichts, bei dem die Einzelteile nach und nach aufgedeckt werden.

Ursprünglich bedeutete »Sinn« nichts anderes als »Richtung«, wie Natalie Knapp in ihrem Buch *Kompass neues Denken* schreibt. In dieser Bedeutung schlägt das Bild des Sammelns noch durch: Etwas Versprengtes wird gebündelt, verknüpft, es bekommt eine einheitliche Orientierung. Am Ende bekommt das ganze Bündel durch die Richtung eventuell sogar einen gemeinsamen Bewegungsimpuls. Genau das ermöglichen sinnvolle Zusammenhänge in einem Leben: Sie bündeln, richten aus und bewegen. »Ein Leben muss [...] keinen Zweck verfolgen, um sich ›sinn-voll‹ anzufühlen«, schreibt Knapp, »aber es muss in eine bestimmte Richtung unterwegs sein.«[110]

Das momentane Wohlfühlglück bewegt mich auch, manchmal sogar heftig, in eine Richtung. Damit spornt es mich unter Umständen an, und Ansporn ist zweifellos wichtig. Aber das schafft es immer nur für eine kurze Zeit. Es wirft Schlaglichter, manchmal sehr grelle. Damit hilft es mir, Dinge zu erkennen, die wichtig sind für mich. Aber für eine großflächige, gleichmäßige Ausleuchtung, die mir einen Überblick erlauben würde, kann es nicht sorgen.

Frage ich nach dem Sinn, frage ich jedoch gerade nach diesem Langfristigen und Großflächigen. Ich frage nach der Substanz des Lebens, nach dem ganzen Teig, nicht nur nach den faszinierenden, bunten Dekoperlen, die oben auf dem Kuchen liegen. Es geht dann nicht nur um schöne Episoden, von denen ich später einmal voller Erfüllung und Stolz erzählen kann. Es geht um die gesamte Erzählung meines Lebens. Mit anderen Worten: Es geht um das Gute Leben.

Diesen Begriff möchte ich für den Rest des Buches gebrauchen. Das Gute Leben umfasst viele Ebenen, nicht nur die (posi-

:n) Emotionen. Wenn wir über das Gute Leben sprechen,
rechen wir über:

› Emotion: das Gefühl »Es ist gut«.
› Kognition, Vernunft, Rationalität: Pläne, Etappenziele haben,
  sie verfolgen, am Ende sehen, ob sie gelingen.
› Willen, Motivation: etwas mit Entschiedenheit tun, Energie
  haben, sich lebendig fühlen.
› Ethik: eine Haltung dazu haben, was gut und richtig ist, tun,
  was ich als gut und richtig empfinde.

Soll das Leben ein gelingendes sein, sollte es auf mehreren dieser
Ebenen gelingen. Aber wie es gelingt, ist nicht von vornherein
klar bestimmbar. Gutes Leben bedeutet für jeden Menschen
etwas anderes. Zwar ist es nicht vollkommen verschieden von
Mensch zu Mensch, aber doch so unterschiedlich, dass es kaum
selbstverständliche, von allen geteilte Wahrheiten dazu gibt. Der
schon erwähnte Psychiater und Bestsellerautor Manfred Lütz
sagt es mit wunderbar einfachen Worten: »So wie ich glücklich
bin, kann das genaugenommen sowieso kein anderer sein. Jeder
Mensch verbindet mit dem Wort glücklich ganz unterschiedliche Erlebnisse. Unglücklich wird man dann, wenn man sich
vergleicht.«[111]
    Jeder und jede muss für sich selbst herausfinden, was sein be-
ziehungsweise ihr Gutes Leben ist. Ferner können wir das Gute
Leben nur approximativ erreichen, sprich niemals ganz und so,
dass es uns für immer erhalten bliebe. Die »Suche« nach dem
Guten Leben ist ergebnisoffen – ein Umstand, der in unserer
Kultur nur schwerlich akzeptiert wird.
    Wer nach Gebrauchsanweisungen sucht, wird daher auch
keine finden, die langfristig funktioniert. Glücksratgeber sind
wie Diätratgeber: Man ist eine kurze Zeit lang glücklich und
zufrieden, und dann kommt der Jo-Jo-Effekt. Alles ist wieder
beim Alten und genauso mittelmäßig wie zuvor. Es ist, als hätte
man nie einen Ratgeber gelesen, dessen Rezepte helfen nicht wei-

ter. Wie man lebt – über die gesamte Dauer des Lebens –, bestimmt, wie nah man dem Glück kommt. Das Gute Leben heißt, jeden Tag das Gute leben.

Der Weg zum Guten Leben endet also nie. Man kann dort nicht ankommen, es ist kein Punkt, sondern eine Fläche. Das Schöne daran: Auch das Gute Leben ist in Bewegung. Fühlen wir uns in dieser Bewegung wohl, kommt sie uns vor wie ein Zuhause.

Um dieses Terrain entdecken und uns darin bewegen zu können, brauchen wir allerdings *Bewegungsfreiheit*. Wichtiger als eine beengende, von Gebrauchsanweisungen geprägte Idee vom gelingenden Leben ist mithin die Freiheit, nach seinen jeweils eigenen Maßstäben und Voraussetzungen eine offene Suche verfolgen und das eigene Gute Leben finden zu können. Freiheit ist grundlegender als Glück (erst recht als das oberflächliche Glück, das uns die Konsumgesellschaft und ihre Glücksindustrie versprechen), denn sie schafft erst die Voraussetzungen dafür, dass ein Mensch die Bedingungen, unter denen sein Leben gelingt, entdecken und dass er diese Bedingungen realisieren kann.

Aber auch bei uns, in unserer wohlhabenden Gesellschaft, gibt es genügend Notwendigkeiten, die die Freiheit einschränken: die Notwendigkeit, Geld zu verdienen zum Beispiel, oder diejenige, sich zu bilden, oder diejenige, die eigenen Kinder zu versorgen. Viel subtilere und machtvollere Zwänge aber sind der Machwahn, die Kontrollitis und der Glücksstress.

Doch dort, wo wir schon Freiräume haben oder sie uns mit eigenen Kräften schaffen können, können wir einen Weg einschlagen, der uns vom Glücksstress und den falschen Glücksvorstellungen befreit und unserem eigenen Guten Leben näher bringt. Ich nenne diese Art, auf ein gelingendes Leben zuzugehen, den »Entdeckerweg«. Von ihm handelt der zweite Teil dieses Buches.

TEIL II

DAS ENTDECKER-PRINZIP

Jetzt kümmern wir uns einmal ganz um Sie.

Glücksstress, Machwahn, Kontrollitis: Das alles mag Ihnen viel zu abstrakt erscheinen, sodass Sie nicht wissen, wie Sie noch die Verantwortung für Ihr eigenes Leben wahrnehmen sollen. Wie kommen Sie aus dem Glücksstress denn wieder heraus?

Ich möchte Sie einladen auf eine Erkundungstour durch Ihr eigenes, zukünftiges Leben. Schnüren Sie die Stiefel, schnappen Sie sich Ihren Rucksack! Eine Wanderung durch ein unbekanntes Land liegt vor Ihnen. Die alten Glücksrezepte und Gebrauchsanweisungen für ein besseres Ich lassen Sie am besten gleich hier zurück. Schaffen Sie sich Freiheit. Werden Sie zum Entdecker Ihres eigenen Guten Lebens.

Wie Sie ein Entdecker werden, möchte ich Ihnen zeigen. Es ist eine persönliche Einladung, denn der Entdeckerweg ist meine persönliche Art, an das Gute Leben heranzugehen. Auf dem Entdeckerweg lernen Sie Stück für Stück immer mehr über Ihr Gutes Leben und erfahren, welche Schritte Sie ihm näher bringen. Es gibt noch andere Arten, dem gelingenden Leben auf die Spur zu kommen. Das hier ist diejenige, die ich nach langer Beschäftigung mit Lebenskunst als die meine erkannt und weiterentwickelt habe. Ich nenne sie »das Entdeckerprinzip«.

Das Entdeckerprinzip ist keine Schritt-für-Schritt-Anleitung (erst recht kein Algorithmus), die Sie nur ablaufen müssen, um am Ende auf den Punkt genau anzukommen. Es ist eine Heuristik (keine Methode), die Ihnen zeigt, wie Sie handeln können, um Erfahrungen zu machen, die Sie weiterbringen. Wenn Sie losgehen wollen und sich auf diese Erfahrungen einlassen, sind Sie schon ein echter Entdecker.

Durch die Landschaft, die vor Ihnen liegt, führt natürlich keine asphaltierte Straße, es gibt keine Hinweisschilder und keine Tankstellen – das wäre ja auch vollkommen langweilig. Stellen Sie sich die Landschaft wild und dicht bewachsen vor. Waren Sie schon einmal in Schweden abseits der Ortschaften? Oder in Masuren, im Taurusgebirge oder im australischen Busch? Solche Landschaften meine ich. Vergessen Sie Straßen oder auch nur vorgezeichnete Pfade. Es ist Ihr zukünftiges Leben, also ist es immer ein nie zuvor betretenes Gebiet. Um sich dort zurechtzufinden, müssen Sie auch keine Straßen bauen können. Was Sie brauchen, sind geländegängiges Schuhwerk, Wanderlust und ab und an auch eine Machete oder eine Verschnaufpause.

Ich habe es weiter oben schon angesprochen: Ihr Gutes Leben ist eine Fläche, kein Punkt. Erwarten Sie, wenn Sie jetzt losstiefeln, also keine weithin sichtbare Fahne auf einem Hügel, auf der »Gutes Leben« steht. Eine Fahne könnten Sie erreichen, um dort zu bleiben und sich als eine Art Amundsen feiern zu lassen, weil Sie an Ihrem persönlichen Südpol angekommen sind. Das wird so nicht geschehen. Das Leben ist in Bewegung, und so kann auch das Gute Leben nur eine Fläche sein, ein Terrain, in dem Sie beständig herumgehen und dabei neue Teile von ihm kennenlernen, vielleicht seine Grenzen einmal für kurze Zeit verlassen, um dann wieder zurückzufinden. Sie müssen ein Entdecker bleiben, um auch auf der Fläche zu bleiben.

Dennoch: Wenn Sie einmal auf dieses Terrain gelangt sind, haben Sie allen Grund zu feiern. Ihnen ist dann etwas viel Besseres gelungen als Amundsen. Er musste wieder nach Hause gehen. Sie gehen zwar auch, aber Sie gehen dort, wo Sie in einem tieferen Sinne zu Hause sind: in Ihrem Guten Leben.

Entdecker sein heißt: eine Richtung wählen, losgehen und

sich darauf einlassen, was unterwegs passiert. Vorher sollten Sie nichtsdestoweniger dafür gesorgt haben, dass Sie so gut wie möglich vorbereitet sind. In Ihrem Gepäck sollten Sie also alles mitnehmen, was Sie für eine lange Reise durch ein unbekanntes Gebiet brauchen:

1. Eine Taschenlampe, die den Weg vor Ihnen ausleuchtet.
2. Ein paar Instrumente, die Ihr gutes Auge für die Landschaft unterstützen, sowie einen Kompass. Beides zusammen hilft Ihnen zu bestimmen, wo Sie sind und wohin es weitergehen soll.
3. Eine Kamera, die Ihnen hilft, Dinge, die Ihnen zufällig begegnen, auf- und als Bild mitzunehmen.
4. Proviant, den Sie brauchen, um immer wieder neu zu Kräften zu kommen.
5. Eine Rolle Papier und einen Stift, damit Sie unterwegs eine Karte anfertigen und ein Tagebuch führen können.

Das Entdeckerprinzip entspricht einem Rucksack, der all das enthält. Damit Sie locker und mit leichtem Gepäck reisen können. Und bis in die Gegend kommen, in der Sie richtig sind: das Terrain Ihres Guten Lebens.

Nehmen Sie sich die Zeit, sich auf die Entdeckererfahrung einzulassen. Sie erlaubt Ihnen, sich mit Ihnen selbst zu beschäftigen. Für diejenigen Zeiten, in denen Sie das ungestört tun können, ist der Entdeckerweg gedacht, als Pause vom Alltag und als Pause vom Glücksstress. Gehen Sie den praktischen Anforderungen nach, die Sie tagtäglich erfüllen müssen, und kommen Sie dann und wann auf den Entdeckerweg zurück.

Also, gehen Sie los und freuen Sie sich über die frische Luft. Es ist schön hier draußen!

KAPITEL 3

DER ENTDECKERGANG:
VON BAUM ZU BAUM
RICHTUNG GUTES LEBEN

Sie erinnern sich sicher: »Sinn« bedeutet in einer ursprünglichen
Lesart auch »Richtung«. Das ist die Lesart, um die es mir im Folgenden geht. Sie als Entdecker oder Entdeckerin brauchen keine
Karte, keinen Straßenplan und kein Navi, das Ihnen den genauen
Weg weist, Sie brauchen nur eine Richtung, um losmarschieren
zu können. Das verunsichert Sie jetzt? Es kommt Ihnen so vor,
als würden Sie blind irgendwohin laufen?

Das Erste, worum ich Sie bitten möchte: Vertrauen Sie Ihrer
Richtung. Sie brauchen kein Navi, Sie haben auch bisher keins
gebraucht. Wenn Sie sich zurückbesinnen, werden Sie höchstwahrscheinlich kaum auf Situationen in Ihrer Vergangenheit
stoßen, in denen Sie Dinge wirklich 100-prozentig nach einem
gut ausgearbeiteten Plan gemacht haben. In den allermeisten
Fällen wird ein gutes bisschen Improvisation und Spontaneität
eine entscheidende Rolle gespielt haben.

Übung
Nehmen Sie sich eine halbe Stunde Zeit und notieren Sie
einige Dinge, die Sie in der Vergangenheit getan haben und
die eine Bedeutung für Ihren weiteren Lebensweg gehabt

haben. Wie gut haben Sie diese Dinge im Vorhinein planen können? Wenn Sie Pläne gefasst haben, inwieweit konnten Sie sie umsetzen? Welche Rolle haben Vorkommnisse gespielt, die Sie nicht eingeplant haben? In welchem Sinn, würden Sie sagen, waren sie dennoch gut für Sie? Auch wenn ich Ihnen für Ihre Antworten bereits eine Richtung suggeriert habe: Antworten Sie ehrlich. Erinnern Sie sich möglichst plastisch an die Situationen.

Eine Richtung zu haben ist etwas völlig anderes, als einen Plan oder eine Karte zu haben. Sie können sich während des Vorangehens an kaum etwas halten, Sie können nicht einfach eine vorher planierte Straße mit Leitplanken und Verkehrsleitsystem abschreiten. Stattdessen benötigen Sie etwas, das Sie nicht gewohnt sind zu benutzen. Aber wie Sie nach der Übung schon ahnen: Sie benutzen es nichtsdestoweniger dauernd. Es war immer schon Teil Ihres Repertoires. Es ist Ihnen vertraut, nur eben nicht bewusst. Ihre rationell arbeitenden Orientierungssysteme können Sie natürlich weiter benutzen. Auch diese werden Sie brauchen. Aber etwas anderes steht im Vordergrund: Ihr Gespür. Ihre Wahrnehmungsfähigkeit, Ihre Spontaneität und Ihre Findigkeit werden Sie leiten.

Wenn Sie sich auf das Entdeckerprinzip einlassen, sorgen Sie auch dafür, dass Sie sich anders bewegen werden in der Landschaft, in der Sie unterwegs sind. Wenn man nicht auf planem Asphalt gehen kann, der Untergrund uneben und der Weg nicht gerade ist, braucht man eine etwas andere Bewegungsweise. Als Entdecker brauchen Sie einen Entdeckergang. Der Entdeckergang gleicht einem Vorwärtstasten, mal schlendern Sie, mal laufen oder gar staken Sie durch eine wechselhafte Landschaft. Denken Sie an eine Wildwiese, bewaldete Hügel oder sogar einen Dschungel – besser noch eine Landschaft, in der das alles hintereinander vorkommt. Wie würden Sie sich hier fortbewegen? Worin der Unterschied zu dem strammen Marschschritt

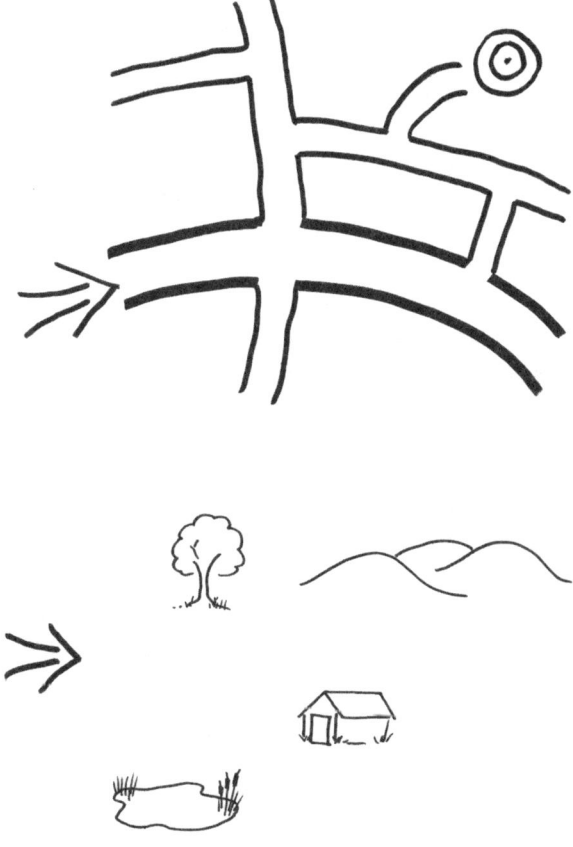

besteht, an den Sie vielleicht beim Bild des »Asphalts« denken, sehen Sie am besten an den beiden Karten in den Abbildungen.

Auf der ersten Abbildung ist eine Straßenkarte zu sehen, auf der mehrere schon fertige Routen eingezeichnet sind, von denen Sie sich eine auswählen. Diese fahren Sie entlang und erreichen so nach einer Zeit, die Sie ebenfalls bereits recht genau abschätzen können, einen Endpunkt. Der Weg vom Ausgangspunkt zum Endpunkt ist berechenbar, es ist ein algorithmischer Weg.

Ein Computer könnte ihn kalkulieren, darstellen (so wie zum Beispiel Google Maps es tut, wenn Sie eine Routendarstellung aufrufen) und sogar das Fahrzeug steuern, das ihn abfährt. Die andere Karte zeigt eine offene Landschaft. In dieser Landschaft kennen Sie nichts außer den Landmarken, die Sie von Ihrem Ausgangspunkt aus sehen (oder hören) können. Hier führt kein Pfad hindurch, es sei denn, Sie legen selbst einen an. Diese Landschaft können Sie nur im Gehen kennenlernen. Sie müssen hinein, sie erkunden und selbst kartieren. Einen vorbestimmten Endpunkt gibt es nicht. Sehr wohl haben Sie aber eine erste Richtung: Es ist die, in der Sie die ersten Schritte machen. Sie können sich dabei an einer Landmarke ausrichten – etwa dem gut sichtbaren Baum halb links – oder aufs Geratewohl losmarschieren, das bleibt Ihnen überlassen.

In jedem Fall bewegen Sie sich in der Entdeckerlandschaft etappenweise. Sie gehen eine kleine Strecke, bleiben vielleicht einen Moment, wo Sie gerade sind, orientieren sich neu, falls nötig, gehen weiter. Auch so schaffen Sie viele Kilometer, Schritt für Schritt, Etappe für Etappe. Manchmal werden Sie länger an einem Ort verweilen. Manchmal werden Sie stolpern und kurz im Gras liegen. Manchmal werden Sie die Richtung ändern. Manchmal werden Sie jemandem begegnen, der Ihnen einen Ort zeigt, den Sie noch nicht kennen. Was auch immer in Ihrer Entdeckerlandschaft passiert: Sie bewegen sich fort. Jeden Ort in der Landschaft, an dem Sie sich dabei zu einem beliebigen Zeitpunkt befinden, könnten Sie als einen vorläufigen Endpunkt in die Karte einzeichnen. Und wenn Sie geschickt und aufmerksam gehen, kommen Sie Punkt für Punkt dem Guten Leben näher, das für Sie das richtige ist.

Stellen Sie sich vor, Sie stehen in Ihrer Entdeckerlandschaft und es ist stockdunkel. Sie sehen lediglich das, was die Taschenlampe in Ihrer Hand ausleuchtet. Ihre Welt – etwas metaphysisch gesprochen – beschränkt sich allein auf das, was in dem Lichtkegel direkt vor Ihnen liegt. Sie gehen los, auf die Buche zu, die Sie in etwa 20 Meter Entfernung gerade noch ausmachen

können. Bereits im Gehen sehen Sie kurz vor Erreichen des Baumes links dahinter eine Mauer, rechts ein kleines Haus. Sie bie-
gen an der Buche schräg rechts ab und gehen weiter auf das Haus
zu. Jetzt kennen Sie den Weg von Ihrem Ausgangspunkt zu der
Buche, den Baum und die unmittelbare Umgebung des Baumes.
Auf dem Weg zum Haus lernen Sie noch ein Stück der Landschaft kennen, wieder einen schmalen Streifen. Und so fort:
Stück für Stück, überall dort, wohin Sie mit der Lampe leuchten, werden Ihnen weitere Teile der Landschaft offenbart. Je weiter Sie gehen, desto mehr nehmen Sie wahr, allerdings immer
nur Ausschnitte. Wollen Sie die Ausschnitte erweitern, müssen
Sie nach links und rechts pendeln, brauchen dementsprechend
mehr Schritte für die gleiche Wegstrecke.

Eine Freundin von Ihnen, nennen wir sie Marlen, hat zum
Beispiel das Gefühl, dass sie gerne mit Kindern in Kontakt ist,
möchte aber jetzt noch keine eigenen Kinder haben. Damit
kennt sie bereits eine Richtung: Gutes Leben hängt für sie wahrscheinlich damit zusammen, dass sie mit Kindern zu tun hat. Sie
kennt allerdings die Landschaft noch nicht, da sie bisher wenig
mit Kindern unternommen hat. Um sie kennenzulernen, bewegt
sich Marlen in sie hinein. Sie schreibt gerne, und so kam ihr die
Idee, einmal eine Kindergeschichte zu schreiben und bei Gelegenheit Kindern vorzutragen. Eine Story geht ihr schon länger
im Kopf herum. Also setzt sie sich nach Feierabend regelmäßig
eine Stunde an ihren Rechner und schreibt innerhalb von zwei
Wochen eine Kurzerzählung auf.

Eine erste Landmarke ist erreicht. Auf dem Weg dorthin hat
Marlen zwar noch nichts direkt mit Kindern unternommen.
Aber im Verlauf der zwei Wochen konnte sie Erfahrungen mit
dem Schreiben von Kindergeschichten sammeln, was sie bereits als eine erste Annäherung empfindet. Sie hat nun ein etwas
besseres Gespür dafür, ob das Schreiben von Kindergeschichten für sie stimmig ist. Ist es die richtige Landschaft, in der sie
unterwegs ist und von der sie jetzt einen Ausschnitt gesehen hat,
oder sollte sie die Richtung ändern? Marlen macht weiter,

schreibt noch eine Geschichte und meldet sich parallel dazu zu den Vorlesetagen an ihrer Stadtbibliothek an. Sie bekommt tatsächlich die Gelegenheit, ihre beiden Kurzerzählungen vorzulesen. Die Kinder sind sehr gespannt, die Geschichten gefallen ihnen, und auch Marlen fühlt sich wohl und kann sich sehr gut vorstellen, mit dem Vorlesen weiterzumachen. Das Schreiben fällt ihr allerdings zunehmend schwer. Sie merkt, dass sie dort schnell an ihre Grenzen gerät. Das bedeutet: Wiederum hat sie weitere Ausschnitte der Landschaft kennengelernt und weiß jetzt, dass die grobe Richtung anfangs stimmte, sie nun jedoch die Richtung verändern muss, um auf ein etwas anderes Terrain zu gelangen, das besser zu ihr passt: das Vorlesen, oder allgemeiner gesprochen der direkte Kontakt mit Kindern. Mit jedem ihrer Schritte hat sie mithin etwas darüber erfahren, in welchen konkreten Tätigkeiten und Umgebungen Gutes Leben für sie liegt.

Was Marlen im Grunde gemacht hat, sind Experimente. Sie hat zuerst damit experimentiert, Geschichten für Kinder zu schreiben, dann damit, Kindergeschichten einem kleinen Publikum vorzulesen. Jedes Experiment eröffnet einen neuen Ausschnitt der Landschaft. Marlen hat bereits im Laufe der Experimente begonnen, sich ein Urteil darüber zu bilden, was der Versuch für sie aussagt: Ist das Schreiben stimmig für sie oder ist es eher das Vorlesen? Je mehr Erfahrungen sie in Experimenten sammelt, die aufeinander aufbauen, desto zuverlässiger werden deren Aussagen.

Was Marlen jetzt also tun kann, ist, ihre Experimente zu verfeinern. Sie könnte weitere Geschichten schreiben und verschiedene Genres ausprobieren, Detektivgeschichten, Märchen, Vampirstorys, um so zu prüfen, ob ihr ein Genre leichter fällt als das andere. Vielleicht stellt sie dann fest, dass ihr das belletristische Schreiben generell nicht liegt. Sie könnte noch mehr Gelegenheiten suchen, als Vorleserin aufzutreten. Der Förderverein der Grundschule, die ihre Nichte besucht, sucht beispielsweise gerade engagierte Erwachsene für ein Schulfest. Marlen liest dort

Märchen von anderen Autoren vor und merkt, dass sie sich viel sicherer fühlt als mit den eigenen Geschichten. Auch hier kann sie weiter verfeinern, in verschiedenen Kontexten und vor verschiedenen Altersstufen lesen, vielleicht probieren, das reine Vorlesen durch schauspielerische Elemente zu ergänzen, und so weiter.

Der Entdeckerweg ist voller Experimente. Tatsächlich gilt: Je mehr aussagekräftige Experimente auf dem Weg liegen, umso besser. Die ersten Versuche auf unbekanntem Terrain sind noch wie Abenteuer. Alles ist neu, reizvoll, aber auch ein wenig einschüchternd. Das Vorantasten erfordert Mut. Ein Vorteil: Die Richtung ist noch unverbindlich und kann ohne große Verluste grundlegend korrigiert werden. Je weiter das Entdecken fortschreitet, desto kontrollierter werden jedoch die Experimente. Weil die Kenntnis des Terrains steigt, kann man immer weiter in die Details der Landschaft eindringen und sie sowohl in der Fläche als auch in ihren Einzelheiten kennenlernen.

Der Unterschied zwischen Experimentieren und dem bloßen Herumprobieren ist wichtig: Herumprobieren führt leicht zu einer gewissen Beliebigkeit, man stochert mal da und mal dort. Es führt deshalb in der Regel nicht weiter, da die einzelnen Versuche nicht aufeinander aufbauen und daher beziehungslos nebeneinanderstehen. Der Ausgang des einen Versuchs macht kaum einen Unterschied für den Ansatz des zweiten. Beim Experimentieren achten Sie dagegen sehr genau darauf, was Ihnen der Ausgang des Versuches sagt, und bringen das Ergebnis als neue Information in Ihre nächsten Experimente ein.

Wenn Ihnen der Entdeckergang vorkommt wie die erste Zeit einer neuen Paarbeziehung, dann liegen Sie genau richtig. Experimentieren auf dem Entdeckerweg ist zuerst wie Flirten: Ganz am Anfang ist alles aufregend, neu, unvertraut. Sie fühlen sich zu einem anderen Menschen auf unerklärliche Weise hingezogen. Sie wüssten nicht zu sagen, warum es so ist. Erklärungen sind Ihnen aber auch egal, Sie können sich ohnehin nicht helfen und müssen einfach weitermachen. Sie reden immer mehr miteinander, unternehmen etwas zusammen, dann noch einmal, dann regelmäßig, lernen sich immer besser kennen. Mit der Zeit fühlen Sie sich sogar immer noch hingezogener, weil Sie merken, dass »es passt«. Es fühlt sich an, als wären Sie beide aufeinandergetroffen, weil es so sein musste. Mit dem Zusammengehörigkeitsgefühl wächst das Vertrauen in die Verbindung. Gleichzeitig schwindet die Unverbindlichkeit, und es entsteht eine neue Verpflichtung dem anderen gegenüber: Sie haben ihm ein unausgesprochenes Versprechen gegeben und er Ihnen. Je mehr Sie sich auf die Verbindung einlassen, desto verbindlicher wird dieses Versprechen. Aus dem anfänglichen Flirt entstehen eine gefühlte Nähe und eine schweigsam vereinbarte (und später wahrscheinlich auch ausgesprochene) Partnerschaft.

Auf dieselbe Weise nähern Sie sich auf dem Entdeckerweg den Dingen, die ein Gutes Leben für Sie ausmachen. Zuerst mögen sie Ihnen noch unvertraut sein, aber Sie bemerken eine Anziehungskraft. Je weiter Sie sich auf sie zubewegen, desto größer wird die Nähe, Sie spüren, dass Sie hier richtig sind (über dieses Gespür reden wir in Kapitel 4 noch ausführlicher). Je mehr Erfahrungen Sie in dieser Situation machen, desto sicherer wird Ihr Gespür und desto mehr Vertrauen setzen Sie darin. Schließlich erreichen Sie so viel Gewissheit, dass Sie sich auch bewusst entscheiden.

Mit kühler Sachlichkeit betrachtet, kommen Sie um eine experimentelle Haltung gar nicht herum. Je weiter ich in die Zukunft sehen will, desto weniger gut ist ausgeleuchtet, was vor mir liegt, und desto ungewisser ist meine Kenntnis darüber. Sicher: Ich möchte Gewissheiten. Ich möchte möglichst schon im Vorhinein Kenntnisse darüber haben, wohin es mit mir in Zukunft geht – Kenntnisse, die mir die Ungewissheit nehmen. Wir sind es heute gewohnt, darauf zu reagieren, indem wir die Ungewissheit selbsttätig beseitigen: Wir zeichnen eine Karte und errechnen einen optimalen Weg. Je weniger weit wir sehen können, desto mehr wünschen wir uns eine genaue Karte. Wie aber kann ich eine Karte eines Gebiets zeichnen, das ich gar nicht kennen *kann*?

Vorhersehen, Planen und gerichtetes Handeln geraten schnell an ihre Grenzen, sofern sie auf ganze Lebenswege angewandt werden. Manche Ratgeber suggerieren, die beste Herangehensweise an ein gelingendes Leben sei, sich in ein »neues Ich« hineinzudenken (»Wie soll ich sein, damit ich glücklich/erfolgreich/lebensfroh werde?«), sodann Schritte zu bestimmen, wie dieses neue Ich zu erreichen wäre, um schließlich die geplanten Schritte umzusetzen und am Ende mit einem »besseren Selbst« dazustehen. Auf dem Entdeckerweg verändern Sie sich tatsächlich, immer wieder sogar (minimal, punktuell). Veränderungen, die Sie dem Guten Leben näher bringen, brauchen allerdings zwei Dinge: Zeit und Praxis. »Eine allgemeine Regel besagt, dass Erwachsene viel eher durch Handeln zu einer neuen Denkweise kommen als durch Denken zu einer neuen Handlungsweise.«[112]

Veränderungen kann man nicht einfach nach Gebrauchsanweisung einschalten. Im Gegenteil: Ich brauche für echte und nachhaltige Veränderungen mehrere kleine Lernschritte (eventuell sogar viele). Dazu benötige ich einen Rahmen, in dem ich diese Lernschritte machen kann, ohne dass dazu bereits Veränderungen notwendig wären, die mich auf etwas festlegen. Mit anderen Worten: Ich muss irgendwo unverbindlich testen und herausfinden können, was für mich passt. Ich muss mit neuen Möglichkeiten flirten können.

Experimente sind solche unverbindlichen Tests. Das heißt, dass ich mich in deren Verlauf bereits stückweise verändere. Mindestens mache ich neue Erfahrungen und verbessere damit die Grundlagen, aufgrund derer ich Einschätzungen vornehme. Irgendwann gelange ich dabei an einen Punkt, an dem ich die bisherigen Veränderungen als groß genug einschätze, um von einem »neuen Stand der Dinge« zu reden. An diesem Punkt manifestieren sich die Veränderungen endgültig in einer bewussten Entscheidung, die ich treffe, indem ich den Veränderungsprozess akzeptiere. Ich kann ihn jetzt bestätigen: »Ich habe einen Schritt gemacht.« Und ihm einen Namen geben: »Ich bin jetzt nicht länger X, sondern Y.«

Der Ablauf ist also nicht wie in 1), sondern wie in 2):

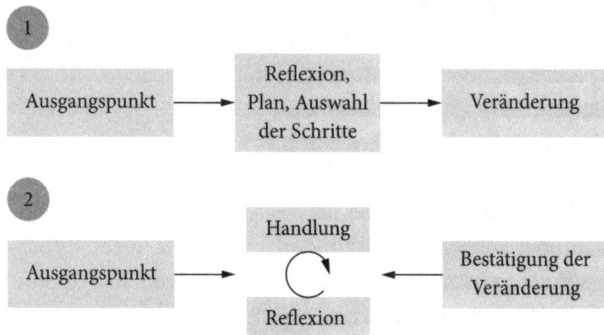

Die US-amerikanische Professorin Herminia Ibarra, die lange zu beruflichen Wechselprozessen geforscht hat, nennt diese beiden grundverschiedenen Vorgehensweisen »Planen-und-umsetzen-Modell« und »Probieren-und-lernen-Modell«. Das letztere Modell entspricht ziemlich genau dem Entdeckergang. Die Unterschiede zwischen beiden zeigt folgende Tabelle:[113]

	Planen-und-umsetzen-Modell	Probieren-und-lernen-Modell
AUSLÖSER	wachsender Schmerz, Probleme oder Unzufriedenheit	zukünftige Möglichkeiten, die allmählich klarer werden
AUSGANGS-PUNKT	innerlich: Änderung der Denkweise	äußerlich: Änderung der Handlungsweise
ABFOLGE	linear: aufgrund eines unbefriedigenden Status quo werden ein Veränderungsziel und ein Plan zur Umsetzung formuliert	zirkulär: Prozess, in dessen Verlauf in wiederholten Handlungs-Reflexions-Abläufen Ziele und Möglichkeiten reformuliert werden

FERNZIEL	statisch; Ideal: anfangs so klar wie möglich identifiziertes Fernziel	wechselnd; Ideal: Verbesserung der eigenen Fähigkeit, experimentelle Handlungen zu ersinnen und zu reflektieren, die sich auf zukünftige Möglichkeiten beziehen
ART DES PROZESSES	deduktiv: Ableitung von vorformulierten Annahmen (Ziele, Pläne), Fortschritt in aufeinander aufbauenden Phasen	induktiv: Fortschritt in zirkelförmigen Prozessen mit gelegentlichen Erkenntnissprüngen
ERFORDERTES WISSEN	explizit: Wissen wird vor dem Prozess gebraucht	implizit: fortlaufend erzeugt im Laufe des Prozesses

Eine sehr vom Machwahn geleitete Vorstellung ist die vom »wahren Selbst« oder dem »besten Ich«, das ich durch Anstrengung und Einsatz formen kann. Das ist ein typisches Fernziel in einem Planen-und-umsetzen-Modell vom Guten Leben. Oft werden algorithmische Rezepte herangezogen, um sich Mittel und Methoden anzueignen, dieses große Ziel des optimalen Selbst zu erreichen. Ob diese aus dem Umkreis des Positiven Denkens kommen (»Denke dich in einen guten Zustand hinein, und du wirst bekommen, was du haben möchtest!«, siehe Kapitel 2) oder von anderer Seite, sie sind dem Entdeckerprinzip geradezu entgegengesetzt. Die Vorstellung eines optimalen Persönlichkeitszustands paralysiert Sie eher, als dass sie Sie in Bewegung setzt. Sie ist viel zu groß und im wahren Leben zudem unerreichbar, sodass sie die Dynamik, die Sie haben könnten, hemmt, statt sie zu befeuern. Sie sollten ins Handeln kommen, nicht ins Herbeiträumen von überhöhten Selbstbildern (zum Anschub von Handeln später mehr, siehe Kapitel 6).

Der Entdeckergang folgt einer Richtung, aber keinem festen Fernziel. Etappenziele gibt es natürlich. Wenn die Strecke zu einem Etappenziel gerade und eben ist, kann der Gang auch schnell und ausgreifend werden. Der Entdeckergang ist eine anpassungsfähige Gangart, mal langsam und tastend, mal rasch und entschlossen, mal braucht man viel Balance und Geschick, mal kann man sich treiben lassen und das Wetter genießen. Was davon jeweils angemessen ist, wissen Sie sicher nicht immer sofort. Aber Sie lernen mit jeder Strecke, die Sie hinter sich bringen. Sie kommen – sofern alles gut läuft – nicht nur Ihrem Guten Leben immer näher, Ihre Bewegungen werden auch immer sicherer.

Übung
Welche Bereiche Ihres Lebens fallen Ihnen spontan ein, in denen Sie ein kleines, unverbindliches Experiment machen könnten? Was müssen Sie als ersten Schritt tun, um mit diesem Experiment zu beginnen? Gehen Sie diesen ersten Schritt! Schauen Sie, was passiert!

Der Entdeckergang in der Zusammenfassung:
› Eine Richtung bestimmen, kein Fernziel.
› Durch Vorantasten entdecken.
› Experimente machen.
› Kleine Schritte gehen.
› In Zirkeln voranschreiten: bewegen – handeln – erfahren – Resultate einschätzen.
› Eher »durch Handeln zu einer neuen Denkweise kommen als durch Denken zu einer neuen Handlungsweise«.
› Veränderungsprozesse müssen ergebnisoffen sein.
› Entwicklung nach dem Probieren-und-lernen-Modell.

KAPITEL 4

DER ENTDECKERSINN: STIMMIGKEIT

Im vorangegangenen Kapitel haben Sie gesehen, wie Sie vorgehen, damit Sie sich Ihrem Guten Leben Schritt für Schritt annähern können. Im Unterschied zu einem planvollen Vorgehen, das rational verknüpfte und im Vorhinein bestimmte Schritte abschreitet (dem Planen-und-umsetzen-Modell), kommt es bei dieser Gangart auf Ihr Gespür an. Bisher wissen Sie nur, wie Sie gehen müssen, wenn Sie Entdecker oder Entdeckerin sein wollen, und dass es darum geht, viel von einer Landschaft kennenzulernen. Ich habe Sie bereits von Landmarke zu Landmarke geschickt und Ihnen versprochen, dass Sie so zu einem Guten Leben finden. Woran Sie aber erkennen, ob Sie sich ihm nähern oder sich von ihm wieder entfernen, darüber haben wir noch kein Wort verloren. Genau hier kommt Ihr Gespür ins Spiel.

Jede Landmarke, die Sie erreichen, und jede Stelle, an der Sie innehalten, ist ein neuer Ausgangspunkt für Ihr weiteres Vorgehen. Mit der Taschenlampenmetapher gesprochen: Dort, wo der Lichtkegel spitz zuläuft, ist Ihr aktueller Ausgangspunkt. An jedem dieser Punkte können Sie, sofern Sie das wollen, die Richtung, in der Sie weitergehen, neu bestimmen. Sie können sogar die Art und Weise auswählen, wie Sie die Richtung bestimmen. Dazu stehen Ihnen mehrere Instrumente aus Ihrem Rucksack zur Verfügung.

Eine erste Möglichkeit ist, den Kompass zu nehmen, um damit einen Punkt am Horizont anzupeilen und in eine Karte einzutragen. Damit hätten Sie ein *Etappenziel* in der Ferne, auf das Sie zusteuern können. Sie hätten sich selbst etwas geschaffen, an dem Sie sich beim Gehen orientieren können, eine Linie auf der Karte oder eine entfernte Landmarke, die Sie im Blick behalten können. Ziele sind konkret und sichtbar, das macht ihren Charme aus. Sie leiten durch ihre Präsenz. Schwierig nur, wenn Sie den Horizont oder überhaupt etwas, das außerhalb des Lichtkegels Ihrer Taschenlampe liegt, gar nicht sehen. Dann sind ferne Ziele sinnlos und lediglich kurze Etappenziele möglich.

Sie können zweitens den gleichen Kompass nehmen und in eine bestimmte Himmelsrichtung gehen, von der Sie denken, dass sie die richtige ist. Damit wissen Sie noch nicht, was genau in dieser Richtung liegt, aber Sie haben zumindest eine erste Orientierung, die Ihre weiteren Schritte leiten wird. Hier ist es mit anderen Worten eine *Idee* (im Sinne von »Idealvorstellung«) oder ein *Wunsch*, der Sie leitet. So wie ein Kompass eine Richtung vorgeben kann, können auch Ideen und Wünsche eine grobe Richtung angeben, in der Ihr Gutes Leben wahrscheinlich zu finden ist. Einen starken Wunsch beispielsweise sollten Sie als ein Zeichen dafür nehmen, was für Sie bedeutsam ist und was Sie in Ihrem Leben brauchen. Der Kompass gibt Ihnen allerdings nur einen Anhaltspunkt. Eine Richtung zu haben ist gut, um nicht unbedarft loslaufen zu müssen. Um wirklich etwas zu *finden*, sprich zu wissen, wo etwas liegt, genügt sie allein aber noch nicht.

Die dritte Möglichkeit ist, einem Gespür zu vertrauen. Das Instrument dazu haben Sie ebenfalls in Ihrem Rucksack. Es dürfte Ihnen noch neu sein, der Umgang damit ist jedoch sehr leicht. Alles, was Sie tun müssen, ist, weiterzugehen und auf die Ausschläge des Instruments zu achten – wie bei einem Geigerzähler, nur spricht das Gerät natürlich nicht auf schädliche Strahlung an, sondern auf etwas, das gut ist für Sie. Nennen wir das Gerät »Vivometer«. Ein Vivometer ist kein optisches Instrument, es kann Ihnen nichts von dem zeigen, was in der Ferne liegt. Es ist ein Annäherungssensor. Im Unterschied zu den anderen beiden Geräten können Sie also nicht von Ihrem Ausgangspunkt aus den Weg bestimmen, Sie müssen diesen Punkt verlassen und sich tastend im Raum bewegen. Ziele, Ideen und Wünsche entstehen im Kopf und bleiben zunächst auch dort. Ein Annäherungsinstrument – wie es das eigene Gespür auch ist – ist auf die Interaktion mit der Welt angewiesen, um zu funktionieren. Je näher ich dem Guten Leben komme, desto heftiger wird das Vivometer ausschlagen.

In der Entdeckerlandschaft kann ich aus den Landmarken, die ich erkennen kann, Etappenziele auswählen: den Wacholder, dann den Baum, dann gehe ich bis zu dem kleinen Haus, dort schaue ich mich noch einmal neu um. Ebenso kann ich eine Richtung wählen und in diese losmarschieren. Wie ich es auch mache, ich werde niemals einen Überblick über die ganze Landschaft erhalten. Das ist nicht leicht auszuhalten für mich. Ich hätte gerne eine genauere Vorabkenntnis des Terrains. Sie würde mir die existenzielle Sicherheit geben, auf dem richtigen Weg zu sein. An ihrer statt zeichne ich mir zum Beispiel eine Karte oder erdenke eine Strategie, wie ich die Landschaft am besten angehe. Manchmal halte ich auch an Fernzielen und den Schritten fest, die zu diesem Fernziel hinführen sollen.

Meine Kenntnis des Terrains bleibt dabei jedoch sehr eingeschränkt. Der Kommunikationswissenschaftler und Therapeut Paul Watzlawick hat ein Bild gefunden, das das Bild der Entdeckerlandschaft sehr schön ergänzt. Er vergleicht die Art, wie Menschen Wissen erwerben, mit einer Fahrt durch unbekanntes Seegebiet:

Die Lage jedes Menschen beim Versuch, Wissen zu erlangen, ist der Situation eines Kapitäns vergleichbar, der in dunkler, stürmischer Nacht [...] eine Meerenge durchsteuern muss, deren Beschaffenheit er nicht kennt, für die keine Seekarte besteht und die keine Leuchtfeuer oder andere Navigations-

hilfen besitzt. Er wird entweder scheitern oder jenseits der Meerenge wohlbehalten das sichere, offene Meer erreichen. Läuft er auf eine Klippe auf und verliert Schiff und Leben, so beweist sein Scheitern, dass der von ihm gewählte Kurs nicht der richtige für die Meerenge war. Er hat sozusagen »erfahren«, wie die Durchfahrt »nicht« ist. Kommt er dagegen heil durch die Enge, lehrt ihn sein Erfolg nichts über die wahre Beschaffenheit der Meerenge, nichts darüber, wie nahe er der Katastrophe vielleicht war. Sein Kurs passte in die ihm unbekannte Gegebenheit.[114]

Genauso würde der Kapitän, wenn er ein Wanderer wäre, in der Entdeckerlandschaft am Ende des Kurses lediglich wissen, dass der eine Weg, den er tatsächlich gegangen ist, ein möglicher Weg war. Ob es der leichteste, kürzeste, gefahrloseste oder direkteste ist, kann er noch immer nicht beurteilen. Dazu müsste er viele Male durch dieselbe Landschaft gehen.

Heißt das nun, dass Ihnen nichts übrig bleibt, als von Baum zu Baum, Meter um Meter vorwärtszustraucheln, um mit Glück irgendwie den ersehnten Ort zu erreichen? Nein, natürlich sind Sie nicht zum halb blinden Taumeln verdammt. Leben ist ein Vorantasten, das ist richtig. Aber auch ein Tasten erlaubt – wenigstens streckenweise – ein entschlossenes Gehen, wenn Ihnen Ihr Kompass eine klare Richtung zeigt oder Sie sich von einem Etappenziel zum anderen bewegen. Das sicherste und zugleich am meisten vernachlässigte Mittel, um ein Gutes Leben zu finden, ist aber das Vertrauen auf Ihr drittes Instrument, Ihr Gespür.

Vorantasten bedeutet nicht Stumpfsinn. Sie haben bereits eine ganze Strecke hinter sich gebracht, noch mehr liegt vor Ihnen. Das heißt: Sie haben bereits gelernt und lernen immer mehr dazu, wie Sie Ihre Sinne und Instrumente gebrauchen müssen. Beim Vorantasten passiert nämlich etwas Wunderbares: Je mehr Schritte ich gemacht habe, je weiter ich gekommen bin, desto besser wird mein Gespür dafür, in welche Richtung ich meine nächsten Schritte am besten lenken sollte. Ich entwickle mit jedem Meter einen besonderen Sinn, einen Richtungssinn. Was dieser Tastsinn – mein eingebautes Vivometer – mir zeigt, ist die Stimmigkeit.

Ich habe eine ganze Reihe an Möglichkeiten, Stimmigkeit wahrzunehmen. Alles, was man im Alltagsdeutsch »Bauchgefühl« nennt, gehört zum Beispiel dazu. Trotz der Vielfalt der Stimmigkeitsdimensionen fällt es den meisten nicht leicht, diesem Richtungssinn zu vertrauen. Stimmigkeit schätzen wir intuitiv ein, ohne darüber nachzudenken. Das heißt, dass ich mich auch intuitiv darauf verlassen können muss, dass meine Einschätzung richtig ist. Das fällt den meisten eher schwer. Sie verlassen sich lieber auf den Zielsinn als auf Stimmigkeit – vielleicht weil sie den Eindruck des Taumelns bekommen, der ihnen unangenehm ist und ihnen nicht genug Sicherheit vermittelt. Wenn Sie der Stimmigkeit aber vertrauen, wissen Sie spontan, welche Bewegungsrichtung gut ist.

Vor einiger Zeit habe ich mit einer Coaching-Kollegin über einen ihrer Klienten gesprochen (ohne dass sie seinen Namen nannte selbstredend). Der Klient besucht sie seit etwa einem Jahr regelmäßig. Er ist Mitte 40, in Festanstellung, hat zwei Kinder, wohnt aber nach der Scheidung von seiner Frau allein in einer Kleinstadt in der Nähe der Beratungspraxis meiner Kollegin. Vor zehn Monaten hat er sich in eine Frau verliebt, mit der er gerne bald zusammenziehen möchte. Er hat nach der Erschütterung durch die Trennung nun wieder das, was man ein »geregeltes Leben« nennt.

Er kennt das Gefühl von Zufriedenheit und Glück, er erlebt es immer wieder: Mit seinen Kindern, seiner neuen Partnerin, auch seine Arbeit interessiert ihn zu einem guten Teil sehr, er mag seinen Job. Das Wohlfühlglück begegnet ihm also ziemlich häufig. Die Momente dauern allerdings nicht an, das Gefühl hält nicht vor – natürlich nicht, Vergänglichkeit ist ein Markenzeichen des Wohlfühlglücks.

Der Mann bemerkt seit einiger Zeit eine Veränderung an sich. Zuerst hat er es auf die Trennung geschoben. Jetzt aber, wo er sie überwunden hat, steht er seinem Alltag – den Glücksmomenten zum Trotz – eigenartig taub gegenüber. Er kann nicht ganz fassen, was mit ihm los ist. Objektiv, sagt er, habe er keinen Grund zum Klagen. Dennoch ist er nicht ganz bei sich. Manchmal dämmert er eine ganze Woche lang in den Tag hinein, fühlt sich klamm und ohne Spannkraft.

Irgendetwas, fasste meine Kollegin zusammen, fühlte sich bei ihm nicht stimmig an. Sie konnte es in den Gesprächen mit ihm bemerken, ohne einen Finger darauf legen zu können, was genau der Grund dafür war.

Im Laufe der Beratungssitzungen bewog meine Kollegin den Klienten dazu, seine Wünsche und Bedürfnisse den Menschen, mit denen er zu tun hatte, deutlicher und mit mehr Nachdruck zu offenbaren. Das lag wie ein Gewicht auf ihm: seine Zurückhaltung und der Eindruck, mit seinen eigenen Angelegenheiten oft ins Hintertreffen zu geraten. Er probierte daraufhin in »Alltagsexperimenten« aus, die ihm meine Kollegin vorschlug, direkter zu sein und bei Gelegenheit mal zu reden, wie ihm der Schnabel gewachsen ist. Die Versuche waren erfolgreich. Das Ergebnis erstaunte den Mann: Er konnte nicht nur leichter äußern, was ihn bewog, störte oder umtrieb. Er war plötzlich auch beliebter bei seinen Kolleginnen und Kollegen. Seine direktere Art hatte ihn offenbar sympathischer gemacht. Am beeindruckendsten aber war, dass er von sich sagte, er fühle sich »befreit«, weil die neue Art, sich offener zu äußern, besser zu ihm passe. Er komme sich »in sich selbst richtiger vor«, als habe er vorher in einem falschen Ich gesteckt. Zwar erlebe er die Episoden von »Taubheit« noch immer ab und zu, sie dauern aber wesentlich kürzer an. Durch die Versuche, die ihm seine Beraterin nahegelegt hatte, sei er »auf eine Passung gestoßen«, sagte er. Sein eigenes Verhalten komme ihm jetzt stimmiger vor. Er sei nun in der richtigen Richtung unterwegs.

Das bedeutet nun wiederum nicht, der Sinn seines Lebens

sei, sich mit Deutlichkeit und Nachdruck äußern zu können. Es bedeutet, dass er durch dieses Verhalten dem Sinn in seinem Leben näher gekommen ist. Und damit hat er sich dem für ihn Guten Leben genähert. Er hat Stimmigkeit erfahren.

Wo jemand Stimmigkeit erfährt, hängt von seiner Persönlichkeit und seinen Erfahrungen ab. Die Unterschiede zwischen Individuen können groß sein. Ich persönlich erfahre Stimmigkeit unter anderem dann, wenn ich mit Personen, Dingen oder Tätigkeiten zu tun habe, denen ich Gewicht für mich zuschreibe, die für mich also Bedeutung haben und die eine Art Resonanz in mir erzeugen. Am stärksten ist die Stimmigkeit da, wo diese Bedeutung über den aktuellen Moment hinausgeht, wenn sie mithin in Zukunft vermutlich ebenso groß oder sogar noch größer sein wird. Das wiederum kann ich natürlich nicht im Vorhinein wissen. Ich kann es aber ahnen oder gute Gründe dafür haben, es anzunehmen.

So individuell Stimmigkeit auftritt, kann man doch zweierlei verallgemeinern: Stimmigkeit erfahren Sie umso deutlicher und zuverlässiger, je mehr sie erstens mit einer unmittelbaren Erfahrung verknüpft ist, und zweitens, je eher Sie sie als Teil eines Zusammenhanges erfahren, sprich je mehr sie mit Sinn verknüpft ist.

Ein persönliches Beispiel dafür, wie sehr Stimmigkeit mit konkreten Erfahrungen zusammenhängt: Wenn ich mit meiner Partnerin zusammen bin, werden wir Zeugen unserer gegenseitigen Liebe. Ich spüre dann, dass meine Partnerin einen großen Teil meines »Glücks der Fülle« einnimmt. Dass mein Gefühl zuverlässig immer wieder auftritt, bestätigt meinen Eindruck, dass es zu mir gehört, zusätzlich. Es ist stimmig für mich, das Gefühl für genau diese Frau passt zu mir, ich habe keinen Zweifel daran und erwarte, dass sie auch in Zukunft meine Partnerin bleiben wird. Würden Sie mich allerdings fragen, woran ich diese Sicherheit festmache, dann würde ich zwar einige objektiv klingende Gründe finden, ein bedeutender Rest der Begründung müsste jedoch nebulös bleiben. Ich bin mir eben einfach sicher. Wahrscheinlich kennen Sie das: Man merkt manchmal einfach, ob etwas »richtig« ist. Dieser Eindruck wird unterstützt durch vorherige Erfahrungen, die ich mit Partnerschaften und Liebe gemacht habe. Stimmigkeit ist ein erfahrungsgestütztes Gespür.

Ihr Gespür für Stimmigkeit ist dort am zuverlässigsten und deutlichsten, wo Sie Erfahrungen aus erster Hand machen. Die Intensität nimmt ab, je indirekter die Erfahrungen sind. Das lässt sich darstellen als eine Abfolge von konzentrischen Kreisen: je weiter außen der Kreis, desto geringer die Intensität. Auch weiter außen können Sie noch Stimmigkeit erfahren, auch wenn sie dann mit mehr Fragezeichen behaftet ist.

Diese Kreise sind, von innen nach außen:

1. Erfahrungen aus erster Hand
2. Erinnerungen früherer eigener Erfahrungen
3. Erfahrungen aus zweiter Hand (über Berichte von anderen, Lektüre und so weiter)
4. Vorstellungen zukünftiger Erfahrungen

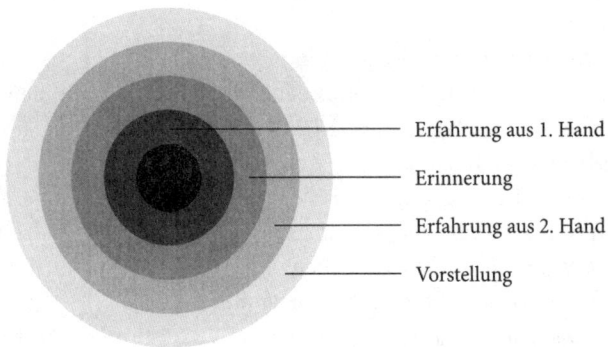

Kreise der Erfahrung

Das wichtigste Kriterium, an dem Sie Stimmigkeit erkennen werden, ist der Zusammenhang mit anderen stimmigen Erfahrungen. Folgendes gilt grundsätzlich: Ein Ereignis oder eine Situation wird für Sie stimmig sein, wenn Sie es mit einer Erfahrung der Stimmigkeit in Verbindung bringen können, die Sie schon einmal gemacht haben. Im Entdeckerbild gesprochen: Sie sind auf Ihrem Weg bereits dreimal an einen Teich gekommen und konnten sich dort jedes Mal sehr leicht bewegen. Auch fanden Sie dort vieles von dem, was Sie täglich brauchen, Nahrung und Unterschlupf zum Beispiel. Anders gesagt, sich dort aufzuhalten war stimmig für Sie. Nun kommen Sie ein viertes Mal an einen Teich. Das Terrain rundherum ist ein ganz neues, dennoch machen Sie an dem Teich dieselbe Erfahrung. Allmählich verfestigt sich eine Regelmäßigkeit. Wenn Sie Ihren Weg fortsetzen, werden Sie Teiche aufsuchen, um dort wieder den stimmigen Eindruck zu erfahren.

Die Verknüpfung mit vorangegangenen stimmigen Ereignissen lässt Ihr Gespür mit der Zeit immer sicherer werden. Denn je mehr stimmige Eindrücke Sie sammeln, desto wahrscheinlicher wird es, dass Sie solche Verknüpfungen machen können, und desto eher wird Ihnen Sinn begegnen. Wiederholungen ähnlicher Erfahrungen in (fast) identischen Situationen vergrößern die Sicherheit, weil wir uns auf unsere spontane Intuition oft nicht verlassen – wir brauchen »Beweise«, deshalb steigern Wiederholungen unser Vertrauen. Entsprechendes gilt, wenn mehrere stimmige Faktoren zusammen auftreten. Beides – Wiederholung und Mehrfachauftreten – verfeinert allmählich unsere Intuition. Wir bauen durch Erfahrungen unser Sensorium aus.

Intensivere Erfahrungen erleichtern diesen Prozess noch. Natalie Knapp schreibt:

Wenn wir nicht nur auf Art und Inhalt von Erfahrungen achten, sondern auch auf ihren Intensitätsgrad, entwickeln wir ein Gespür für die Richtung, in die sich Leben entwickeln will. [...] Was auch immer Sie in der alltäglichen Routine auf-

merksamer und lebendiger werden lässt, weist in die richtige
Richtung. [...] Wenn Sie der Zukunft [...] einen Impuls geben
wollen, sollten Sie darauf achten, sich so oft wie möglich wach
und lebendig zu fühlen.[115]

Wenn ich zum ersten Mal etwas als stimmig erfahre, dann mag
dieses Gefühl noch vergleichsweise schwach sein. Vielleicht
überrascht es mich, fasziniert mich. Mache ich die gleiche Stim-
migkeitserfahrung aber immer wieder, kann das Sensorium
umso stärker darauf ansprechen und das Gefühl vertieft sich.
Auch darin sind die Experimente auf dem Entdeckerweg wie ein
Flirt: Zuerst fühlt man sich nur angezogen, ist noch etwas vorsichtig. Mit der Zeit wird das Gefühl immer rauschhafter, dann
tiefgründiger und verlässlicher, es wird zu einem Teil der eigenen Identität.

Stimmigkeit hat, je intensiver sie erlebt wird, auch eine ästhetische Qualität. Was für mich stimmig ist, ist gleichzeitig schön,
in sich rund, bewundernswert bis hin zum Erhabenen. Es kann
mir ebenso auf eine rationale Weise ästhetisch vorkommen,
wenn ich es als schlüssig, von anerkannten Prinzipien getragen
oder der Vernunft gemäß erlebe.

Woran bemerken Sie, dass etwas für Sie persönlich stimmig ist?
Für Sie liegt Stimmigkeit an anderen Orten als für mich oder für
irgendjemand anderen. Es gibt also keinen Katalog für stimmige
Situationen, den alle Entdecker benutzen könnten. Vertrauen Sie
dennoch darauf, dass Ihnen Stimmigkeit auffallen wird, denn sie
macht sich bemerkbar, wenn Sie nur aufmerksam genug sind.
Hier einige Beispiele, die Ihre Aufmerksamkeit in die richtige
Richtung lenken sollen:

› Wenn Sie eine Tätigkeit ausüben, die Ihnen Energie bringt
  (statt Sie Energie zu kosten, bis Sie erschöpft sind). Zusammenhänge setzen Energien frei. Wilhelm Schmid schreibt:
  »Sinn begeistert. Sinn nährt.«[116] Ein Beispiel: Ausdauersport.

Beim Laufen geht es mir oft so, dass ich währenddessen den Eindruck bekomme, meine Kraft nähme eher zu als ab. Sobald der Körper aufgewärmt und in den Bewegungsrhythmus gekommen ist, »läuft es«, und ich meine, noch stundenlang weitermachen zu können. Es ist, als würde die regelmäßige Bewegung noch zusätzlich Energie produzieren, die mich »am Laufen hält« und mich zusätzlich anspornt.[117]

> Wenn Sie sich verausgaben können, ohne die Erschöpfung, die Sie zum Aufhören zwänge, zu spüren. Tätigkeiten, die Sie von sich aus tun und bei denen Sie bis an Ihre Leistungsgrenze gehen, können das Gefühl der Stimmigkeit mit sich bringen.

> Wenn Sie nachts aufwachen und immer an eine bestimmte Sache denken müssen. Sie stehen am Ende sogar auf, arbeiten weiter daran, bringen ein Projekt voran.

> Wenn Ihnen etwas von sich aus leichtfällt, ohne dass Sie für diese Leichtigkeit sorgen müssten, indem Sie eine bestimmte Fähigkeit lernen oder sich auf die betreffende Tätigkeit vorbereiten.

> Wenn Sie Ihre augenblickliche Tätigkeit mit einer übergreifenden Bedeutung verbinden können, wenn sie in Zusammenhängen steht, die über die Tätigkeit hinausgehen. Das können zeitliche Zusammenhänge sein (»Das Klettergerüst, das ich jetzt im Garten aufbaue, wird noch in vielen Jahren dort stehen und meinen Kindern Freude machen«), personale (»In unserer Band arbeiten wir alle am selben Ding«) oder transzendentale (»In der Natur merke ich, dass ich ein Teil eines größeren Ganzen bin«). Einen wichtigen Bereich Ihrer Identität machen ferner ethische Urteile aus: Sie haben den Eindruck von Stimmigkeit, wenn Ihre Handlungen, Ihre Gefühle und Bewertungen, Ihre moralischen Einschätzungen (dessen, was Sie als gut und richtig ansehen) eine gewisse Kohärenz aufweisen – wenn sie also in sich stimmig sind.

> Wenn Sie das Gefühl einer Richtung haben, der Sie schon länger folgen beziehungsweise bereits gefolgt sind. Ihre Handlungen weisen eine innere Logik und Kohärenz auf, sie ent-

sprechen Ihren moralischen Bewertungen und Ansprüchen, passen zu den Zielen, die Sie sich gesetzt haben, und zu Ihren früheren Handlungen. Der Zusammenhang ist hier der mit Ihrer eigenen Biografie, ist also ein sehr langfristiger.

› Wenn Sie ein Projekt trotz erster anfänglicher Schwierigkeiten fortführen. Dann erkennen Sie möglicherweise intuitiv etwas darin, das zu Ihnen gehört und Ihnen deshalb stimmig vorkommt. Sie sind dann eher als bei anderen Tätigkeiten bereit, Widerstände und Unlust zu ignorieren. Noch ein Beispiel aus dem Laufsport: Sie laufen schon länger regelmäßig und sind gut im Training. Sie stehen dafür jeden zweiten Tag noch mal abends vom Sofa auf. Dazu müssen Sie nicht erst mit Anstrengung Ihren inneren Schweinehund überwinden, weil es zu Ihrer Angewohnheit geworden ist, ihn gar nicht mehr zu bemerken. Kurz: Rituale, die Sie ohne Nachdruck einhalten, sind ein Hinweis auf Stimmigkeit.

› Wenn Sie sich bestimmten Handlungen verweigern. Hier fällt Ihnen Stimmigkeit durch das demonstrierte Gegenteil auf. Etwas, das Ihnen widerstrebt, ist für Sie nicht stimmig. Sie finden in solchen Situationen also Ausschlusskriterien, die ebenfalls sehr aussagekräftig sein können.

› Wenn ein flüchtiger Moment lange in Ihnen nachwirkt. Das kann ein Zufallsmoment sein oder eine Situation, die Sie aufgesucht haben (»Endlich hier am Rande des Grand Canyon stehen!«). Ob der Moment tatsächlich nachwirkt, haben Sie nicht in der Hand. Wenn er es aber tut, dann ist das ein Zeichen dafür, dass in der Situation etwas enthalten war, das für Sie stimmig ist. Bei mir war es zum Beispiel mein erster Marathon. Ich hatte erwartet, dass ich am Ende vollkommen aufgelöst vor Erschöpfung, Stolz und berstender Freude wäre. Stattdessen war ich nur erschöpft. Aber in den letzten 15 Minuten vor dem Start war ich so aufgewühlt, dass sich dieser Moment für immer in mein Gedächtnis eingeprägt hat. Für mich war es stimmig: Es war gut, lange zu trainieren und den Lauf zu machen.

> Wenn Sie den Eindruck haben, was Sie tun und wer Sie sind, macht einen Unterschied für andere. Ihre Mitmenschen reagieren auf etwas, das Sie tun, mit offener Freude oder auch nur einem Lächeln und stiller Dankbarkeit. Nehmen Sie es als mögliches Zeichen dafür, dass Sie ein stimmiger Teil einer Gemeinschaft sind. Wir sind immer Teil einer sozialen Umgebung (Partnerschaft, Freundeskreis, Kollegen und Kolleginnen, Nachbarn, Menschen, die für eine halbe Stunde neben uns in der Straßenbahn sitzen), und sie ist ein wesentlicher Teil unserer Möglichkeiten, ein Gutes Leben zu finden. Stimmigkeit in Gemeinschaften zu finden ist deshalb ein sehr wichtiger Faktor der Annäherung an Ihr Gutes Leben.

> Wenn das, was sich für Sie bereits stimmig anfühlt, von Ihren Mitmenschen akzeptiert wird. An den Rückmeldungen, die andere Ihnen geben, erkennen Sie oft, wie stimmig Ihre Tätigkeiten für Sie bereits sind (»Du scheinst ja richtig darin aufzugehen!«).

> Wenn Sie Angst haben. Angst ist ein Hinweis auf etwas, das Ihnen sehr wichtig ist. Fragen Sie sich also in einem solchen Moment: Was fürchte ich gerade, verlieren zu können? Dieses Etwas ist eine Ihrer Quellen für Stimmigkeit.

> Wenn Sie Heimweh haben nach einem Ort, einem Menschen, einer Tätigkeit. Es ist hier ähnlich wie bei der Angst: Sehnsucht verrät Ihnen etwas über Dinge, die für Sie eine existenzielle Bedeutung haben. Fragen Sie sich auch hier: Welche Dinge sind das und welche Bedeutung haben sie für mich?

> Wenn Sie neugierig sind. Da ist etwas Unbekanntes, das Sie anzieht. Es könnte Sie nicht anziehen, wenn es nicht mit etwas in Beziehung stünde, das Sie bereits kennen.

> Wenn Sie an einem Punkt das Gefühl haben, angekommen zu sein. »Die Spannung des Suchens hat aufgehört« und Sie haben ein etwas verändertes Lebensgefühl.[118]

> Wenn Sie merken, dass Sie etwas wirklich brauchen. Ziehen Sie hier aber unbedingt die Dinge ab, von denen Sie nur denken, dass Sie sie brauchen. Diese können Sie unter »extrin-

sische Faktoren« verbuchen, also unter jenen, die Sie gerade nicht interessieren müssen, wenn Sie Stimmigkeit suchen.

Sie sehen: An Stimmigkeit kommen Sie zum Teil nur über Reflexion heran. Sie müssen erst durch kritische Selbstbefragung herausfinden, was Sie eigentlich nicht und was Sie wirklich brauchen. Das kann eine umfangreiche Aufgabe sein.

Zwei Illustrationen: Zum Thema des Guten Lebens – also der Frage danach, *wie* ich richtig lebe – gehört auch die Frage danach, *wo* ich am besten lebe. An welchem Ort, unter welchen Umständen und mit wem lebe ich am besten? Jemand, der bereits ein gemütliches Zuhause gefunden hat, mag damit zufrieden sein. In jedem Fall lohnt es sich aber, der Frage nach dem »Wo« genauer nachzugehen und das Terrain weiter zu erkunden. Denn ein Gutes Leben zu entdecken heißt, genau zu merken, was Ihr Zuhause denn eigentlich »gemütlich« macht. Das können ganz unterschiedliche Dinge sein.

Im ersten Beispiel sind Sie jemand, der mit seiner Familie zusammenlebt, die aus dem Ehepartner und drei Kindern besteht. Die Kinder sind noch jung, zwischen zwei und elf Jahre alt. Dementsprechend lebendig geht es in Ihrem Alltag zu. Paradoxerweise finden Sie in dem, was Sie anderen gegenüber aus Gewohnheit als »Kinder-Chaos« beschreiben, Ihre größte Ruhe. Trotz aller Aufregung, die sich natürlich immer wieder einstellt, finden Sie erst zu einem stabilen inneren Grund, auf dem Sie stehen können, wenn Ihre Frau und Ihre Kinder Sie umgeben. Im Kontrast bemerken Sie es am ehesten: Alleinsein fühlt sich für Sie so an, als würden Sie einen kratzenden Pullover tragen. Sie müssen ihn anbehalten, Sie haben aber ständig dieses Jucken auf der Haut, das Sie einfach nicht loswerden. Erst wenn Ihre Familie wieder da ist, haben Sie Seelenruhe. An der Seelenruhe in diesen genau bestimmbaren Situationen erkennen Sie Stimmigkeit. Sie brauchen die Anwesenheit Ihrer Familienangehörigen für Ihr Gutes Leben. Oder anders gesagt: Gutes Leben heißt für Sie, mit Menschen zusammen zu sein, die Ihnen nahe sind.

Im zweiten Beispiel wohnen Sie allein in einer abbezahlten Eigentumswohnung. Sie schätzen es, dieses Eigentum zu haben, weil es Ihnen das Gefühl gibt, dass Sie einen Ort haben, der Ihnen in jedem erdenklichen Fall zur Verfügung steht. Ihre Wohnung ist der einzige Ihnen bekannte Ort, an dem Sie bedingungslos tagelang, wochenlang, wahrscheinlich sogar Monate sein könnten. Es ist der Ort, den Sie nicht infrage stellen. Gleichzeitig ist es der Ort, der Sie nicht infrage stellt. An allen anderen Orten haben Sie schnell den Eindruck, eine Rolle spielen zu müssen, Anforderungen genügen zu müssen. Nicht so in Ihrem Zuhause. Diese Gemütsruhe ist ein Zeichen von Stimmigkeit.

Noch ein zweites Stimmigkeitszeichen erleben Sie hier: In Ihrer Wohnung leben Sie auf. Solange Sie sich dort aufhalten, haben Sie Ideen, sind neugieriger, vitaler und leichter zu begeistern als an anderen Orten. Mehr Lebendigkeit ist ein Hinweis darauf, dass dieser Ort für Sie stimmig ist.

Übung

Achten Sie in den nächsten sieben Tagen auf Stimmigkeit. Kaufen Sie sich ein kleines Notizbuch, das Sie in dieser Zeit immer mit sich tragen. Kopieren Sie die Liste von oben und legen Sie sie in das Notizbuch. Welche Zeichen von Stimmigkeit nehmen Sie an sich wahr? Notieren Sie sie in Stichworten. Tragen Sie auch Ort und Zeit und eine kurze Beschreibung der Situation mit ein.

Am Ende der sieben Tage halten Sie Rückschau. Welchen Lebensbereichen (Terrains) können Sie Ihre Stimmigkeitserlebnisse zuordnen: Beruf, Familie, Hobby 1, Hobby 2 und so weiter.

Noch ein kurzes Wort zum »Flow«, an den Sie im Zusammenhang mit Stimmigkeit auch schon gedacht haben mögen. Entgegen dem, was Sie vielleicht spontan dazu denken: Der sogenannte »Flow« – also das Erlebnis eines vollkommenen Aufgehens in dem, was man gerade tut, der Eindruck der Konzentration aller Energie – ist allein kein sehr zuverlässiger Anzeiger für Stimmigkeit.

Der Erfinder des Begriffes, der Psychologe Mihaly Csikszentmihalyi, spricht auch von »autotelischen Erfahrungen«, also solchen, die eine motivierende Spannung in sich tragen, ohne dass die Tätigkeit ein Ziel oder einen Zweck bräuchte, der zusätzlich anspornt.[119] Diese Erfahrungen sind typisch für bestimmte Berufe oder Freizeitbeschäftigungen, zum Beispiel die sogenannten »kreativen« und künstlerischen Berufe. Darin liegt auch eine erste Schwierigkeit mit dem Flow: Er lässt sich zwar auf einige Tätigkeiten übertragen, auf andere allerdings nur schwer. Auch erlebt ihn jeder Einzelne ganz unterschiedlich und bei individuell unterschiedlichen Tätigkeiten. Die Erwartungen an den Flow sind allerdings so hoch geworden, dass er teils schon als *conditio sine qua non* für den eigenen Beruf gesehen wird. So wird der Flow zu einer Messlatte, die niemandem gerecht wird und zum Unglück beiträgt, also das Gegenteil von dem bewirkt, was sich sein Erfinder erhofft hat.

Zweitens ist eine autotelische Erfahrung ein flüchtiges Gefühl. Ein flüchtiges Gefühl kann das Gespür für Stimmigkeit natürlich auf eine richtige Spur bringen. Stimmigkeit – wenn sie mir die Richtung auf ein Gutes Leben weisen soll – braucht aber mehr als eine Gefühlserfahrung. Sie braucht, wie oben dargelegt, den Zusammenhang. Erst wenn ich diesen erfahre, habe ich einen zuverlässigen Hinweis auf mein Gutes Leben. Den momentanen Flow kann ich genießen, so weit, so gut. Der Flow und die mit ihm auftretende Gewissheit, etwas herzustellen, das meinem Kunden einen Nutzen bringt (um ein Beispiel für eine Zusammenhangserfahrung zu geben), machen meine Arbeit erst stimmig.

Drittens: Wird der Flow als sicherer Weg zu mehr Lebensglück herausgestrichen, setzt er Menschen unter Druck, ihn auch erreichen zu müssen. Er wird zu einer Anforderung, der

Folge zu leisten ist, und schließlich zur Überforderung. Flow ist eine beiläufige, ungeplante Begebenheit. Ein herbeibemühter, der Tätigkeit abgepresster Flow ist ein Paradox.

Statt sich also zu sehr um Flow-Situationen zu bemühen, suchen Sie lieber Situationen der Muße. Muße setzt weniger auf ein zwar starkes, aber letztlich flüchtiges Gefühl und mehr auf Handlungen, die nicht instrumentell sind, und auf die stimmigen Erfahrungen, die man dabei macht. Flow ist ein brauchbarer erster Hinweis auf Stimmigkeit. Flow kann auch ein guter Motivator sein. Gerade wenn Sie viel routinemäßige, langweilige Arbeit tun müssen, hilft Ihnen eine Flow-Tätigkeit dann und wann, bei der Stange zu bleiben.[120] Für den langfristigen Weg zu einem Guten Leben nützt Ihnen die Idee der Muße allerdings mehr.

Lassen Sie sich also nicht zu schnell einen Flow ins Ohr setzen.

Was ich dringend brauche, um ein Gutes Leben zu erreichen, ist also ein Sensorium, das mir erlaubt, Stimmigkeit zu erfassen. Über dieses Sensorium verfügen wir alle, wir sind allerdings nicht gewohnt, es zu nutzen. Unsere kontrollitische Haltung verhindert es, weil sie zu sehr auf das Machen und Kontrollieren ausgerichtet ist. Sie erlaubt uns lediglich eine gut eingeübte Vorstellung von Glück, für das Gute Leben sind wir jedoch nahezu taub. Als Erstes brauchen wir also eine Haltung, die die Glückssucht und den Machwahn aufgibt und das Gute Leben in die Mitte unseres Daseins rückt.

Leider kann ich nur selten in aller Ruhe durch die Landschaft streifen und danach Ausschau halten, was für mich stimmig ist. Oft genug macht mir das schon ausführlich zu Wort gekommene Unverfügbare, der Zufall, einen Strich durch die Rechnung. Was fange ich damit an? Widersprechen sich das Gute Leben und das Unverfügbare? Oder gibt es eine Möglichkeit, das eine mit dem anderen zu vereinbaren? Könnte das Unverfügbare sogar dazu beitragen, dass ich Stimmigkeit stärker wahrnehme? Genau das denke ich. In Kapitel 5 sehen Sie, warum.

Der Entdeckersinn in der Zusammenfassung:

› Durch Gespür wissen, wohin ich mich bewegen muss.

› Stimmigkeit hängt ab von konkreten Erfahrungen.

› Stimmigkeit hängt ab von Zusammenhängen.

› Flow ist kein zuverlässiger Anzeiger von Stimmigkeit.

KAPITEL 5

DIE ENTDECKERHALTUNG:
DIE KUNST DER GÜNSTE

DIE PRINZEN VON SERENDIP

Serendip – warmes Meerwasser umfasst die Insel, die selbst die
Gestalt eines tabakblattgrünen Tropfens hat, als würde sie aus
ihrem Kontinent hinaus ins Freie perlen. Die Araber und Perser des Mittelalters kannten sie und gaben ihr diesen Namen:
»Sinhaladvipa«, Insel der Singhalesen, aus dem später »Serendip« wurde. Und aus Serendip wurde eine Insel der fabelhaf-
ten Überfülle und der mannigfaltigen Geschichten. Anfang des
15. Jahrhunderts erreichte der chinesische Entdecker Zheng He
ihre Küste und war beeindruckt von ihrem Reichtum an Zimt,
Kurkuma, Chili, Indigo, Tabak, Reis und Zuckerrohr. 100 Jahre
später eroberten – ebenso angetan – die Portugiesen weite Teile
der Küstenregionen, labten sich an ihren Schätzen und ließen
nur das Königreich Kandy im Landesinneren unbehelligt. Dort
wächst noch heute an den Steilhängen Tee, und in den feuch-
ten Wäldern wachen Schlangen und Leoparden über uner-
forschte Geheimnisse. Wer sich heute der Insel nähert, trifft
wie in Vorzeiten als Erstes auf die Stockfischer, die schweigsam
auf ihren Pfählen zwischen Himmel und Wasser hocken und
nach den Fischen trachten, die unter ihnen vorbeihuschen. Sie
scheinen zu wissen: Wer nach Serendip kommt, wird reicher

wieder gehen. In jedem Fall wird er um eine Geschichte reicher sein.

Das eine oder andere der Märchen von der grünen Insel im Indischen Ozean erreichte die Inder, über sie die Perser, über sie die Araber und über sie schließlich die europäischen Gelehrten. Durch so viele Hände sind sie gegangen, dass niemand mehr weiß, ob sie tatsächlich ihren Ursprung dort haben oder ihre Handlung von indischen oder persischen Erzählern nach Serendip versetzt wurde. Die *Geschichte der drei Prinzen von Serendip* ist ein solches Märchen.

Auf Serendip herrschte einst ein mächtiger König mit Namen Giaffer. Er hatte drei Söhne, die ihm alle lieb und teuer waren. Alle drei waren gleichermaßen wohlgeraten, gerecht und klug. So erfüllte es ihn mit Schmerz, als er sie des Landes verweisen musste, um sie zu lehren, gute Könige zu werden.

Die drei Prinzen zogen in die Verbannung. Als sie in das Reich des Königs Beramo kamen, stießen sie auf einen Kameltreiber, der sein Kamel verloren hatte. Er beklagte sich bei den drei Prinzen. Da sie vor Kurzem erst den Weg gekommen waren, den auch der Kameltreiber genommen hatte, fragte der erste Prinz: »Ist dein Kamel blind oder hat ein Auge verloren?« Der zweite Prinz fragte: »Hat es einen Zahn verloren?« Der dritte Prinz fragte: »Ist es lahm?« Der Kameltreiber staunte und sagte: »Ja, genau so ist es.« Da sagten die Prinzen, dass sie das verlorene Kamel wohl gesehen hätten, und wiesen ihm die Stelle. Der Kameltreiber machte sich auf, das Kamel zu suchen.

Am nächsten Tag kehrte er ohne das Tier zu den Prinzen zurück und beklagte sich: »Ihr habt mich betrogen. Mein Kamel war nicht an der Stelle, die ihr mir gewiesen habt.« »Das ist nicht wahr«, sagte der erste Prinz. »War es nicht beladen mit Butter auf der einen und Honig auf der anderen Seite?« Der zweite Prinz fragte: »Und trug es nicht eine Frau auf seinem Rücken?« Der dritte Prinz fragte: »Und war die Frau nicht schwanger?« Der Kameltreiber staunte abermals und dachte bei sich: Das müssen Diebe sein, dass sie so viel über mein Kamel wissen. Da ging er zum Richter und ließ die drei Prinzen festnehmen. Durch den Richter erfuhr nun aber auch der König Beramo von den drei Prinzen und ließ sie zu sich bringen. Er hörte sich an, was sie zu sagen hatten, und staunte, dass sie so viel über das Kamel wussten. Daraufhin ließ er sie als Diebe ins Gefängnis werfen.

Am nächsten Tag kam der Nachbar des Kameltreibers zu dem Kameltreiber und sprach: »Sieh, ich habe dein Kamel gefunden an der Straße, auf der du mit deinen Waren Handel treibst.« Der Kameltreiber ging daraufhin zum König und berichtete ihm, dass sein Kamel wieder aufgetaucht sei. Also ließ der König die drei Prinzen frei, aber er verlangte zu wissen, woher sie so viel über das Kamel des Kameltreibers wüssten. Da sagte der erste Prinz: »Das Gras neben der Straße war nur auf der einen Seite abgegrast, obwohl es dort schlecht war. Deshalb musste das Kamel auf dieser Seite blind sein oder ein Auge verloren haben.« Der zweite Prinz sagte: »Ich fand unzerkaute Büschel von Gras am Rand der Straße. Deshalb musste das Kamel einen Zahn verloren haben.« Der dritte Prinz sagte: »Ich sah drei Fußabdrücke und Spuren, die ein nachgezogener Fuß macht. Deshalb musste das Kamel lahm sein.« Der erste Prinz sagte wiederum: »Ich sah auf der einen Seite der Spur Ameisen, die gerne Fett fressen, und auf der anderen Seite Fliegen, die gerne Zucker fressen. Deshalb musste das Kamel auf der einen Seite Butter und auf der anderen Seite Honig geladen haben.« Der zweite Prinz sagte: »Ich sah Fußabdrücke an einer Stelle, an der das Kamel gehalten hatte, die so klein waren, dass sie nur einer Frau oder einem Kind gehören konnten. In einer Mulde fand ich Urin, roch daran und eine fleischliche Lust überkam mich. Deshalb konnte das Kamel nur eine Frau auf seinem Rücken getragen haben.« Der dritte Prinz sagte: »Ich sah Abdrücke von Händen neben dem Urinfleck, von einer Frau, die sich beim Aufstehen aufgestützt hat. Deshalb muss die Frau schwanger gewesen sein.«

Der König war voller Bewunderung für den Scharfsinn der

drei Prinzen, ließ sie in seinen Palastgemächern schlafen und sie waren fortan hochgeschätzte Gäste in seinem Haus.

Die *Geschichte der drei Prinzen von Serendip* ist in Europa zum ersten Mal im Jahre 1557 von einem Venezianer namens Michele Tramezzino unter dem Titel *Peregrinaggio di tre giovani figliuoli del re di Serendippo* veröffentlicht worden. Tramezzino war ein Sammler orientalischer Erzählungen. Woher die *Peregrinaggio* jedoch ursprünglich stammte, bleibt unklar. Man muss davon ausgehen, dass mehrere Quellen in sie eingeflossen sind. Interessant wird ihre Historie durch den englischen Autor Horace Walpole, der die *Peregrinaggio* Mitte des 18. Jahrhunderts wiederentdeckte. Walpole ist für uns eine wichtige Figur, weil er durch die drei Prinzen von Serendip zum Erfinder eines Schlüsselwortes wurde: der »Serendipität«.

Mit »Serendipität« hat uns Walpole ein kompliziertes Kunstwort hinterlassen. Wäre er 200 Jahre später geboren worden, würde es nach dem moderneren Namen der Insel »Ceylonität« lauten. So oder so klingt es ein wenig mysteriös, ähnlich verschlossen wie die Märchenwelt, die als Namensgeber hergehalten hat. Den Schlüssel für die Bedeutung des geheimnisvollen Wortes liefert Walpole jedoch gleich mit. Er liegt in den fremdartig anmutenden Episoden um die drei Prinzen. Sie sind voll von Ereignissen mit der immer gleichen Struktur: Die Prinzen machen zufällig auf ihrem Weg Entdeckungen oder stoßen beiläufig auf Erkenntnisse, mit denen sie im Vorhinein nicht rechnen konnten. Zum Beispiel beobachten sie eine Menge feiner Details, anhand derer sie später ein einzelnes Kamel wiedererkennen können – mit einer Kombinationsgabe, die Sherlock Holmes alle Ehre gemacht hätte. Ihre Beobachtungen nutzen dem Besitzer des verloren gegangenen Kamels zwar nichts (das Tier wird schließlich per Zufall von einem Nachbarn gefunden). Den Prinzen selbst aber wird die ganze Aufmerksamkeit und Bewunderung des Königs Beramo zuteil. Sie ziehen also selbst einen Vorteil aus den Entdeckungen, die ihnen Fortuna schenkt, und ihrer Beobachtungsgabe, die ihnen mitgegeben ist. Aus zufälligen Ereignissen entsteht so eine Wendung in der Geschichte.

Genau das ist Serendipität: Menschen finden en passant etwas, das mit dem, womit sie gerade beschäftigt sind, nichts zu tun hat. Ihre Beobachtungsgabe erlaubt ihnen, es wahrzunehmen (während andere einfach daran vorbeigehen). Das Gefundene stellt sich als glückliche Fügung heraus, weil es ihnen (oder anderen) einen Vorteil bringt.

Ein Glück, das vom Himmel fällt, ist Serendipität jedoch nicht, kein gebratenes Hähnchen, das einem in den Mund flattert, während man rund und satt unter einem Baum liegt. Serendipität passiert, aber sie passiert nicht grundlos. Der Finder muss etwas tun, damit das glückliche Ereignis stattfinden kann – wenn auch gerade nicht das, was ihn auf direktem Wege zu seinem Fund geführt hätte. Zum Unglück ihrer Patienten machen Ärzte bisweilen dieselbe Erfahrung. Meine Mutter hat einmal 15 Jahre damit zugebracht, mit einer diagnostizierten Osteoporose und durchdringenden Schmerzen im Rücken und in den Beinen von einem Radiologen zum anderen zu wandern. Trotz ungezählter Computertomografien, Szintigrafien und Röntgenuntersuchungen konnte ihr niemand sagen, woher die Schmerzen rührten. Also kämpfte sie sich mit schmerzstillenden Pillen sowie gelegentlichen Akupunkturanwendungen und Spritzen durch den Alltag. Bis sie eines Tages wegen völlig anderer Beschwerden operiert werden musste. Es gab Komplikationen nach dem Eingriff, meine Mutter musste noch einmal für eine Woche ins Krankenhaus und bekam dort Infusionen von Antibiotika, eine sehr hohe Dosis der entzündungshemmenden Mittel also. Nach dieser Woche, und buchstäblich vollgepumpt mit Keimkillern, stellte meine Mutter fest, dass die rätselhaften Schmerzen verschwunden waren. Auch die Entzündungen an der Wirbelsäule und den Gelenken, die man auf ihrer Radiologenodyssee bereits gefunden hatte, ohne etwas dagegen unternehmen zu können, waren Geschichte. 15 Jahre Reise durch das Diagnosehinterland, und am Ende reicht eine simple Spülung mit Antibiotika – Medizin kann manchmal Wunder vollbringen.

Der glückliche Finder muss jedoch nicht nur etwas tun, wie etwa sich einer Operation zu unterziehen. Er muss etwas mitbringen. Die Prinzen brachten eine Eigenschaft mit, die Walpole in seiner Schrift »sagacity« nannte, was in der Übersetzung mit »Scharfsinn« wiedergegeben wird. Das trifft es jedoch noch nicht ganz. Scharfsinn ist eben die Eigenschaft, mit der Sherlock Holmes seine Fälle so staunenswert elegant löst. Was an den Prinzen verblüfft, ist dagegen ihre Findigkeit.

»Findigkeit« ist ein gutes Wort für das, was ein serendipitäres Ereignis ausmacht. Es enthält alles, was es zum Finden braucht: die Neugier; die Offenheit für das Finden, also die Fähigkeit, Ungesehenes zuerst wahrzunehmen und dann nicht sofort zu verwerfen, sondern genauer in Augenschein zu nehmen; die Kenntnis der richtigen Orte und der richtigen Zeiten für das Finden, also die Gelegenheiten, die einen glücklichen Fund wahrscheinlicher machen.

Entdecker sind findig, wie auch die Wissenschaftler, die einen durchschlagenden Fund machen. Alexander Fleming war findig, als er 1928 das Penicillin entdeckte. Sein Glückshelfer war der Schimmelpilz *Penicillium notatum*, der sich in einer von Flemings Staphylokokken-Kulturen eingenistet hatte. Das antibakterielle Pilzgift sorgte dafür, dass die Erreger sich in der Kultur nicht weiter ausbreiten konnten. Das Mittel gegen Bakterienbefall war Fleming zugelaufen.

In der Wissenschaft kennt man Geschichten über Serendipität sehr gut. Manche von ihnen erreichen geradezu den Status von Legenden, wie etwa Flemings Entdeckungsgeschichte. Manche werden zu Gründungsmythen eines neuen Fachgebietes. Viele Neuerungen, die heute zum selbstverständlichen Repertoire der Industriemoderne gehören, haben auf diese Weise in die Welt gefunden: Nylon, Teflon, die Antibabypille, das Post-it, Lachgas, die Radiowellen, die von Sternen ausgestrahlt werden, oder Viagra, um nur einige wenige zu nennen.

Die Disziplinen sind stolz auf ihre Entdecker. Das ist kein Wunder, gründet sich doch viel Reputation auf die Aufdeckung neuer Wahrheiten über die Welt. Dorthin zu gehen, wo nie ein Mensch zuvor gewesen ist, bleibt auch für aufgeklärte Geister ein romantisches Ideal der Forschung. Die Erwartung des Neuen und Ungesehenen gehört für Forscher zur Routine, wenn es auch seltener eintrifft als vielleicht erhofft. Wissenschaftler sind somit auf besondere Weise vorbereitet auf den glücklichen Zufall einer Entdeckung. Und so ist es *kein* Zufall, dass einer der bekanntesten Sinnsprüche über Serendipität von einem Naturwissenschaftler und Mediziner stammt, Louis Pasteur, der 1854 in einer Vorlesung der Universität Lille sagte: »Dans le champs de l'observation, le hasard favorise que les esprits préparés.« – »In der empirischen Forschung begünstigt der Zufall nur den vorbereiteten Geist.«

Wie passt das zusammen: etwas zu finden, das mit dem, womit man gerade beschäftigt ist, nichts zu tun hat, und gleichzeitig genau darauf vorbereitet zu sein? Natürlich sind Sie auf keinen Fall auf ihn vorbereitet, wenn Ihnen ein glücklicher Zufall widerfährt. Er setzt im Gegenteil voraus, dass Sie gerade *nicht* fokussiert sind. Das, was geschieht, geschieht, ohne dass Sie es erwarten. Serendipität bedeutet dagegen, dass Sie die Überraschung annehmen, sie in ihren Einzelheiten aufnehmen und auf sie reagieren in einer Weise, die das Vorteilhafte, das in ihr liegt, zum Tragen bringt. Es ist gerade die unspezifische Offenheit, auf die es ankommt.

Die Haltung ist der fruchtbare Boden, auf die der Fund-Samen fallen muss, damit aus einem ungeplanten Ereignis ein glückliches wird. Erst durch das Loslassen von konkreten Erwartungen erwirbt man die Empfänglichkeit für das Überraschende. Wie in einer buddhistischen Meditation, in der jeder Gedanke, der von sich aus aufkommt, lediglich betrachtet, nicht aber festgehalten wird, muss der Geist bereit sein, zu betrachten, was ihm begegnet. Anders als in einer buddhistischen Meditation hakt er bei einem serendipitären Ereignis aber ein, weil es eine Gelegenheit enthält, die vorher nicht da war. Der Geist lässt fließen und ist aufnahmefähig, gleichsam aber auch darauf vorbereitet, festzuhalten.

Ausdauersportler werden das Gefühl kennen: Wenn der Körper über ein paar Stunden Gelegenheit gehabt hat, rundzulaufen in einer anstrengenden Beschäftigung, die man über eine gewisse Zeit durchhalten kann – wie dem Langstreckenlauf –, dann gerät auch der Geist in einen Zustand, in dem er sehr empfänglich ist für minutiöse Veränderungen in der eigenen Stimmung oder in der eigenen Umgebung. Ich mag es, lange Strecken zu laufen. Beim Laufen habe ich einige der ungewöhnlichen und emotionalen Erfahrungen gemacht, die mich seither begleiten. Als ich einmal für einen Langstreckenlauf trainiert habe, stieß ich nach etwa zweieinhalb Stunden langsamen Laufs auf die Autobahnbaustelle, die damals in der Nähe meiner Wohnung durch die Wälder schnitt. Heute rollen täglich Tausende Reifen über den Asphalt, damals war er noch völlig unberührt, ein breites, anthrazitfarbenes Band. Es war ein später Abend im August, schon dunkel, warm, das Mondlicht stanzte scharfe Schatten in die Landschaft. Ich stieg die Böschung hinauf, schwitzend, angestrengt, den Laufffluss durch das Steigen kurz unterbrochen, und stand mit einem Mal auf der gigantischen, schimmernden Fläche, die nach rechts und links im Nirgendwo verschwand. Ich lief weiter, und plötzlich musste ich lachen. Glucksend wie ein kleiner Junge, ganz aufgegangen in einem seligen Moment. Bis heute weiß ich nicht, warum ich gelacht habe, aber ich erinnere mich an das Gefühl der lichten und reinen Freude, das ich dabei empfunden habe. Ich bin mir sicher: Das Gefühl wäre nicht gekommen, hätte ich einfach nur einen Spaziergang zu der Stelle gemacht und wäre – verbotenerweise übrigens, die Polizei möge Nachsicht mit mir haben – ein wenig über den Asphalt flaniert. Es musste in der Nacht passieren, ich musste schon ins Laufdelirium gefallen sein, der Mond musste scheinen und ich weiß nicht was sonst noch. So kam das Lachen einfach von ganz allein.

Selten habe ich eine Situation so eindringlich wahrgenommen, selten habe ich ein Gefühl so klar und schlicht erlebt.

In der Regel ist die Art von Empfänglichkeit, die ich hier meine, nicht einfach von sich aus gegeben. Sie kann aber hergestellt werden. In der Muße sind die Voraussetzungen dafür am geeignetsten. Eine Zeit des aufmerksamen Geschehenlassens nährt den glücklichen Zufall. Dann sind Sie es, die ihn selbst herstellen. Das muss nicht durch einen stundenlangen Lauf sein, eine Meditation oder die jahrelange Arbeit in einem Labor. Serendipität kommt schon ins Rollen, wenn Sie sich nur eine Stunde der Muße gönnen.

Ein glücklicher Zufall nach Art der Serendipität ähnelt sehr dem Sich-Verlieben: Das Gefühl des Schwärmens und des Zueinanderwollens stellt sich ohne Grund ein und ohne eine Erwartung. Dennoch ist die Resonanz bei einem Verliebten so stark, als hätte ein Trommelstock einen Klangkörper berührt. Der Verliebte ist dazu schon bereit gewesen, es musste ihn nur noch etwas treffen. Man sieht den Unterschied an Menschen, die nicht bereit sind, sich zu verlieben, weil sie etwa gerade eine Trennung hinter sich gebracht haben oder mit drängenden Problemen überfrachtet sind. Sie verlieben sich dann in der Regel auch nicht. Nur ein Klangkörper kann widerschwingen.

Der Klang erfüllt den ganzen Körper und richtet alle Wahrnehmungen aus auf den Ton, das glückliche Ereignis, und schärft sie dafür. Der Verliebte ist durch das Ereignis extrem fokussiert und darauf eingestellt, alle Chancen, die in diesem Ereignis liegen, in die Wirklichkeit zu überführen. Er wird zum Handeln bewegt, Passivität erlaubt ihm die Dringlichkeit seiner Gefühle nicht. Mit anderen Worten: Er begreift das Ereignis als Gelegenheit, der er nachgehen muss.

Ein serendipitäres Ereignis steht in Korrespondenz mit unserer Neugier, dem Appetit auf das Unbekannte. Eine Anomalie in einer Messreihe stößt uns in ähnlicher Weise über die Grenze des Erwarteten und des Mittelmaßes hinaus wie ein Mensch, den wir treffen und den wir attraktiv finden. Energien und Wille werden freigesetzt, den Zufallsfund besser kennenzulernen und seine unbekannten Seiten zu ergründen. Der Finder macht sich mit dem Fund vertraut und entdeckt, dass er etwas mit ihm anfangen kann, das heißt, dass er eine Bedeutung für ihn hat, die über das bloße Fundereignis hinausgeht und in die Zukunft weist. Der Fund und seine Auswirkungen werden ihn weiter beschäftigen. Serendipität fordert Anschlusshandlungen heraus.

In Flemings Petrischalen hatte sich höchstwahrscheinlich aufgrund einer Verunreinigung mit Sporen der Pilz *Penicillium notatum* eingenistet. Dieser hatte Zeit genug, dort zu wachsen und sich auszubreiten, weil das Labor tagelang unbenutzt blieb. Die Anomalie, sprich das Ungewöhnliche an den Beobachtungen, die Fleming danach machen konnte, war der Ring aus sauberem Nährsubstrat um die Pilzkolonie herum, in dem kein Bakterium mehr lebte. Fleming, so geht die Legende, wusste zunächst nicht genau, was er mit der Beobachtung anfangen sollte. Was er jedoch sehr schnell ahnte, war, dass er auf eine bedeutsame Entdeckung auf seiner Suche nach einem Mittel gegen Bakterien gestoßen war. Ähnliche Beobachtungen hatten er und andere Forscher (unter anderem auch Louis Pasteur) bereits früher machen können. Eine vollkommene Überraschung ist der Effekt der *Penicillium*-Pilze für ihn folglich nicht gewesen. Fleming wusste, dass chemische Substanzen, die in Pilzen oder Pflanzen vorkommen, antibakterielle Wirkungen haben. Er war auf eine solche Beobachtung vorbereitet. Deshalb konnte er mit dem Befund etwas anfangen, und deshalb ist er ihm sofort nachgegangen, um schließlich die Substanz, die noch heute den Namen »Penicillin« trägt, zu extrahieren und zu beschreiben. Fortuna mag ihm den Pilz geschickt haben, es war jedoch Fleming selbst, der den Wink des Schicksals erkannt und ihn zu einer wichtigen medizinischen Entdeckung gemacht hat.

Der Entdecker des Penicillins verfügte also über spezielle Vorerfahrungen, seine allgemeinen Kenntnisse als Experte für Medizin und den Willen zur Entdeckung. Dazu kam der Fund, der ihm ohne eigenes Zutun auf den Labortisch flatterte. Geschickt kombinierte er all das dann zu einer Forschungsleistung, die später als einer der großen Durchbrüche des letzten Jahrhunderts in die Wissenschaftsgeschichte einging. Die drei Prinzen von Serendip kombinieren ebenso findig kleine Beobachtungen, die sie am Wegesrand machen, mit ihrem Vorwissen über Kamele, ihre Anatomie, ihr Verhalten und den Kenntnissen darüber, wofür man Kamele benutzt. Die Prinzen gehen genau wie Alexander Fleming kreativ mit ihren Wahrnehmungen um, indem sie diese Kombinationen schaffen. Sie kreieren im Wortsinne Neues aus ihnen. Dieser schaffenden Leistung tut auch die Tatsache keinen Abbruch, dass die Prinzen sie lausbubenhaft dafür benutzen, ihren Schabernack zu treiben. Sie sagen dem Herrscher, dass sie den Kameltreiber zuerst nur an die Stelle, an der sie die Spuren des Kamels sahen, zurückgeschickt haben, um ihn ein bisschen vorzuführen (woraus sie schließlich selbst einen Nachteil ziehen: Sie landen im Gefängnis). Dennoch ist auch ihr Beispiel ein Urtyp von Serendipität – nicht nur, weil es bei Walpole, dem Erfinder des Wortes, vorkommt. Auch die Prinzen erkennen, dass ihre beiläufigen Beobachtungen dadurch eine Bedeutung bekommen, dass sie einen Mann treffen, der sein Kamel sucht. Sie spinnen daraus neue Möglichkeiten, zu handeln, das Kamel eventuell wiederzufinden, und damit neue Möglichkeiten für einen Dritten, sich selbst zu helfen. Ihre Beobachtungen erlauben Anschlusshandlungen, die für sie und andere von Wert sind.

Damit etwas den Namen »Serendipität« erhält und nicht bloß irgendein zufälliges Ereignis bleibt, ist seine nachträgliche Beurteilung wichtig. Die vielen Entdeckergeschichten sind nicht schon im Moment des ersten »Heureka« Entdeckergeschichten. Dazu werden sie erst später durch die Erzählung von ihnen. Der glückliche Zufall ist erst dann ein glücklicher, wenn man sich sicher ist, dass er etwas gebracht hat. »Wichtig ist, dass wir wissen, dass wir das Richtige gefunden haben, wenn wir es gefunden haben.«[121] Erst wenn man sagen kann: »Ich war der Richtige mit der richtigen Haltung zur richtigen Zeit am richtigen Ort«, dann ist es Serendipität.

AGILE OFFENHEIT

Das Unverfügbare wird Ihnen auf dem Entdeckerweg immer wieder begegnen. Lange fernhalten lässt es sich nicht. Es klebt an Ihren Schuhen, es steht wartend da, angelehnt an den nächsten Baum, es winkt Ihnen schon aus der Ferne wie der Igel dem Hasen. Manchmal – selten – bringt es Schicksalsschläge mit sich, die Sie komplett aus der Spur werfen oder für eine Weile zu Boden strecken. Manchmal stellt es – das mildere Unverfügbare – Sie vor Ereignisse, die Ihnen in die Quere kommen, die lästig und störend sind. Aber oft genug hält es auch Gelegenheiten bereit, die Sie dem Guten Leben näher bringen. Dann steht das Unverfügbare neben dem Baum und zeigt mit dem Arm in eine Richtung, die Sie noch nicht in Augenschein genommen haben. Ihr Gespür spricht darauf an und sagt Ihnen, dass es stimmig ist für Sie, dem Hinweis zu folgen. Sie müssen jetzt also nur noch eins tun: die Richtung ändern.

Damit sich Serendipität einstellt, müssen die Situation und Sie also genau drei Voraussetzungen erfüllen:

1. Eine Gelegenheit muss von sich aus kommen – diesen Punkt haben Sie nicht in der Hand, er hängt ganz vom Unverfügbaren ab.
2. Sie müssen die Stimmigkeit erkennen, die in der Gelegenheit liegt.
3. Sie müssen aktiv der Gelegenheit folgen – um den Preis der Aufgabe Ihrer alten Richtung, aber mit der gesteigerten Chance, dass Sie nun dem Guten Leben entgegengehen.

Wie also soll man [Fortuna] begegnen? Mit einem wachsa-
men Auge für die nahende Gelegenheit und mit der Flexibili-
tät, welche die Anpassung an die sich beständig wandelnden
Umstände verlangt.[122]

Vor gut zehn Jahren ist mir Fortuna einmal mehr über den Weg
gelaufen. Ich musste mich damals gerade eine Zeit lang mit
gering bezahlten Jobs über Wasser halten, nachdem ich vorher
eine befristete Anstellung an der Universität gehabt hatte. Aufgrund dieser Anstellung war ich berechtigt, Arbeitslosengeld zu
beziehen, was mir aber gar nicht klar war. Ich hatte diese Möglichkeit einfach nicht »auf dem Schirm«, vermutlich weil ich
mich nie in der Kategorie »Arbeitsloser« gesehen hatte. Erst
mein Bruder, der als Berater in der Arbeitsagentur angestellt ist,
hat mich darauf gestoßen: »Stell den Antrag! Du hast doch die
zwölf Monate Mindestarbeitszeit zusammen.« Er hat mir dann
auch gleich einen Tipp für die Zeit nach dem Jahr ALG-I-Bezug
gegeben: Gründe doch eine Ich-AG. Die gab es damals nämlich
noch.

Und das war die Gelegenheit, auf die ich, ohne es zu wissen,
gewartet hatte. Schon seit längerer Zeit schrieb ich an Manu-
skripten für einen Roman und ein Sachbuch und hätte gerne
professionell geschrieben. Genug Zeit für das Schreiben zu haben und dafür bezahlt zu werden: traumhaft und unrealistisch.
Unrealistisch? Jetzt bot sich eine Chance dafür. Das Geld aus
dem Existenzgründungszuschuss, der sogenannten »Ich-AG«,
würde mir helfen, die erste Zeit zu überbrücken, und mir den
Einstieg wesentlich erleichtern. Also ging ich in die Selbständigkeit. Überlegt habe ich nicht lange. Zu dem Zeitpunkt kam alles
so zusammen, wie es günstiger nicht hätte sein können. Wenn
nicht jetzt selbständig werden, wann dann?

Heute schreibe ich an meinem vierten Sachbuch (dem, in dem
Sie gerade lesen), ein Fachbuch über Karrierecoaching ist gerade erschienen. Nur der lang geplante Roman muss wieder einmal hintanstehen. Der erste Gang in die Selbständigkeit ist nicht

der einzige geblieben. Ich habe inzwischen noch zwei zusätzliche freiberufliche Tätigkeiten aufgenommen. Das hätte ich, vermute ich, nicht so ohne Weiteres getan, wäre ich damals nicht schon einmal in das berühmte kalte Wasser gesprungen. Einmal eine gute Gelegenheit wahrgenommen zu haben (die mich heute noch trägt), hat mir die Zuversicht gegeben, dass es auch ein weiteres Mal gelingen wird. Mit jeder beruflichen Gelegenheit, der ich nachgegangen bin, bin ich einen weiteren Schritt auf mein Gutes Leben zugegangen.

Das Entscheidende an den Episoden, in denen Ihnen günstige Gelegenheiten – ich möchte sie »Günste« nennen – begegnen, ist nicht die Gunst selbst, sondern Ihre Haltung dazu. Diese beginnt mit Neugier und dem Hunger auf Neues, einer noch *unspezifischen Offenheit* also (1) – wie oben bereits erwähnt. Auf dem Entdeckerweg werden Sie zweitens eine *spezifische Offenheit* entwickeln, nämlich Ihre *Wahrnehmungsfähigkeit* für Günste (2). Der dritte Teil der Haltung, die Sie auf dem Entdeckerweg entwickeln werden, ist Ihre Bereitschaft, diese Wahrnehmungsfähigkeit zu gebrauchen, sprich Ihre Bereitschaft, *agil* zu sein und nach der Gunst *zu handeln*, die Ihnen begegnet (3). Offenheit und Agilität sind gleichermaßen wichtig. Deshalb nenne ich diese Haltung die »Haltung der agilen Offenheit«.

1. Die Neugier ist für Entdecker eine echte Tugend. Für mich steckt sie allein schon in dem Wort »Entdecker« (stellen Sie sich einen Kolumbus oder Livingstone ohne Neugier vor!). Sie ist das Fundament der agilen Offenheit.
   Vielleicht sollten wir aber besser von einem »Hunger auf Funde« oder einer »Neigung zum Unbekannten« sprechen. Mit »Neugier« meine ich nämlich nicht die Neugier eines hungrigen Kindes, das in den Topf guckt, um zu sehen, was drin ist. Ich meine eine generelle Empfänglichkeit für das Überraschende. Das guckende Kind erwartet, im Topf etwas sehr Konkretes vorzufinden: Essen. Es weiß schon, dass in Töpfen Leckereien zubereitet werden. Davon möchte es etwas abha-

ben. Die Entdeckerneugier ist dagegen noch auf keine konkrete Erwartung ausgerichtet. Das Neue ist noch unspezifisch, es ist wirklich neu: Ich weiß noch nicht, *was* mich erwartet, nur, *dass* mich etwas erwartet. Das heißt, ich muss mit dem Unerwartbaren rechnen. Und es heißt auch, dass ich mich von konkreten Vorausschauen lösen muss.

Mit der Haltung der Entdeckerneugier akzeptieren Sie den Zufall in all seiner Konsequenz. Es wird etwas passieren, das Ihnen zufällt. Wenn Sie diesen Teil der agilen Bereitschaft skeptisch beurteilen, dann sind Sie allerdings nicht allein. Wir sind nicht daran gewöhnt, eine unspezifische Offenheit zuzulassen. Die Gewohnheit an die Kontrollitis hindert uns daran, die Entdeckerneugier so weit zu praktizieren, wie es eigentlich gut wäre. Wir gehen lieber weiter auf geraden, ausgeschilderten Wegen, statt uns wie Flaneure zuerst mit dem Gehen und Schauen zu beschäftigen. Der Flaneur hat noch die Fähigkeit, »zumindest zeitweise auf (eigene) Ziele zu verzichten und das Ganze in den Blick zu nehmen«. Diese Fertigkeit, »mit dem Zufall umzugehen«, sollten wir kultivieren, schreibt auch die Philosophin Barbara Reiter.[123] Dazu gehört zuvorderst das »Geltenlassen und nicht zähmen«.

Die unspezifische Offenheit der Entdeckerneugier ist sehr wichtig für Sie. Viele der Dinge, die einen Fortschritt zum Guten Leben für Sie bedeuten, werden für Sie noch im Dunkeln liegen. Denn wenn Sie sie alle schon kennen, was hindert Sie dann noch an einem Guten Leben?

Es gibt eine sehr zuverlässige Methode, auf dem Weg zum Guten Leben keinen Schritt weiterzukommen: Machen Sie dicht! Sobald Sie das Neue, den Zufall und die Erfahrung ausschließen, bleiben Sie einfach mitten in der Entdeckerlandschaft stehen. Damit erweisen Sie sich einen Bärendienst. Dichtmachen würden Sie bereits in dem Moment, in dem Sie meinen, einen glasklaren und wasserdichten Plan für das Gute Leben zu haben. »In einem Jahr ist die Fortbildung zu Ende, dann steige ich in die Immobilienbranche ein und schraube innerhalb von drei Jahren mein Einkommen so hoch, dass ich ein glückliches Leben führen werde. Ich werde mir mit dem Geld alle Top-Fünf-Wünsche von meiner Traumliste erfüllen können und so noch glücklicher werden.« Sobald Sie sich sagen: »Jetzt weiß ich, wie es geht!«, und beginnen, eine Checkliste abzuarbeiten, schließen Sie die Tür vor dem Neuen und Unbekannten. Etappenziele sind gut, ein mit lauter Zielen vollgeräumter Lebensplan ist es nicht. Pläne, feste Ziele oder angenommenes Vorwissen sind *geschlossen*. Was Sie brauchen, ist agile *Offenheit*.

2. Mit der unspezifischen Offenheit der Entdeckerneugier eröffnet sich Ihnen eine Welt neuer Möglichkeiten. Die Unvoreingenommenheit, die in ihr liegt, beschert Ihnen einen Perspektivwechsel und lässt Sie die Dinge anders wahrnehmen. Was vorher noch unbedeutend für Ihr Leben schien, können Sie jetzt direkt damit verknüpfen.

Nehmen wir an, ein Kollege von Ihnen erzählt gern folgende kleine Geschichte: Wegen einer Panne musste er vor einigen Jahren einmal auf der Landstraße anhalten, mitten auf der Strecke zwischen zwei Dörfern. Die Zylinderköpfe. Es sah böse aus, der Wagen war ohnehin schon alt und anfällig. Weiterfahren kam nicht infrage, also rief er die Servicenummer an. Man werde ihm den Pannenhelfer schicken, er müsse aber mit etwa einer Dreiviertelstunde rechnen. Er richtete sich auf langes Warten ein. Seine Möglichkeiten: den Rest der Tageszeitung zu Ende lesen oder draußen ein paar Schritte gehen. Er entschied sich für Letzteres. Und das, betont er gestenreich, sei genau die richtige Entscheidung gewesen. Wie er so in einen lockeren Spaziergang fällt und in die Landschaft schaut, fällt ihm als Erstes auf, dass er gerade etwas tut, das er zuvor noch nie derart intensiv getan hat: in die Landschaft schauen eben. Er sitzt sonst entweder im Büro oder im Auto oder zu Hause vor dem Rechner und sieht daher jeden Tag ausschließlich auf Dinge, die direkt vor ihm liegen – Bildschirme, Armaturenbretter, Straßen. Hier draußen wird sein Blick weit und ihm wird mit einem

Mal klar, wie schön er die Landschaft gerade in diesem Landstrich findet und wie sehr er diese Ausblicke vermisst hat. Er geht weiter und weiter, kann sich kaum losreißen und verpasst fast den Augenblick, in dem es Zeit ist, umzudrehen und zum Auto zurückzukehren. Er sieht den gelben Wagen des Pannenhelfers von Weitem und läuft zurück, aber auch im Laufen saugt er noch das Panorama um sich herum ein.

Als er wieder zu Hause ist, tut er zwei Dinge. Er kauft sich einen neuen Wagen (es war längst an der Zeit). Und er beginnt, regelmäßig mindestens einen Wochenendtag in der Natur zu verbringen. Seine Wochenenden sind jetzt ausgefüllt mit Panoramablicken, er lernt in der Umgebung seiner Stadt bei fast jedem Ausflug einen neuen Ort kennen, der ihn mit seiner Schönheit fesselt und den er in seiner Erinnerung mit nach Hause nimmt. Von Landschaften ist er leicht zu begeistern: ein blühendes Rapsfeld, der weite Bogen einer Waldkante, ein versteckter Teich in einem Eschenhain. Er macht sogar ein Hobby daraus und fängt an, sich mit Landschaftsfotografie zu beschäftigen. Zwei gute Kameras hat er schon, erzählt er, und neulich hat er online dieses Objektiv gesehen …

»Das ist doch Serendipität«, werden Sie jetzt denken, und natürlich treffen Sie den Nagel auf den Kopf. Was aus dem zufälligen Ereignis ein serendipitäres gemacht hat, ist die spezielle Art, wie Ihr Kollege es wahrgenommen hat. Er hätte sich auch mit der Zeitung in den kaputten Wagen setzen, auf den Pannenhelfer warten und im Stillen die lästige Panne verfluchen können. Er aber hat so gehandelt, dass er eine andere Perspektive des Ereignisses überhaupt erst möglich gemacht hat. Nur deswegen konnte ihm die Erkenntnis kommen, dass in Landschaften für ihn große Schönheit liegt (vielleicht schon immer gelegen hat) und dass er es genießt, draußen im Freien zu sein. Der Kollege hat also zwei Dinge erreicht: Er hat sich eine Gelegenheit zum Wahrnehmen erlaubt und er hat sich auf eine Entdeckung eingelassen. Seine agile Offenheit hat ihn seinem Guten Leben näher gebracht.

Agile Offenheit schließt das Vertrauen in das Sensorium für Stimmigkeit ein. Sie fußt auf etwas, das man »Impressivität«[124] nennen könnte: der Fähigkeit, Eindrücke aufnehmen und ihre mögliche Bedeutung für das eigene Gute Leben erkennen zu können. Auf dem Entdeckerweg sind Sie impressiv, das heißt offen und reaktionsfähig gegenüber dem, was Sie auf dem Weg mitnehmen können, und gegenüber den Richtungen, die es Ihnen anzeigt.

Übrigens: Ihr Sensorium für Stimmigkeit – ihr Vivometer – springt nicht immer gleich ad hoc an, so wie es bei Ihrem Kollegen war. Agile Offenheit führt nicht per se noch vor Ort zu plötzlichen Einsichten. Die brauchen unter Umständen etwas länger, um Sie zu erreichen. Manche Eindrücke oder Ereignisse brauchen eine Zeit des Abstands. Aus der Distanz heraus sind sie jedoch nicht minder wirksam.[125]

3. Bei Ihrem Kollegen kamen für den günstigen Zufall mehrere Dinge zusammen: Er hat sich (ungewollt) eine Gelegenheit geschaffen, eine neue Wahrnehmung zu machen. Er hat sich ferner mit Neugier (und Erstaunen) auf die Gelegenheit eingelassen. Und er hat daraufhin drittens so gehandelt, dass sich seine Wahrnehmung intensivieren konnte. Das hat er geschafft, indem er länger bei ihr verblieben ist, als er hätte müssen.

Ihr Kollege hat seine günstige Erfahrung sogar auf zwei verschiedene Arten intensiviert und erweitert. In der Situation selbst hat er natürlich spontan gehandelt und seinen kurzen Spaziergang verlängert, die Zeit, die er hatte, also voll ausgereizt. Mehr konnte er zunächst auch nicht tun. Später jedoch hat er sich bewusst dazu entschieden, die günstige Erfahrung immer und immer wieder zu machen, indem er durch seine regelmäßigen Touren in der Natur für Gelegenheiten gesorgt hat, in denen die Erfahrung wieder auftreten konnte. Zusätzlich hat er eine zweite bewusste Entscheidung getroffen, als er mit dem neuen Hobby der Landschaftsfotografie begonnen hat.

Ob nun spontane Handlung oder bewusste Entscheidung: Für beides braucht es eine bestimmte Haltung – die Agilität. Ihr Kollege war nicht nur unspezifisch offen, er war in dem Moment auch unspezifisch bereit zu handeln – unspezifisch, weil frei von der Erwartung, dass etwas passiert, das sein aktives Tun erfordern würde, und frei von dem Wissen, was dieses aktive Tun beinhalten könnte.

Serendipität, die Kunst der Günste, fordert diese Anschlusshandlungen heraus. Man kann eine noch so scharfe Wahrnehmung für Günste haben; wenn man nicht nach ihnen handelt, bleiben sie steril oder verlaufen im Sande.

Glück ist im Deutschen ironischerweise sowohl ein Wort für den angestrebten Zustand der Zufriedenheit (wie auch immer dieser Zustand im Einzelnen aussieht) als auch für einen unvorhergesehen positiven Umstand, das Zufallsglück.[126] Beide scheinen zumindest früher einmal eng miteinander verknüpft gewesen zu sein. Das glückliche Leben hatte also offenbar einmal sehr viel mit dem Zufall zu tun. Dies gilt es wieder wachzurufen. Denn dann erscheinen Günste als etwas im doppelten Wortsinn Wundersames: Sie sind ein kleines Wunder und man wundert sich über sie. Wichtige Lebensereignisse geschehen häufiger ungeplant, als wir es uns eingestehen wollen.[127] Machen Sie doch einmal das Experiment und setzen sich abends in Ruhe hin und schreiben eine Liste der Ereignisse, auf die Sie nicht aktiv hingearbeitet haben, die Ihrer Biografie dennoch eine bestimmte, glückliche Richtung gegeben haben. Sie werden überrascht sein.

Es ist eine unterschätzte, aber enorm wichtige Fähigkeit, Günste so zu nehmen, wie sie geschehen, auch wenn sie uns überraschen und eben nicht auf ein zielgerichtetes Planen und Handeln zurückzuführen sind. Günste helfen dabei, der Kontrollitis eine Pause zu gönnen. Der Machwahn kommt zum Stillstand.

Agile Offenheit bedeutet jedoch nicht, dass Sie in Passivität verharren sollten, weil Ihnen ja bald schon ein guter Zufall auf dem Schoß landen wird. Das wird schon am Beispiel der Autopanne deutlich. Ihr Kollege hat ein Experiment mit einer neuen Form des Erlebens gemacht und gesehen, dass sie für ihn stimmig ist. Konsequenterweise hat er sie aufrechterhalten. Jetzt gehört sie zu seinem Alltag und er fühlt sich seinem Guten Leben näher als zuvor. Am ehesten bringen Günste Sie dem Guten Leben näher, wenn Sie sie als Chance für ein weiteres Experiment nehmen. Die Gunst gibt Ihnen den Impuls dazu. Sie sollten das Momentum aufnehmen und es bis zu seiner Erschöpfung weitertragen.

Reizen Sie Ihre Gelegenheiten also ruhig aus, so weit Sie können. Wenn Sie zum Beispiel eine neue, interessante Idee haben, schauen Sie, wie weit sie Sie trägt. Die Laufbahnberaterin Barbara Sher etwa verbreitet diesen Appell mit sehr viel Nachdruck: »Bringen Sie den Gedanken so weit, wie Ihre Begeisterung und Ihre Vorstellungskraft es erlauben und hören Sie nicht eher auf, als Sie schaffen und Ihr Gehirn leer ist.«[128] Ob Ihnen eine Gunst zufällt oder Sie selbst den Impuls für ein Experiment gegeben haben: Halten Sie das Momentum, bis es sich von sich aus erschöpft!

Übung

Jedes Experiment ist ein Streichholz: Zuerst zischt und funkt die Flamme spektakulär, danach brennt sie ruhig weiter, bis das Hölzchen abgebrannt ist. Seien Sie nicht bloß fasziniert von dem spektakulären Anbrennen, lassen Sie zu, dass die Flamme bis zum Ende niederbrennen kann.

Suchen Sie sich ein kleines Experiment und führen Sie es nach dem Streichholzprinzip durch. Beobachten Sie, welche Auswirkungen das Experiment über diese Zeitdauer hat.

Zusammengefasst: Eine Gunst ist eine Gelegenheit, die Ihnen etwas zuträgt, an dem Sie Stimmigkeit erkennen können, sofern Sie ihr aktiv folgen. Günste sind unterschiedlich gut als solche zu erkennen. Manche drängen sich förmlich auf. In anderen Fällen liegt die Gunst jedoch nicht so klar auf der Hand. Ihr Kollege aus dem Beispiel von oben sah die Panne zunächst nicht als Gunst, sondern als Ärgernis. Erst die ästhetische Erfahrung, die er in der Wartezeit gemacht hat, hat ihm einen Impuls gegeben, dem er nachgegangen ist.

In vielen Fällen können Sie also nicht wissen, dass Sie gerade mit einer Gunst in Kontakt gekommen sind. Sie können es aber erahnen, und das ist schon viel wert. Wenn Sie eine Gunst wittern, folgen Sie dieser Ahnung. Solange das Risiko, das darin manchmal liegen mag, noch akzeptabel ist, können Sie dabei nur gewinnen. Selbst wenn Sie im ungünstigsten Fall im Nachhinein feststellen, dass Ihr Experiment Sie sogar von Ihrem Guten Leben entfernt hat, wissen Sie nun etwas genauer, in welcher Richtung Sie sich weiterbewegen müssen. Ein jedes Experiment dient der Richtungskorrektur in der Entdeckerlandschaft (siehe Kapitel 3).

Je mehr Günste Sie wahrnehmen und als Chance für ein Experiment nutzen, desto besser wird auch Ihr Sensorium für Günste. Es ist ähnlich wie bei Ihrem Sensorium für Stimmigkeit, es lernt mit der Erfahrung. Ihr Wissen wird verlässlicher werden und Ihre Ahnungen gewisser. Auch aus diesem Grund sollten Sie Günsten offen begegnen.

Der Serendipität kann man zusätzlich auf die Sprünge helfen, indem man ihr mehr Raum verschafft. Zwar kann man den Moment des Zufalls nur passiv erleben, er hat aber Voraussetzungen, die Sie aktiv erschaffen können. Je besser Ihr Sensorium wird, desto besser können Sie auch einschätzen, unter welchen Umständen Günste für Sie wahrscheinlicher werden. Wenn Sie das wissen, können Sie diese Umstände aufsuchen. Tun Sie das, sooft Sie können: Schaffen Sie dem Zufall Gelegenheiten! Gehen Sie dorthin, wo etwas Gutes mit Ihnen passieren kann!

Wenn Sie wissen, dass Ihnen in angeregten Unterhaltungen mit Freunden die besten Ideen kommen, nutzen Sie jede Möglichkeit, mit Ihren Freunden über Themen zu reden, die Sie beide interessieren. Wenn Sie wissen, dass zu Ihrem Guten Leben gehört, immer wieder neue Menschen kennenzulernen, und dass Ihnen das Kennenlernen in den Tanzkursen, die Sie schon des Öfteren mitgemacht haben, am leichtesten fiel, dann fahren Sie unbedingt fort, Tanzkurse zu besuchen. Wenn Sie ein Erlebnis brauchen, das Ihnen den Mut gibt, zwischen zwei gleichwichtigen Dingen zu entscheiden, und Sie wissen, dass Ihnen dieser Mut am ehesten nebenbei bei Ihrer Arbeit zufällt, machen Sie Überstunden.

Und wenn Sie nicht mehr weiterwissen und nach Situationen suchen, in denen etwas mit Ihnen passieren kann, dann gibt es eine ziemlich sichere Methode: Begeben Sie sich in Muße!

MUSSE ODER DIE LEBENSKUNST
DER AGILEN OFFENHEIT

»Muße« kennen Sie wahrscheinlich als ein Wort für Zeiten, in denen Sie abschalten und »die Seele baumeln lassen« können. Die Gesundheitsbranche hat den Begriff ebenfalls für sich entdeckt und zu einem Alleinstellungsmerkmal für ihre Produkte gemacht: Die Wellness-Muße dient als »Entschleuniger«, als Antidot gegen »die Hektik des Alltags«. Sie sinkt damit auf Augenhöhe mit Kombucha, magenschonender Diätschokolade oder Mineralwasser mit einem Hauch von Aloe vera und Mango. Sich gesund zu ernähren und mit Körper, Geist und Seele achtsam umzugehen, ist unbedingt nachahmenswert, nur habe ich den Verdacht, dass diese noble Achtsamkeit den Vermarktern ebenso wenig wichtig ist wie der Wunsch, dem Guten Leben im Allgemeinen Vorschub zu leisten. Hier wird das Air der Muße als »Unique Selling Proposition« missbraucht, schlicht um ein Produkt an den Käufer oder die Käuferin zu bringen.

Nach einer zweiten Deutung ist Muße das Gegenteil von Arbeit. Sie ist die Zeit, in der man sich von der täglichen Plackerei erholt. Diese Unterscheidung ist nicht neu. Im Lateinischen heißt die Muße *otium* und die Arbeit *neg-otium*: »Nicht-Muße«. Eine Beziehung, in der sich Arbeit und Muße unversöhnlich gegenüberstehen, war also im antiken Rom schon in der Sprache angelegt. Allerdings war die Blickrichtung der wohlhabenden römischen Klasse, die sich den entsprechenden Lebenswandel leisten konnte, der heutigen exakt entgegengesetzt. Man stellte sich nicht auf die Seite der Arbeit, von der aus gesehen das übrige Leben eben der Rest war, der noch blieb. Man blickte von der Muße aus und betrachtete Arbeit als eine Zeit, in der Muße (leider) nicht möglich war. Otium war ein Lebensstil und eine Haltung, man könnte sagen: die einzig menschenwürdige Haltung, die sich die antiken Römer vorstellen konnten. *Cum dignitate otium* hieß es – »Muße in Würde«. Die Römer ein faules Pack? Oder waren sie eben doch Spinner, wie Experte Obelix nicht müde wird zu betonen?

Weder noch – ihre Wortwahl weist aber darauf hin, dass Muße mehr ist als Wellness, ein schattiges Plätzchen oder ein absichtsloser Schweifblick in den Himmel. Untätigkeit und Muße sind mitnichten dasselbe. Im Gegenteil: Die Muße ist dann am ehesten eine würdige und dem Guten Leben gemäße Lebensweise, wenn wir in ihr tätig sind. Es steckt also mehr in ihr als eine Möglichkeit, den Alltagsstress kurz abzuschalten. Sie ist auch mehr als der Zeitraum, in dem uns diese Möglichkeit eröffnet wird. Eine bestimmte Haltung gehört dazu, eine Einstellung zu diesem Teil des Lebens, ohne die die Möglichkeiten verpuffen würden. Ich möchte diejenigen Situationen »Muße« nennen, in denen die agile Offenheit ihre größten Chancen hat. Wenn ich davon spreche, »in Muße« zu sein, dann meine ich damit eine solche Situation, in der die Haltung der agilen Bereitschaft sich einstellt. Damit komme ich dem antiken Otium näher als unser moderner Begriff der »Freizeit«.

Wie sieht sie aus, eine solche Muße? In ihr spielt der Nutzwert meiner Tätigkeit eine untergeordnete oder gar keine Rolle. Der Antrieb zum Tun nährt sich aus einer anderen Quelle. Typisch ist, dass ich etwas tue um der Tätigkeit willen. Psychologen sprechen dann von einer »intrinsischen Motivation«. Zu welchem Zweck ich es tue, ist dann gleichgültig, es geht um das Tun selbst und die Befriedigung, die es mir verschafft. Ob ich eine Armbanduhr auseinander- und wieder zusammenbaue, einen langen Brief schreibe oder schlicht den Esstisch aufräume: Was zählt, ist der Prozess, nicht das Ergebnis. Was zählt, ist die Tätigkeit des Bauens, Schreibens oder Aufräumens an sich.

So verstanden ist die Muße ein Gegenentwurf zum Machwahn, in dem immer alles Zwecken dienen muss. Otium will nichts optimieren, es geschieht in dem Bewusstsein, dass bereits alles optimal ist: Der Moment könnte nicht lebenswerter sein. Wer Muße fördert, fördert die Annäherung an das Gute Leben.

Ich finde sie überall dort, wo ich aus der Bringschuld gegenüber der äußeren Welt und meinen Mitmenschen entlassen bin. Dort, wo mir keine Verpflichtungen, Zwänge oder Verbindlichkeiten auferlegt sind. Das kann sogar längst internalisierte Verbindlichkeiten umfassen, die ich nicht mehr als äußere wahrnehme, zum Beispiel den inneren Zwang, vor Kollegen unbedingt als fleißig dastehen zu müssen.[129]

Etwas in Muße tun heißt, weder Absichten zu haben, die uns der Chef, die Uhr oder die Gesellschaft aufdrängt, noch einen Nutzen anzustreben oder einen Druck zu empfinden, der im eigenen Hinterkopf lauert. In der Muße bin ich zwar tätig, aber eben ganz nach eigenem Tempo und Gusto. Wer sich auf sie einlässt, nimmt nicht nur die Umgebung, seine Mitmenschen und sich selbst eindringlicher wahr, er erlebt auch eine Freiheit, die er außerhalb der Muße nicht erleben wird. Deshalb ist Muße weit mehr als die metaphorische Hängematte. Muße schlicht mit Müßiggang gleichzusetzen, wird diesem vielschichtigen Phänomen bei Weitem nicht gerecht.

Genauer betrachtet gibt es sogar drei verschiedene Formen von Muße:

1. Tätige Muße, die auf bestimmte Aktivitäten fokussiert (einen Brief an einen Freund schreiben, ein Räuchermännchen bemalen, seiner bettlägerigen Großmutter eine Geschichte vorlesen),

2. tätige Muße, die auf nichts Spezifisches fokussiert (mit dem Auto ziellos herumfahren, bei einem Langstreckenlauf mitmachen, ohne ihn gewinnen zu wollen), und

3. untätige Muße, die auf nichts fokussiert: Man liegt oder sitzt einfach da, lässt geschehen und »lässt sich treiben«.

Tätige, fokussierte Muße (1) ist ein Tun aus Freude an der Sache selbst. Ich werde in das Tun hineingezogen, das Interesse an der Sache ist ausschließlich, ich beschäftige mich mit ihr, weil sie mich antreibt. Die Umstände und die Umgebung der Tätigkeit sind nebensächlich. Sie müssen nicht extra darauf abgestellt sein wie bei der Erwerbsarbeit. Wenn mir zum Beispiel beim Bahnfahren etwas Spannendes einfällt, fange ich vor Ort an zu schreiben. Aus dieser starken intrinsischen Motivation heraus kommt es möglicherweise sogar zum »Flow«: Ich gehe völlig in meinem Tun auf, vergesse Zeit und Raum, bin dabei extrem produktiv, obwohl das nicht einmal eine verpflichtende Bedingung ist.

Tätige Muße ist keine »Entspannung« im wörtlichen Sinn, sondern im Gegenteil eine gerichtete, aktivierende, produktive und selbstbestätigende Spannung. Das Tun trägt einen Sinn in sich selbst, den der Tätige allerdings – danach gefragt – oft nicht präzise angeben kann. In der tätigen Muße verbinden sich also Selbst, Sache und Sinn.

Etwas anders sieht die unfokussierte, absichtslose Muße – ob tätig (2) oder untätig (3) – aus. Sie befreit von der Konzentration auf etwas Bestimmtes, macht den Kopf frei, versetzt in die Lage, das Unerwartete, Unberechenbare, Ambivalente, Verschwommene wahrnehmen zu können, wo wir sonst nur Definites, Abgegrenztes, Sicheres wahrnehmen. Muße führt mich damit vom Exakten und Kalkulierbaren zum Mehrdeutigen und Offenen, sie führt mich in die Übergangszonen und Verknüpfungsregionen des Denkens, in denen neue Gedanken am ehesten entstehen oder alte in einem anderen Licht erscheinen.

Unfokussierte Muße führt mich ebenso anstrengungslos an Emotionen heran: Beim Spazierengehen fällt mir mit einem Mal ein, dass ich meine Eltern gerne häufiger besuchen würde, meine Familie oder meine Patenkinder. Plötzlich sehe ich meinen eigenen Gemütszustand, meine Bedürfnisse viel klarer vor Augen, auf die ich sonst kaum einen Gedanken verschwende. Ich lerne mich besser kennen.

Das Gefühl der Verbundenheit, sei es mit der Familie oder einer bestimmten Tätigkeit, kann wiederum Stolz und Selbstbestätigung hervorrufen. Die Selbstbestätigung hängt eng zusammen mit der Gewissheit, sich das Ziel der Tätigkeit sowie die Mittel, es zu erreichen, selbst ausgewählt zu haben. Bedürfnisse, Tätigkeiten, Interessen, originäre Gedanken: Muße ist immer eine Chance auf mehr Selbstbestimmung und Eigenständigkeit.

Der Vorteil, den die Muße im Sinne des Entdeckerprinzips hat, ist ihre quasi katalytische Wirkung. Dadurch, dass sie mich von allen Nutzenerwägungen abrücken lässt und meinen Grundbedürfnissen nahe bringt, öffnet sie mich mehr, als andere Alltagssituationen das können. Bin ich mit meinen eigenen Grundbedürfnissen in Kontakt, nehme ich besser wahr, wann etwas für mich stimmig ist und wann nicht. Die Sensorien für Stimmigkeit und Günste sind in der Muße hellwach. Erlöst von allen Gedanken an Zwecke oder Ziele, können sie ohne Ablenkung funktionieren. Und ich kann freier reagieren.

Kurz gesagt: Zeiten der Muße helfen Ihnen, wach zu bleiben. Sie führen Sie fort von Machwahn und Glücksstress und hinein in eine Haltung der agilen Offenheit. Die Muße ist der Packesel, auf den Sie sich verlassen können, selbst wenn Sie auf Ihrem Entdeckerweg einmal in schwieriges Gelände geraten.

Übung

In Muße zu kommen ist auch in Zeiten, die scheinbar mit Verpflichtungen und Stressfaktoren überfrachtet sind, nicht so schwer, wie Sie denken mögen. Es gibt kleine Tricks. »Am einfachsten ist es«, schreibt die Philosophin Natalie Knapp, »täglich Dinge zu tun, die keinen unmittelbaren Nutzen haben. Denn nur in solchen Stunden haben Sie die Freiheit, sich selbst, Ihre Umgebung und die Menschen, mit denen Sie Zeit verbringen, so wahrzunehmen, wie sie sind.«[130]
Erstellen Sie sich also eine Liste mit zwei oder drei kleinen Tätigkeiten, die für Sie mit keinem Zweck verbunden sind. Lassen Sie sie einen Tag liegen und überprüfen Sie sie dann noch einmal: Können Sie einer der Tätigkeiten nicht doch Nutzwerte oder Zwecke zuweisen? Wenn ja, streichen Sie sie wieder. Wenn nicht, beginnen Sie mit einer Tätigkeit aus der Liste. Gehen Sie ihr so lange nach, bis sich die Tätigkeit von selbst erschöpft, Sie also keine Lust mehr haben, oder sie ein Endresultat erreicht. Was ist währenddessen passiert? Was haben Sie an sich bemerkt?

Die Entdeckerhaltung in der Zusammenfassung:
› Unspezifische Offenheit, Neugier, Hunger auf Funde, Empfänglichkeit für das Überraschende.
› Loslassen von konkreten Erwartungen.
› Gesteigerte Wahrnehmungsfähigkeit.
› Bereitschaft für Gelegenheiten.
› Bereitschaft zum Anschlusshandeln.
› In der Muße ist die Chance für die agile Offenheit am größten.

KAPITEL 6

DER ENTDECKERMUT:
MEILEN MACHEN AUF DEM
ENTDECKERWEG

Kennen Sie dieses Gefühl: Sie tun etwas, und es fühlt sich einfach richtig an. Ich kenne das Gefühl vom Ausdauersport, aber auch aus meinem Beruf. Laufen ist nicht etwa zehn, 15 Kilometer pure Freude. Man fühlt sich nicht die ganze Zeit, als könnte man die Welt umarmen oder vor Vergnügen platzen. Im Gegenteil: Laufen macht einen manchmal ganz schön platt. Es ist dennoch auf eine Weise gut, die mit dem Wort »Spaß« nur unzureichend beschrieben ist. Ich laufe, weil es für mich im Ganzen stimmig ist. Ich *spüre* meinen ganzen Körper: wie er in der Anstrengung lebendig wird. Ich *weiß*, dass es meinem Körper und meinem Geist auf lange Sicht guttut, regelmäßig zu laufen. Und ich *hoffe*, dass ich noch lange werde laufen können, vielleicht sogar peu à peu ein wenig mehr.

Im Beruf ergeht es mir ähnlich: Ich *spüre* das Vergnügen an der Tätigkeit an sich, zum Beispiel mit einem Menschen, der Hilfe bei mir als Mentor für Gute Arbeit sucht, zu sprechen und mit ihm gemeinsam neue Berufsperspektiven zu entwickeln. Ich *weiß*, dass meine Arbeit anderen hilft und dass ich selbst dabei immer wieder Neues lerne. Ich *hoffe*, dass sie auch in Zukunft meine Existenz sichern wird und dass sie mir dabei erlauben wird, mein Betätigungsfeld noch zu erweitern.

Es sind in beiden Fällen mehrere Dinge, die für sich schon Stimmigkeit ausmachen. Zusammengenommen bilden sie ein Ensemble, das aus der jeweiligen Tätigkeit eine stimmige Ganzheit macht. Aus diesem Grund kann ich sagen: Laufen ist für mich Gutes Leben. Meine Arbeit ist für mich Gutes Leben. Bei beiden Tätigkeiten kommt die Freude am Tun aus der ganzheitlichen Stimmigkeit, die sie auszeichnet. Das ist eine allgemeine Regel auf dem Entdeckerweg: Gutes Leben ist dort, wo es für mich stimmig ist. Die sicherste Art, mich dem Guten Leben zu nähern, ist also, mich tätig zu halten und dabei auf Stimmigkeit achtzugeben.

Mit anderen Worten: Auf dem Entdeckerweg mache ich Meilen. Ich gehe beherzt immer weiter. Je stimmiger das Terrain für mich ist, umso näher bin ich beim Gehen dem Guten Leben gekommen. Ich kann auf diesem Terrain bleiben (und eventuell eine Ecke finden, in der die Stimmigkeit noch größer ist) oder es mit einem Nachbarterrain versuchen. Ich kann schneller gehen oder langsamer. Weitergehen werde ich aber in jedem Fall. Je beherzter ich gehe, desto besser für mich, weil ich dann mehr von dem Gelände kennenlerne.

Dazu braucht es ein wenig Mut. Den Mut, weiterzugehen, auch wenn Sie den Weg nicht vollständig einsehen können. Den Mut, weiterzumachen, auch wenn Sie einmal nicht wissen sollten, warum. Den Mut, sich nicht zu oft die Frage zu stellen, ob es genügt, was Sie tun, sondern fraglos den nächsten Schritt zu machen – und dann den übernächsten und so weiter. Meilen machen fordert von Ihnen, dranzubleiben. Ihre Belohnung ist, dass das, was Sie tun, sich richtig anfühlen wird.

Außerdem braucht es ein Quäntchen Wagemut, sich auf die agile Offenheit einzulassen. Es wäre natürlich sicherer und bequemer, wenn man sich auf simple Regeln und bewährte Rezepte für alle Lebenslagen verlassen könnte. Aber mal ehrlich: Wann konnten Sie das schon einmal? Im Internet und in Ratgebern werden Sie trotzdem geflutet mit solchen übersichtlichen Glücksrezepten: »Folgen Sie immer Ihrem Herzen«, »Was Sie in eine Beziehung hineingeben, kommt auch wieder zurück«, »Du verpasst 100 Prozent der Chancen, die du nicht ergriffen hast« oder: »Hüten Sie sich vor negativen Menschen.«[131] Dadurch wird Ihnen suggeriert, ein paar handliche Sprüche führten Sie quasi automatisch zu einem Guten Leben.

Den Entdeckerweg können Sie aber nicht einfach so blind abmarschieren. Sie müssen Ihre fünf Sinne beisammenhaben – und es sollten schon Ihre eigenen sein und nicht die der Ein-Satz-Ratgeber. Wichtiger, als vorgefertigten Regeln zu folgen, ist das Entdeckerhandeln. Auf dem Entdeckerweg erhalten Sie ein Momentum aufrecht, gerade so viel, dass Sie in Bewegung bleiben und den Auf- und Abschwüngen folgen können, die das Leben hervorbringt (siehe Kapitel 10). Verharren Sie, können Sie den Schwüngen nicht folgen, was zu Reibungen führt und Sie vom Guten Leben fernhält.

Die wichtigsten Arten von Mut auf dem Entdeckerweg sind deshalb die Langmut und die Ausdauer. Ihr Leben müssen Sie, ganz gleich wie lange es währt, in seiner gesamten Länge gehen. Mal sind Sie dabei so langsam, dass Sie zu stehen glauben, mal sprinten Sie wie wahnsinnig vorwärts. Mal wird Sie die Dauerbewegung erschöpfen, mal werden Sie sie gar nicht bemerken. In Bewegung sind Sie dabei aber immer. Das ist auch etwas, das Sie aushalten müssen: sich in einem andauernden Strom zu befinden. Das Bewusstsein, dass nichts wirklich jemals vollkommen stillsteht, ist nicht für alle gleich gut zu verdauen. Die allermeisten lassen es gar nicht erst aufkommen oder setzen ihm Inseln der Stabilität entgegen: eine sorgfältig eingerichtete Wohnung, eine gut beherrschte Arbeit, eine lang gehegte Gewohnheit.

Ohne Sinn für die Bewegung fehlte Ihnen das Bewusstsein für Veränderungen, und ohne das Bewusstsein für Veränderungen würden Sie nicht bemerken, ob Sie sich dem Guten Leben annähern oder nicht. Hierbei hilft Ihnen Ihre Langmut und Ihre Ausdauer.

ENTSCHEIDUNGSKAPSELN

Natürlich halten Sie auf dem Entdeckerweg auch immer wieder inne. Zeiten des Nicht-Handelns haben ihre Bedeutung zum Beispiel dann, wenn Sie vorsichtig oder besonders aufmerksam sein müssen. Die untätige Muße von oben beispielsweise hilft Ihnen, wahrnehmungsfähiger zu sein, vergangene Ereignisse auf sich wirken zu lassen oder in ihnen Günste zu entdecken. Ein anderes Beispiel: Wenn Sie vor einer wichtigen Entscheidung stehen, kann es richtig sein, alle Handlungen, die diese Entscheidung betreffen, erst einmal zu unterlassen und die Entscheidung reifen zu lassen, bis Sie sie mit gutem Gewissen treffen können. (Wenn Sie allerdings dazu neigen, den Reifeprozess per se in unbestimmte Längen zu ziehen, kann das Unterlassen wiederum genau falsch sein. Dann stecken Sie am Ende in einer Entscheidungskapsel fest. Dazu gleich mehr.)

Entschlossenes Handeln ist dagegen richtig, wenn Ihnen eine Gunst begegnet, wenn Sie ein klares, absehbares Ziel haben und so weiter. Ihr Entdeckersinn und Ihre Entdeckerhaltung helfen Ihnen dabei, zu unterscheiden, wann Sie handeln sollten und wann Sie es besser unterlassen. Diese Unterscheidungskompetenz ist eine Ihrer wichtigsten Fähigkeiten als Entdecker. Sie wird es Ihnen auch ermöglichen, einen Ihnen angemessenen Rhythmus aus Handeln und Nicht-Handeln zu finden.

Sie werden jetzt vielleicht einwenden: Es gibt auch Dinge, die ich tun muss, bei denen ich keine Wahl zwischen Handeln und Nicht-Handeln habe. Meine beiden kleinen Kinder zum Beispiel müssen versorgt werden, das füllt meine Tage vollkommen aus und strukturiert meine gesamte Zeit durch, ich kann auf mich selbst und auf »Stimmigkeit« keine Acht mehr geben. Da haben Sie recht: Kinder stellen Sie vor Aufgaben, die Ihre persönlichen Spielräume enger machen können. Schauen Sie trotzdem noch einmal genauer hin: Welche Spielräume haben Sie angesichts solcher Aufgaben noch, die Sie bisher noch nicht genutzt haben?

Ein simples Beispiel: Sie sind gerne an der frischen Luft. Können Sie mit den Kindern nach draußen gehen, statt drinnen mit ihnen zu spielen? Können Sie Ihre Eltern bitten, sie 15 Minuten länger zu behalten, und sich so eine Viertelstunde pro Tag freimachen, in der Sie in Ruhe einen Kaffee trinken? Wenn Sie sich diese Fragen noch nicht gestellt haben, stellen Sie sie jetzt. Wenn Sie sie mit Nein beantworten, fragen Sie weiter: Gibt es noch andere Spielräume? Schauen Sie beharrlich danach.

In ernsten Krisen wird das Handeln schwierig. Dann verharren Sie unter Umständen notgedrungen, weil Sie keine weitere Veränderung ertragen können. Stillhalten ist dann für eine Zeit lang sogar notwendig. Die Betonung liegt auf »eine Zeit lang«. Mit der Zeit (und ein wenig Unterstützung durch enge Freunde und Verwandte) finden Sie aus der Krise in der Regel wieder heraus und können Ihren alten Rhythmus von Handeln und Nicht-Handeln wieder aufnehmen. Finden Sie aus dieser Starre jedoch nicht heraus, ist die Krise keine vorübergehende mehr, und Sie sollten sich Hilfe holen, bevor Sie in die Fänge einer psychischen Störung geraten.

Die meisten Situationen, die für Sie schwierig sind, sind jedoch keine solchen ernsten Krisen. Sie gehen vorüber oder lassen sich mit einem überschaubaren Aufwand überwinden. Dennoch ist es für solche kleineren Krisen typisch, dass sie Sie verunsichern und Sie nicht wissen, wie Sie handeln sollen. Kleinere Krisen haben oft mit notwendig gewordenen Entscheidungen zu tun. Man könnte also von einer *Entscheidungskrise* sprechen.

Menschen, die von sich aus bereits zum Reflektieren neigen und Entscheidungssituationen gewohnheitsmäßig durch Überlegen und Abwägen zu lösen versuchen, geraten schnell in eine Grübelspirale. Sie drehen immer neue Kreise und gelangen nicht zum Handeln. Handeln wäre aber gerade eine Methode, wichtige Erfahrungen zu machen und an Informationen zu gelangen, die Ihnen die Entscheidung erleichtern würden. Wenn man in diesen Kreisen zu lange seine Runden dreht, wird es immer schwerer, zu einer entschiedenen Handlung zu finden. Jeder Satz endet dann mit einem »Ja, aber«, woran sich ein weiterer, scheinbar guter Grund anschließt, noch länger abzuwägen oder abzuwarten. Man setzt sich selbst in einer *Entscheidungskapsel* gefangen, deren Schale mit der Zeit eher dicker wird als dünner.

Einer meiner Klienten hatte sich rund zehn Jahre in einer solchen Entscheidungskapsel aufgehalten, vom Abitur bis zum Alter von 30 Jahren. Er hatte in dieser Zeit mehrere Ausbildungen und ein Studium angefangen, aber alles wieder abgebrochen. Jetzt war er immer noch auf der Suche nach dem richtigen Beruf für sich. Es war ihm in unseren Coaching-Sitzungen anzumerken, dass er sehr mit sich rang, Alternativen gegeneinander abwog, die jedoch für ihn alle das gleiche Gewicht in die Waagschale zu legen schienen. Es gelang ihm einfach nicht, aus seiner Entscheidungskapsel auszubrechen.

Nach einigen Sitzungen wurde mir jedoch immer klarer, dass er bereits einer Tätigkeit nachging, die für ihn stimmig war. Er erledigte kleinere handwerkliche Aufträge für ein paar Kulturstätten in seiner Stadt. Zum Teil war er auch an größeren Aufträgen beteiligt, die ihn über ein paar Monate beschäftigten. Für diesen Beruf hatte er keine Ausbildung, dafür gab es nicht einmal eine Berufsbezeichnung. Das war jedoch auch nicht wichtig, seine Auftraggeber waren zufrieden und bezahlten anständig. Wann immer er davon erzählte, strahlte er vor Begeisterung, und seine grüblerischen Zweifel waren wie weggeblasen. Die Lösung war offenbar, dass er das weitermachen und ausbauen musste, was er bereits im Kleinen angefangen hatte: seine handwerkliche Tätigkeit. Er musste das machen, was er ohnehin schon tat, und davon mehr – das war sein Weg aus der Entscheidungskapsel.

Eine gut durchgeplante Musterlösung, die auf den »besten Weg« zielt, führt oft nicht zu einem Ausbruch aus der Kapsel. Im Gegenteil: Während Sie Pläne machen, hindern Sie sich selbst an der notwendigen praktischen Veränderung. Wichtig ist nicht, einen Weg zu finden, von dem Sie im Vorhinein schon wissen, dass er zum Optimum führt. Wichtig ist, die Entscheidungskapsel zu verlassen. Sie müssen *einen* Schritt hinaus wagen, nicht den einzig richtigen Schritt. Möglich, dass der auf lange Sicht schließlich zu Ihrem Optimum führt. Möglich aber auch, dass dieses Optimum gar nicht das Gute Leben für Sie ist. Sicher jedenfalls ist, dass Sie handeln müssen, um eine Veränderung zu erreichen.

Optimale Lösungen sind oft keine guten Lösungen für eine Entscheidungskrise. Warum ist das so?

1. Optimale Lösungen sind ein perfekter Anlass dafür, praktische Veränderungen aufzuschieben. Denn wann können Sie sich sicher sein, dass die vorgefassten Kriterien wirklich die richtigen sind und Ihre Lösung tatsächlich optimal ist? Ist das rational überhaupt zu entscheiden? Oder steht hinter der Entscheidung nicht vielmehr immer eine Setzung: »Die Kriterien, die ich bis hierhin angesetzt habe, sind richtig und vollständig. Basta!« Aber nach dem »Basta!« finden sich immer noch neue Kriterien, die Sie nicht bedacht, Lösungen, die Sie nicht entwickelt haben (siehe auch Punkt 2). »Wir warten auf den Erkenntnisblitz, während gute Gelegenheiten an uns vorüberziehen.«[132] Nehmen Sie das »optimal« wörtlich, kommen Sie aus dem Entscheiden nicht mehr heraus.

2. Es werden eventuell Alternativen auftauchen, die nach den Kriterien, die Sie angesetzt haben, ebenso gut oder sogar besser sind als die optimale Lösung. Das hieße, Sie müssten das Verfahren von vorn beginnen und Ihre Handlungsalternativen neu beurteilen. Tun Sie das? Oder machen Sie auf dem gewählten Weg weiter? Sie stehen letztlich vor der Frage: Wie sollen Sie entscheiden, wenn Sie gar nicht entscheiden können? Für einen letztgültigen Vergleich wissen Sie in der Regel gar nicht genug.

3. Alternativen, die Ihnen begegnen können, wenn Sie die nächsten Veränderungsschritte machen, kommen Ihnen automatisch zweitklassig vor, wenn Sie sich auf eine »optimale Lösung«

eingeschossen haben. Nichts gleicht einem Optimum, besser kann erst recht nichts sein. Sie werden mithin dazu neigen, Alternativen zu ignorieren. Ob sie gute Alternativen gewesen wären, hätten Sie jedoch erst herausfinden können, wenn Sie sie praktisch erprobt hätten.

Erst die Entscheidung selbst konstituiert die Kriterien dafür, ob sie die richtige ist. So sehr wir auch überlegen: Wir können nicht im Vorhinein wissen, ob ein bestimmter Job, ein bestimmter Partner der richtige ist. Aber indem wir etwas wählen, bejahen wir gleichsam seinen Wert.[133]

»Erst handeln, dann nachdenken« kann also sehr wohl ein schlaues Motto sein.[134] Halten Sie sich nicht zu lange in einer Entscheidungskapsel auf. Verlassen Sie sie so bald wie möglich. Dazu brauchen Sie kein klares Fernziel und auch keine Effektivität versprechende Strategie. Eine Richtung ist völlig ausreichend. Das kann eine Branche sein, die Sie gerne kennenlernen wollen, eine Tätigkeit, die Sie ausüben möchten, oder eine noch vage Idee von Ihnen selbst.

Übung

Suchen Sie sich eine kleine Entscheidungskapsel aus, die Sie gerade beschäftigt. Achten Sie darauf, dass sie überschaubar ist, es sollte keine Angelegenheit sein, die für Sie von existenzieller Bedeutung ist. Nehmen Sie zum Beispiel die Entscheidung, ob Sie die 500 Euro für einen neuen Laptop tatsächlich ausgeben sollen. Überlegen Sie: Worüber machen Sie sich Gedanken? Welche Aspekte, Alternativen, Gründe und so fort stehen Ihnen vor Augen, wenn Sie an die Entscheidung denken? Überlegen Sie weiter: Was davon hält Sie vom Handeln ab?
Führen Sie nun ein kleines Experiment durch: Tun Sie so, als existierten die Überlegungen, die Sie am Handeln hin-

dern, nicht. Dann entscheiden Sie sich und handeln! Was
passiert dabei mit Ihnen? Was passiert mit den Dingen,
über die Sie vorher so lange nachgedacht haben?

HANDELN STATT MACHWAHN

In den letzten Absätzen habe ich das Handeln sehr stark hervor-
gehoben und Ihnen zu vermitteln versucht, wie wichtig es ist,
wenn Sie zu einem Guten Leben finden wollen. Aber führt mich
dieses Handeln nicht sofort in den Machwahn? Nicht, wenn ich
mich vorher auf den Entdeckerweg gemacht habe.

› Das Handeln »im Entdeckermodus« geschieht unter anderen
  Vorzeichen, als wir sie im Machwahn vorfinden. Im Machwahn handele ich aus der empfundenen Notwendigkeit heraus, ständig handeln zu müssen. Auch die Art und Weise meines Handelns ist zum Teil schon vorstrukturiert: Ich soll
  Glück suchen, Lebensplänen folgen, effektiv sein, mich optimieren und so weiter. So gesehen ist Machwahn ein gesellschaftliches Phänomen unserer Zeit, das beschreibt, welcher
  durch die historischen Gegebenheiten induzierte Druck auf
  Individuen lastet, all ihre Lebenszusammenhänge selbst herzustellen und zu optimieren. Das macht mein Handeln unfrei
  und zum Resultat einer existenziellen Unruhe. Der Entdeckerweg soll mich hingegen gerade von diesen Zwängen des
  Machwahns befreien. Auf ihm bewege ich mich, damit ich
  finde, was ich wirklich brauche.
› Handeln unter dem Druck des Machwahns zwängt mich in
  starre Muster hinein. Handeln auf dem Entdeckerweg bedeutet, dem Schwingen des Lebens zu folgen. Dadurch werde ich
  lebendig und bleibe es auch (siehe Kapitel 10).
› Auf dem Entdeckerweg muss ich nicht ständig etwas tun. Ich
  bin auch nicht gezwungen, alle meine Lebensumstände per-

manent unter Kontrolle zu halten. Stattdessen handele ich in den richtigen Situationen und Umständen, dann aber entschlossen und bis zu einem Ende, das in der Sache selbst liegt. Ich bin frei, dort, wo es angemessen ist, passiv zu bleiben oder eine Haltung der agilen Offenheit einzunehmen.

› Der Antrieb, der mich unter der Voraussetzung des Machwahns zum Handeln bewegt, lässt sich mit Sätzen umschreiben wie »Ich bin noch nicht gut genug« oder »Mein Leben hat noch nicht alles, was es braucht«. Entdecker beschäftigen sich nicht mit solchen Maßstäben. Was gut ist und was das Leben braucht, entdecken sie unterwegs.

› Handele ich im Machwahn, finde ich langfristig Stress, Unzufriedenheit, Enttäuschung. Handele ich als Entdecker, finde ich langfristig Wege zum Guten Leben.

Der Entdeckermut in der Zusammenfassung:

› Entdecker sein heißt, sich immer weiterzubewegen.
› Der Entdeckerweg verlangt Langmut und Ausdauer.
› Geraten Sie in eine Entscheidungskapsel, handeln Sie frühzeitig.
› Optimale Lösungen sind oft keine guten Lösungen für eine Entscheidungskrise.

KAPITEL 7

DIE ENTDECKERKARTE:
SAMMELN UND LERNEN

Ein Hilfsmittel fehlt noch, das Sie in Ihrem Rucksack mit sich herumtragen und bisher noch nicht benutzt haben: die Karte. Wozu brauche ich eine Karte, wenn ich das Gute Leben doch durch Herumgehen und Entdecken erreiche? Die Frage ist berechtigt.

Zum einen: Sie kommen nie an ein Ende. Das ist die Spielregel, die Sie nicht hintergehen können. Sie werden sich weiterbewegen, in die eine oder andere Richtung (dabei haben Sie ja durchaus einige Wahlmöglichkeiten), Sie können jedoch nicht wählen, ob Sie stehen bleiben oder weitergehen. Es ist so banal wie allgemeingültig: Das Leben geht immer weiter – nichts anderes steckt hinter dieser Regel. Dazu gibt es keine Alternative.

Besser, Sie wählen den Entdeckergang. Denn dann haben Sie eine gute Chance, sich immer häufiger in einem Gebiet zu bewegen, das zu Ihnen gehört und das Sie mit Recht Ihr »Gutes Leben« nennen.

Aufgrund dieser dauernden Fortbewegung können Sie zweitens auch nie einen bestimmten Punkt erreichen und dort für den Rest Ihrer Jahre verweilen. Ich habe schon davon gesprochen, dass das Gute Leben kein Hügel mit einer Fahne obendrauf ist. Es ist ein Terrain, eine Gegend, eine Fläche. Je mehr Teile dieser Fläche Sie kennenlernen, je besser Ihre Ortskenntnis im Terrain Ihres Guten Lebens ist, desto besser für Sie. Desto eher gelingt es Ihnen nämlich, auf dem Terrain zu bleiben beziehungsweise wieder zurückzufinden, sollten Sie seine Grenzen einmal verlassen.

Was das Gute Leben drittens von einem bestimmten Punkt in der Landschaft unterscheidet, ist seine Aufteilung in mehrere Teile. Auf dem Entdeckerweg lernen Sie diese Teilterrains nacheinander kennen: das Terrain »Mit Freunden zusammen sein«, das Terrain »In der Arbeit mit Menschen zu tun haben«, das Terrain »Gut essen« und so fort. Sie alle tragen zu Ihrem Guten Leben bei, sind also untereinander verbunden.

Sie können sie nun nacheinander weiter erforschen und sich in Ihnen umsehen, um Ihre jeweiligen Ortskenntnisse zu verbessern. Genauso gut könnten Sie auch in bisher unbekanntes Terrain vorstoßen und schauen, ob dieses ebenfalls zu dem Gebiet Ihres Guten Lebens gehört. Diese grundsätzliche Wahl haben Sie. Und es hängt von Ihrem Entdeckermut ab und von Ihrer Zufriedenheit mit dem, was Sie bereits kennengelernt haben, welche Wahl Sie treffen. Oder Ihnen wird die Wahl unter Umständen durch Ereignisse außerhalb Ihres Einflusses abgenommen, auch damit müssen Sie rechnen. In jedem Fall setzt sich allmählich eine Karte Ihres Guten Lebens zusammen.

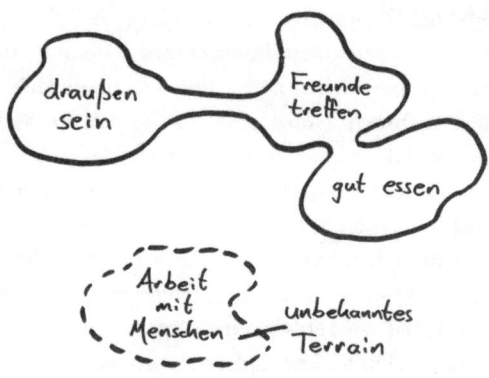

Denn das sollten Sie tun: Fertigen Sie eine Karte an. Notieren Sie alle Landmarken, Begegnungen, selbst angelegten Pfade. Ihre Ortskenntnis sollte nicht verloren gehen. Besser, Sie nutzen Gedächtnisstützen, denn das Gebiet, das Sie im Laufe der Zeit erkunden, wird sehr groß werden.

Was konkret können Sie als Karte benutzen? Nun, diese Metapher können Sie wörtlich nehmen. Zeichnen Sie alles Wichtige auf! In jedem Fall sollten Sie Notizen machen. Das kann ein klassisches Tagebuch sein, ein Notizheft, das Sie immer bei sich tragen, oder ein extra dafür angelegtes Dokument auf Ihrem Rechner. Suchen Sie sich das Hilfsmittel aus, das für Sie am praktischsten und am leichtesten zu handhaben ist. Und dann schreiben Sie alles auf, was Sie als Hinweis auf ein Gutes Leben gebrauchen können, insbesondere natürlich, in welchen Situationen Sie Stimmigkeit erfahren haben, aber auch: Hat Ihnen ein Gespräch eine besondere Richtung gewiesen, die Sie gerne ausprobieren würden? Gab es Ereignisse, von denen Sie annehmen, dass sie Sie weiterbringen könnten? Welche Landmarken haben Sie passiert, an denen Sie sich später orientieren können? Und so weiter.

Neben solchen schriftlichen Notizen eignen sich als Karten aber am besten, Sie ahnen es, Karten. Zeichnen Sie die Landschaft, die Sie als Ihr Gutes Leben erkundet haben (und lassen Sie an den Rändern Platz für mehr). Einige Anregungen dazu haben Sie ja bereits in den Abbildungen in diesem Buch gesehen. Denken Sie auch daran, den Weg einzuzeichnen, den Sie bis hierhin genommen haben. Benennen Sie die Landmarken und wichtigen Orte und schreiben Sie in einer Legende dazu, wann und unter welchen Umständen Sie dorthin gekommen sind.

Das Gleiche können Sie auch mit Mindmaps tun: Fertigen Sie von jedem Terrain, in dem Ihr Gutes Leben stattfindet, eine eigene Mindmap an (mehr dazu auch in der folgenden Übung). PowerPoint bietet ebenfalls gute Möglichkeiten, weil Sie damit Grafiken und kurze Texte gut kombinieren können. Stellen Sie zum Beispiel jedes Terrain auf einem einzelnen Slide dar.

Übung

Zeichnen Sie von einem Terrain Ihres Guten Lebens eine Mindmap. Die Blasen in der Map repräsentieren die Aspekte, die in dem jeweiligen Terrain von Bedeutung sind:

› Welche Personen treffen Sie dort?
› Was genau tun Sie dort?
› Wie viel Zeit verbringen Sie dort?
› Was brauchen Sie, um dort mehr Zeit zu verbringen?
› Welche Ereignisse, Personen und so weiter würden Ihren Weg durch das Terrain stören? Im Sinne von: Ihr Gutes Leben darin unmöglich machen?

EINE KURZE PAUSE UND EIN BLICK ZURÜCK

Den Entdeckerweg gehen Sie mit einer Portion Entschlossenheit, mit agiler Offenheit und einem Gespür für das Stimmige. Das alles sind flüchtige Haltungen. Genauso flüchtig sind die Ereignisse und Eindrücke, deren Zeuge Sie auf dem Weg werden. Umso wichtiger sind Ihre Karte und Ihre Notizen. Nutzen Sie sie, um sich später auf Ihrem Terrain (oder Ihren Terrains) zurechtzufinden. Vertrauen Sie Ihrer Ortskenntnis, aber machen Sie auch intensiven Gebrauch von den einfachen Instrumenten, mit denen Sie Ihre Erfahrungen konservieren können.

Ihre Aufzeichnungen sind die Grundlage für die Reflexion der Strecke, die Sie bis hierhin hinter sich gebracht haben. Auf dem Entdeckerweg werden Sie nämlich ab und an kurz innehalten und sich ein schattiges Plätzchen suchen, um dort Ihre Karte zu vervollständigen. Das zu tun ist bereits ein Moment des Reflektierens. Sie haben Gelegenheit, das Terrain, das Sie gerade durchquert und erkundet haben, noch einmal zu überblicken und zu überlegen, was Sie dort erlebt haben.

Diese Reflexion ist wichtig. Setzen Sie zum Beispiel als Reminder einen Punkt, an dem Sie innehalten wollen, sobald Sie ihn erreicht haben. Das kann eine Landmarke sein, die gut zu erreichen ist (»Sobald ich die zehnte Bewerbung geschrieben habe«), oder ein bestimmter, überschaubarer Zeitpunkt (»Nach drei Wochen«). Sie können auch Ihrem Gespür vertrauen und dann ruhen, wenn Sie den Eindruck haben, dass es sinnvoll ist. Beispielsweise, wenn Ihnen ein stimmiges Ereignis über den Weg läuft (»Ich habe aus einem inneren Antrieb heraus endlich meine Steuererklärung gemacht, wozu ich wochenlang keine Lust hatte«).

Notieren Sie insbesondere Erlebnisse von Stimmigkeit, zeichnen Sie sie als Orientierungspunkte in Ihre Karte ein. Die Reflexion über sie und andere Ereignisse und Landmarken können Sie an Leitfragen wie den folgenden ausrichten:

› Welche Bedeutung hat dieser Punkt der Stimmigkeit für mich?
› Reicht die Bedeutung dafür aus, dass ich sage: An diesem Punkt kann ich von einem Guten Leben sprechen?
› Weist er mir eine neue Richtung in ein neues Terrain?
› Wie gelange ich in dieses neue Terrain?
› Gibt es Möglichkeiten, das Stimmigkeitserlebnis noch einmal beziehungsweise immer aufs Neue zu wiederholen? Kann ich aus eigener Kraft an den Punkt in der Landschaft zurückkehren?
› Was brauche ich, um jetzt weiterzugehen? Habe ich noch alles dabei, was dazu nötig ist?
› In welche Richtung gehe ich jetzt weiter? Bleibe ich in der Nähe und erkunde das Terrain im Detail oder setze ich meinen Weg in einem unbekannten Terrain fort?
› Habe ich eine Landmarke ausgewählt? Kann ich den Weg zu dieser Landmarke schon einsehen und dementsprechend absehen, wie ich sie erreiche? Oder gehe ich ohne Landmarke drauflos?

› Welche Fragen würden Sie sich noch stellen, auf die Sie während einer Kartenpause gerne eine Antwort bekommen würden? Nutzen Sie die Reflexion auch, um sich neue Fragen zu notieren.

Denken Sie daran: Die Regel ist, dass es weitergeht. Dieser Regel werden Sie immer nur ein beschränktes Maß an Zeit für eine Kartenpause abtrotzen können. Nutzen Sie diese Zeit. Und dann geht es wieder los: Ein neues Experiment beginnt.

Wir haben bisher so getan, als seien Sie eine Tabula rasa, ein Mensch ohne Vorerfahrungen. Sie stehen aber nicht am äußersten Rand der Landschaft und setzen zum ersten Mal einen Fuß hinein. Zu dem Zeitpunkt, an dem Sie dieses Buch lesen, sind Sie längst kein unbeschriebenes Blatt mehr, sondern verfügen über einen reichen Erfahrungsschatz. Sie kennen bereits einen Ausschnitt der Landschaft, sicher auch schon den einen oder anderen Teil, in dem Ihr Gutes Leben stattfindet. Ihre Ausgangsposition für den Entdeckerweg ist also viel günstiger, als Sie zunächst vielleicht glauben mögen.

Tun Sie sich also den Gefallen und nehmen Sie sich, schon bevor Sie sich auf den Weg begeben, die Zeit für eine kurze Phase der Reflexion. Zeichnen Sie eine Karte von den Terrainabschnitten, die Sie bereits kennen. Welche davon würden Sie gerne noch einmal aufsuchen, um sie genauer zu erkunden? Wo zeigen sich bereits Eintrittswege in unbekanntes Terrain? Zeichnen Sie die Karte so genau und so umfassend, wie es Ihnen möglich ist. Fragen Sie ruhig auch Angehörige, Freunde und Kolleginnen, ob sie Ihnen helfen können, die Karte zu vervollständigen. Eine genaue Karte Ihrer vergangenen Erkundungstouren ist keine Notwendigkeit, um sich auf den Entdeckerweg zu begeben, aber eine große Hilfe. Nutzen Sie sie!

Die Entdeckerkarte in der Zusammenfassung:

› Sie erkunden immer weiter, Sie bleiben niemals stehen.
› Ein bekanntes Terrain weitererforschen oder das Terrain wechseln.
› Ortskenntnisse festhalten, Karten anfertigen.
› Sie haben bereits Ortskenntnisse, bevor Sie auf dem Entdeckerweg loslegen.

KAPITEL 8

BEENDEN SIE DIE TOUR!

Haben Sie das alles getan, so beenden Sie die Erkundungstour! Die Zeit, die Sie sich genommen haben, war hoffentlich wertvoll für Sie. Aber jetzt ruft der Alltag mit seinen regelmäßigen Aufgaben. Sie müssen Ihre Arbeit erledigen, routiniert und zuverlässig; Sie müssen sich um Ihre Kinder kümmern, die Ihre Aufmerksamkeit fordern; Sie müssen den Fernseher zur Reparatur bringen und die Mülltonnen an die Straße stellen. Mit anderen Worten: Sie müssen all das tun, was Sie davon abhält, auf dem Entdeckerweg weiterzukommen.

Aber das ist vollkommen in Ordnung so. Stellen Sie sich vor, Sie müssten dauernd Entdecker sein. Nicht auszuhalten! Dann würde aus dem Glücksstress, den Sie ja loswerden wollten, schnell ein Entdeckerstress. Außerdem: Wer bringt dann den Müll raus?

Natürlich stellt man sich ab und zu die Frage, was man mit seinem Leben machen will, aber muss die Antwort immer sensationell ausfallen? Ist es schlimm, wenn ich diese Frage nicht sofort und in jeder Phase meines Lebens beantworten kann? Ich lebe ja trotzdem. Vielleicht sollte man sich von der Frage, was ein gutes Leben ausmacht, nicht allzu sehr aus der Ruhe bringen lassen. Sonst wird man am Ende von diesem Herkulesprojekt erdrückt.[135]

Nein, bleiben Sie lieber auch Alltagsmensch und seien Sie immer dann ein Entdecker, wenn Sie die Gelegenheit haben, sich mit sich selbst zu beschäftigen. Das Schöne ist: Sie können immer wieder auf den Entdeckerweg zurückkehren. Vielleicht reichen Ihnen manchmal schon fünf Minuten, vielleicht gönnt man Ihnen aber auch ganze Tage oder Wochen. Je häufiger Sie zurückkehren, desto leichter wird Ihnen der Wechsel fallen. Die Gelegenheit macht den Entdecker. Greifen Sie zu!

KAPITEL 9

DIE GUTE ARBEIT:
DER RICHTIGE JOB FÜR
DAS GUTE LEBEN

Wer ein Gutes Leben führen möchte, kommt um die Frage nach
der Guten Arbeit nicht herum. Anders gesagt: Die Gute Arbeit
kann man nur vom Guten Leben aus denken. Wer sich fragt:
Welche Arbeit ist für mich die richtige, welche brauche ich, um
ein gelingendes Leben zu haben, der sollte mit der Frage beginnen, wie er sich dem gelingenden Leben denn nähern kann.
Es gibt für jeden und jede einen persönlichen Entdeckerweg zur
Guten Arbeit.

Arbeit geht uns alle an – nicht nur, weil sie über das Einkommen die Existenz sichert, sondern weil sich die meisten Menschen in unserer Gesellschaft daran gewöhnt haben, dass sie ein
wesentlicher Teil ihrer Identität ist: Sie versuchen, in der Arbeit
einen Teil von sich selbst zu »verwirklichen«. Beides, die Erwartung von Existenzsicherung und die Hoffnung auf Selbstverwirklichung, kann die Arbeit jedoch nicht immer erfüllen. Viele
Menschen sind enttäuscht von ihr. Gerade die Selbstverwirklichung – an sich bereits ein hoher Anspruch – kommt im Job oft
genug zu kurz. Die Gründe dafür in individuellem Versagen zu
suchen, führt zu Selbstvorwürfen. Die Art und Weise, wie die
Arbeitswelt heute aussieht, enthält bereits in sich viele Gründe,
wegen denen die Ansprüche an sie scheitern können.

Dennoch scheinen die Ansprüche an Arbeit sich gerade in den jüngeren Generationen zu vervielfältigen. Zwar erwarten die Jüngeren heute nicht notwendigerweise ein sehr hohes Gehalt und attraktive Karrierechancen. Aber es sind andere Faktoren hinzugekommen beziehungsweise in den Vordergrund gerückt, die das Erwartungsspektrum in die Breite gezogen haben: Der Job soll »Sinn machen«, interessant sein, Zeit für die Familie lassen, eine gesunde »Work-Life-Balance« ermöglichen und so fort. Eine zeitgemäße Arbeit soll verschiedenste Interessen integrieren und selbst integriert sein in die ganze Vielfalt der Lebensvollzüge. Der Job soll optimal zu mir und meinem Leben passen.[136]

Gleichzeitig wandelt sich die Arbeitswelt in einem Maße, das es schwieriger macht, noch an der Idee eines Optimums festzuhalten. Eine Arbeit, die sich im Laufe des Lebens wandelt, und Karrieren, die immer vielfältiger und immer weniger vorhersehbar werden, bestimmen für mehr und mehr Menschen die Realität.[137] Das sieht man besonders deutlich an folgenden Punkten:

> Wechsel zwischen mehreren Berufen nehmen zu. Der Arbeitstätige erlernt damit gleichzeitig eine wichtige Metakompetenz: die Fähigkeit, Übergänge auszuhalten und zu gestalten.

> Was ist mein Beruf? Diese Frage ist unter Umständen nicht mehr klar zu beantworten. Es ist auch gar nicht mehr unbedingt notwendig, sie beantworten zu können. Stattdessen werden andere Fragen wichtiger: Womit verdiene ich jetzt gerade mein Geld? Was ist mir wirklich wichtig, womit will ich mich beschäftigen? Was will ich mit meinen Tätigkeiten erreichen?

> Berufsbiografien werden in der Folge offener, unvorhersehbarer, haben mehr Wendungen.

> Arbeitnehmer werden mehr und mehr zu Selbstunternehmern. Sie organisieren ihre Arbeit selbst und investieren in die Aufrechterhaltung und Weiterentwicklung ihrer Arbeitsfähigkeit (zum Beispiel durch Weiterbildungen).

> Formale Bildung bleibt wichtig als Einstellungsvoraussetzung, verliert als Faktor, der Berufschancen langfristig sichert, aber an Bedeutung. Auch Hochqualifizierte haben keine Garantie für ein gutes Gehalt oder einen geraden Karriereweg.[138]

> Das »Normalarbeitsverhältnis« (ein Job von der Ausbildung bis zur Rente, geregelte Arbeitszeiten, Lohnzusatzleistungen, Rentenanspruch, der das Existenzniveau sichern soll, und so weiter) wird mehr und mehr abgelöst durch andere Modelle der Erwerbstätigkeit, etwa das der »Arbeitssammler«.[139] Wo bisher nur wenige Modelle zur Verfügung standen (abhängige Beschäftigung auf Lebenszeit, Selbständigkeit, Beamtentätigkeit), sind es nun sehr viele. Die Arbeitswelt ist komplexer geworden, die Orientierungsangebote haben sich vervielfältigt. Kein Wunder also, dass viele Menschen heute Alternativen zum »Nine-to-Five« oder zu den üblichen Karrieren suchen – und auch finden.[140]

Ein gutes (und zudem fantasievolles) Beispiel dafür, wie man aus dem Wandel der Arbeitswelt eine Tugend machen kann, ist für mich der Solounternehmer Sascha Kruse. Kruse ist Taucher. Gleichzeitig interessiert er sich jedoch auch für Golf. Was zuerst nach zwei unvereinbaren Interessen klingt, hat er zu einem erfolgreichen Unternehmen ausgebaut: Er ist Golfballrettungstaucher. Auf Golfplätzen gehören kleine Wasserflächen zu den beliebtesten Hindernissen. In den Teichen findet sich mithin regelmäßig eine Unzahl von Bällen wieder. Kruse holt diese in seinen Tauchgängen zurück an die Oberfläche und verkauft sie anschließend, unter anderem über einen Onlineshop (www.golfballcomeback.de). In Deutschland ist er einer der wenigen Golfballrettungstaucher, in den Vereinigten Staaten oder Großbritannien ist Kruses Job jedoch weit weniger exotisch.

Kruse ist ein gutes Beispiel für einen Berufstätigen, der die Chancen der sich öffnenden Arbeitswelt beim Schopfe gepackt hat und sie mit seiner Selbständigkeit zu seinem Vorteil nutzt. Er steht damit für all diejenigen, deren sogenannte »Laufbahnorientierung« zur neuen Arbeitswelt passt. Damit sind die grundsätzlichen Haltungen und Vorstellungen gemeint, die Erwerbstätige bezüglich ihrer Arbeit und ihrer Berufsbiografien haben. Traditionell waren Laufbahnorientierungen eher an materialistischen Werten ausgerichtet: Einkommen, Aufstieg, eine gute gesellschaftliche Position. Diese treten jedoch zurück zugunsten von »weicheren« Faktoren, wie oben bereits skizziert. In der Karriereberatung spricht man hier von einer »proteischen Laufbahnorientierung«. Die Tabelle zeigt beide Orientierungen im Vergleich.[141]

	traditionelle Laufbahnorientierung	proteische Laufbahnorientierung
WER IST IN DER PFLICHT?	Arbeitgeber	Erwerbstätiger
KERNWERTE	Aufstieg	Freiheit, Wachstum
MOBILITÄTSGRAD	niedrig	hoch
ERFOLGSKRITERIEN	Position, Gehalt	psychologischer Erfolg (unter anderem Selbstbestätigung, persönliches Wachstum)
MASSGEBLICHE EINSTELLUNG	organisationales Commitment	Arbeitszufriedenheit, professionelles Commitment

Die wachsende Bedeutung der proteischen Laufbahnorientierung hat zur Folge, dass neue Anforderungen an diejenigen gestellt werden, die die Aufgabe annehmen, ein gelingendes Leben und Arbeit zu verknüpfen. Übergreifende Fähigkeiten sind gefragt: Selbstorganisation, Reflexion, Übergangskompetenz, Offenheit, Flexibilität, Vorhaben aufgeben können, Kommunikationstalent und noch ein paar mehr. Die Gute Arbeit hängt von

der »Beschäftigungsfähigkeit« der Einzelnen ab, also davon, inwieweit sie fähig sind, »produktiv mit sich wandelnden Bedingungen ihrer beruflichen Laufbahn umzugehen, die zu einer
wachsenden Verantwortung für die Gestaltung der eigenen Be-
rufslaufbahn führen«.[142]

Die Gute Arbeit will gepflegt und immer wieder gesucht werden. Das heißt, der alte Karriereplan hat ausgedient. Auch hier
gilt also: Der beste Weg zur Guten Arbeit ist der Entdeckerweg.
Deshalb möchte ich Sie noch einmal dazu einladen. Nachdem
Sie den Entdeckerweg zum Guten Leben bereits ein paar Kapitel
lang beschritten haben, kommen Sie doch noch einmal mit! Dieses Mal geht es um einen konkreten, einen zentralen Lebensbereich, den Beruf.

Ich hatte das große Glück, dass mir zwei Menschen mit sehr
spannenden Berufsbiografien ausführlich Auskunft über ihren
Entdeckerweg zur Guten Arbeit gegeben haben. Der eine ist
Simon Rolfes, früherer Profifußballer, von 2008 bis 2015 Mann-
schaftskapitän von Bayer 04 Leverkusen, Nationalspieler und
Vize-Europameister 2008. Rolfes hat noch während seiner Karriere ein Sportmanagementstudium aufgenommen und berät
nun junge Spieler mit seiner eigenen Firma (www.rolfes-elsaes
ser.com). Seine Aufgabe sieht er darin, die Nachwuchsspieler
langfristig zu begleiten und schon früh Weichenstellungen zu ermöglichen, sodass ihre Laufbahnen nachhaltig erfolgreich sein
können. Er gibt damit eins zu eins weiter, was er über gute Laufbahnen aus seiner eigenen Spielerpraxis weiß. Sein Credo: »Je
langfristiger ein Spieler seine Karriere angeht, umso größer ist
der Erfolg.«

Mein zweiter Interviewpartner ist Janosch Kriesten, der bereits sehr jung gemeinsam mit drei Freunden das Limonaden-
label Trendbrause (www.trendbrause.de) gründete, »weil wir gerade die Möglichkeit hatten«, wie er sagt. Trendbrause ist ein
(noch) kleines Start-up, das nicht nach einem Businessplan
wächst, sondern nach den Optionen, die sich im Laufe der Fir-
mengeschichte eröffnen. Janosch Kriesten sieht seine berufliche

Zukunft noch offen, er könnte sich sowohl vorstellen, in seinem erlernten Beruf als Erzieher zu arbeiten, als auch das Unternehmen weiterzuführen, oder aber ganz andere Projekte zu entwickeln.

Ausschnitte aus diesen beiden Interviews sowie Fallbeispiele aus meiner Praxis und der meiner Kollegen illustrieren in diesem Kapitel, was ich unter »Guter Arbeit« verstehe und wie der Entdeckerweg dorthin aussehen kann. Einige Anregungen für Übungen werde ich Ihnen – wie in den vorangegangenen Kapiteln zum Entdeckerweg – ebenfalls geben.

Also: Auf ein Neues! Begeben Sie sich auf diesen speziellen Teil Ihres persönlichen Entdeckerweges und entdecken Sie Ihre Gute Arbeit. Ich glaube, jetzt ist die richtige Zeit dafür. Die Chancen stehen besser denn je für uns, eine Arbeit zu haben, die genau die richtige ist.

Übung

Nehmen Sie sich kurz Zeit, um über die folgende Frage nachzudenken: Womit rechnen Sie fest in dem Abschnitt Ihrer beruflichen Zukunft, den Sie überschauen können? Jetzt stellen Sie sich vor: Genau dieses Ereignis ist vollkommen ausgeschlossen. Nichts ist also mehr so, wie es sein sollte. Was würden Sie als Nächstes tun? Welche bisher unerwarteten Schritte in Richtung einer Guten Arbeit wären Ihnen jetzt möglich?

DER ENTDECKERWEG ZUR GUTEN ARBEIT

Ein Entdeckerweg steckt, ganz gleich, wie er ansonsten aussieht, immer voller Experimente. Sich beruflich weiterzuentwickeln, indem man sich in ein Abenteuer begibt, seinem Gespür für Stimmigkeit folgt und mit Experimenten seiner Guten Arbeit immer näher kommt, mag auf den ersten Blick riskant und abwegig erscheinen. Es ist jedoch mindestens ebenso riskant – und führt nicht sicherer zu guten Ergebnissen –, den eingleisigen Weg zu wählen, der vor allem nach Planungssicherheit oder nach dem perfekten »Glück im Job« sucht. Inzwischen unterstützen auch die Ergebnisse wissenschaftlicher Forschungen sowie die praktischen Erfahrungen von Laufbahnberatern den experimentellen Weg.[143]

Das Erste, zu dem ich als Entdecker bereit sein muss, ist, aktiv zu sein, ohne alle mittel- und langfristigen Folgen meines Handelns überschauen zu können. Nur so beginne ich mit einer Bewegung, die mich über Experimente zu einer Guten Arbeit führt, wie auch Simon Rolfes im Interview bestätigt:

Das Aktive ist oft eine so große Hürde. Man muss mal einfach machen. Häufig entwickeln sich Dinge, wenn man ganz unkompliziert an sie herangeht. Dann hat man manchmal schon nach fünf Minuten ein Ergebnis. […] Man ist gewohnt, es sich viel zu kompliziert zu machen. Wenn ich von einem interessanten Menschen erfahre, mit dem ich mir eine Zusammenarbeit vorstellen könnte, dann heißt es für mich: Adresse rausfinden, E-Mail schreiben, herausfinden, ob es interessant ist für ihn, das zu besprechen. Wenn nicht: okay. Man verschwendet viel zu viel Zeit, indem man nicht aktiv ist.

In Experimenten sind Sie aktiv. Experimente sind unkompliziert. Sie entlasten Sie von der Mühe, eine berufliche Veränderung, die Sie gar nicht in Gänze überschauen können, im Vorhinein planen zu müssen, und von der Last, den Plan bis in alle Einzelheiten zu erfüllen. Das Vorantasten in kleinen Schritten nimmt Ihnen das einschüchternd große Paket »neuer Job« oder »Tun, was mir das Glück bringt« von den Schultern. Statt gleich komplett vom Tagesdienst als Krankenschwester in einer städtischen Klinik umzusatteln auf einen eigenen Pflegedienst in Selbständigkeit, machen Sie als Jobentdeckerin zum Beispiel zuerst einen kurzen Weiterbildungskurs in häuslicher Pflege. Wenn Sie dann weitermachen wollen, können Sie eine längere Fortbildung anschließen. Kommt Ihnen die neue Tätigkeit in den Fortbildungen weiterhin stimmig vor, kann ein nächster experimenteller Teilschritt sein, stundenweise nebenberuflich oder für einige Wochen während eines Sabbaticals für einen Pflegedienst zu arbeiten. Das Experiment wäre wahrscheinlich noch aussagekräftiger, wenn Sie dabei in mehreren Stationen mit unterschiedlichen Tätigkeiten arbeiten: bei Patienten zu Hause, im Büro, in der Fahrdienstleitung und so weiter. Bleibt auch hier die Stimmigkeit und passen auch die Rahmenbedingungen, die Sie beachten müssen, könnten Sie schließlich einen größeren Schritt wagen. Sie könnten Ihren ersten Job auf Teilzeit verkürzen, als »Broterwerb« mit regelmäßigem Einkommen behalten, während Sie einen eigenen Pflegedienst eröffnen. Wenn der gut läuft, wird er sowohl immer mehr Zeit in Anspruch nehmen als auch immer mehr Einkommen abwerfen, sodass Sie den Brotjob am Ende ganz auslaufen lassen können.

Viel eher als in einer Festanstellung sind Experimente in Form von Projekten oder kleinen, selbständig geführten Unternehmungen möglich. Ein Beispiel ist Trendbrause, dessen Gründung Janosch Kriesten wie folgt beschreibt:

Wir haben am Anfang gesagt: Wir probieren das einfach mal. Es war gar nicht so, dass wir ein Unternehmen gründen wollten. Wir haben nur geringes Geld in die Hand genommen. Vielleicht sind wir ein Risiko eingegangen, aber es war immer noch ein geschütztes Risiko. Wir haben nach einer Sicherheit gesucht und dann eine UG gegründet, damit wir, wenn wir Probleme kriegen, nicht privat haften. Und auch um den Kopf frei zu kriegen, Ruhe reinzukriegen. Man macht sich am Anfang Gedanken über gewisse Sachen: Was könnte passieren, wenn … Wenn man diese Gedanken abstellen kann, dann ist man viel freier im Kopf und reagiert ganz anders. […] Ich wollte schnell ein Netzwerk aufbauen, um relativ bald Unsicherheiten abzustellen. Mittlerweile brauche ich nur zwei oder drei Anrufe tätigen und ich habe die meisten Sachen gelöst. Das bringt sehr viel Sicherheit, man ist nicht mehr alleine. [...] Die Gründung ist ein großes Experiment. Wir haben bestimmte Risiken im Kopf ausgeschaltet. Was soll uns eigentlich passieren? Das, was wir gelernt haben, das ist unser Lohn, und den kann uns keiner mehr nehmen. Es ging nie um Geld. Jedes Mal, wenn Geld kam, haben wir überlegt: Was können wir jetzt damit probieren, was können wir mit Trendbrause jetzt damit machen?

Kriesten geht mit einer Haltung der Unverbindlichkeit an seine Projekte heran, die es ihm erlaubt, jeden neuen Schritt als Experiment zu sehen. Und er hat recht: In jedem Fall bekommt er einen Lohn, nämlich das, was er am Ende des Experiments gelernt hat.

Vermutlich wird sich Ihr Gewissen wiederholt melden und Ihnen Gründe nennen, warum es nicht möglich oder nicht vernünftig oder »nicht gut« ist, einfach loszulaufen. Einfach loslaufen sollen Sie aber auch überhaupt nicht. Natürlich gibt es möglicherweise gute Gründe, die dagegensprechen, mit Experimenten zu beginnen. Dass Sie und Ihr Lebenspartner ein Kind erwarten oder Ihre Mutter ernsthaft erkrankt ist und ihre Versorgung ungeklärt zum Beispiel. Es versteht sich von selbst, dass Sie beim Experimentieren rationale oder ethische Überlegungen berücksichtigen sollten.

Was tun Sie nun konkret, wenn Sie selbst ein Jobexperiment machen? Wie gehen Berufstätige vor, die Veränderungen experimentell angehen? Es gibt verschiedene Möglichkeiten, Erfahrungen aus Experimenten zu ziehen: Erfahrungen aus erster Hand sind die unmittelbarsten. Erfahrungen aus zweiter Hand sind weniger aufwendig zu gewinnen, aber auch weniger aussagekräftig. Die eigene Erinnerung oder das Vorstellungsvermögen kann man obendrein ebenso nutzen.[144]

a Erfahrungen aus erster Hand machen die Experimentatoren in der Praxis, indem sie eine noch unbekannte berufliche Tätigkeit erproben. In dem Beispiel der Krankenschwester geschah das zuerst im Nebenberuf. Möglich ist es auch in Vollzeit, was allerdings noch voraussetzungs- und folgenreicher ist: Das Einkommen muss gesichert sein oder durch Zeiten des Konsumverzichts ausgeglichen werden; die Qualifikationsvoraussetzungen sind möglicherweise höher; die Erwerbsform (selbständig oder abhängig beschäftigt, befristet oder unbefristet und so weiter) muss geklärt werden; der Erfolgsdruck wird größer sein; ein Abbruch des Versuches hat eventuell weitreichende Folgen. Und so fort.

Eine dritte Möglichkeit der Erfahrung aus erster Hand sind Bildungsvorhaben. Eine Weiterbildung bringt in einem zeitlich befristeten Rahmen eine grundlegende praktische Einführung in die neue Tätigkeit, die darüber hinaus durch qualifizierte Personen begleitet wird. Eine freiwillig gewählte Weiterbildung setzt Sie zudem unter keinen Verpflichtungsdruck, da Sie nach ihrem Ende nicht zwingend in dem Tätigkeitsbereich arbeiten müssen.

Ähnlich unverbindlich sieht es bei Praktika aus. Praktika können Sie in unterschiedlicher Länge machen, typisch sind sie allerdings in einer Länge zwischen zwei Wochen und einigen Monaten. Eine Art Mini-Praktikum ist der Schnuppertag, der vor allem in kleineren Firmen gut möglich ist und bei dem Sie den Praktikern einen Arbeitstag lang über die Schulter schauen können. Das reicht eventuell schon für ein erstes Gespür dafür, ob die Tätigkeit für Sie stimmig ist oder nicht.

Schließlich eignen sich auch unbezahlte (ehrenamtliche) Tätigkeiten, um einen Eindruck von einem Job zu gewinnen. Je ähnlicher die unbezahlte Tätigkeit dem Job ist, über den Sie Informationen gewinnen wollen, desto besser.

b Erfahrungen aus zweiter Hand machen Sie auf dem Entdeckerweg zum einen durch andere Menschen, die in dem Bereich, der Sie interessiert, bereits arbeiten. Deren Erfahrungsberichte sind oft sehr wertvoll, da sie komprimierte Informationen enthalten, die Sie durch gezieltes Nachfragen noch erweitern können. Ein Nachteil ist allerdings ihre Subjektivität.

Literatur oder Onlineangebote sind eine weitere indirekte Erfahrungsquelle. Manche Laufbahnratgeber oder Biografien enthalten Fallbeispiele, aus denen sich das eine oder andere entnehmen lässt. Internetforen, Blogs oder Onlineratgeber zu einzelnen Fachgebieten bieten eine Fülle an Informationen (die man allerdings unter Umständen langwierig sichten und filtern muss). Sorgfältige Recherche kann sich hier auszahlen.

c Eine gut erreichbare Erfahrungsquelle sind Ihre eigenen Erinnerungen. Hatten Sie bereits »Kontakt« zu dem Berufsfeld, das Sie interessiert? Welche Erfahrungen haben Sie dabei gemacht? Welche beruflichen Veränderungen haben Sie ganz allgemein schon durchlaufen und was haben Sie daraus mitgenommen? Gibt es bestimmte Muster, nach denen berufliche Veränderungen bei Ihnen ablaufen? Inwiefern helfen Ihnen Erfahrungen bei dem anstehenden Übergang? Selbstredend sind Ihre Erinnerungen nur so viel wert wie ihr Umfang und ihre Übertragbarkeit auf Ihre heutige Situation.

Dies kann auch ein Thema sein, das Sie schon einige Zeit begleitet und dem Sie jetzt erst Bedeutung für Ihre beruflichen Entscheidungen beimessen. Bei Simon Rolfes war das die Rolle als Ratgeber für jüngere Kollegen.

Während meiner Zeit als Kapitän in Leverkusen habe ich gemerkt, dass junge Spieler mit Fragen zu mir gekommen sind. [...] Das hat mir zum einen selbst Freude gemacht, aber es war auch schön zu sehen, dass die Spieler dankbar dafür waren. Da habe ich gemerkt, dass da ein großer Bedarf ist. Und dass ich auch gut darin bin.

Seine Erfahrungen mündeten später schließlich in der Entscheidung, beruflich als Karriereberater für junge Profifußballer zu arbeiten.

d Schließlich bleibt noch die Möglichkeit des Gedankenexperiments. Dabei geht es darum, sich so plastisch wie möglich auszumalen, wie Sie in der neuen Tätigkeit agieren würden. Beobachten Sie bereits dadurch eine Veränderung Ihres Stimmigkeitsgefühls? Fallen Ihnen Dinge an der Tätigkeit auf, die Ihnen vorher nicht bewusst waren? Gedankenexperimente können eine erste Ahnung vermitteln, wie Sie und der neue Job zueinanderpassen.

In der Unverbindlichkeit von Gedankenexperimenten liegt gleichzeitig auch ihr großer Vorteil. Sie »sind ein wirksames Mittel der Exploration, denn sie erlauben es Ihnen, eine Erfahrung in Gedanken zu machen, ohne dabei handeln zu müssen oder sich auf etwas zu verpflichten«.[145] Gedankenexperimente können Sie sogar über Jahre neben Ihrem laufenden Arbeitsalltag immer wieder machen und Ihren »Versuchsaufbau« dabei allmählich verfeinern. Simon Rolfes erzählt, dass er sich zum ersten Mal 2010 mit Gedankenexperimenten beschäftigt hat, dem Jahr, in dem er wegen einiger Verletzungen für Monate kein Spiel bestreiten konnte.

Die Frage kam von heute auf morgen auf: Wenn du jetzt Invalide bist, was machst du denn dann? Das war eine grundsätzliche Frage, die aufs Tapet kam: Werde ich Trainer, gehe ich in die Jugendarbeit? Das war der Anstoß. Daraufhin bin ich immer weiter in die Tiefe gegangen: Was willst du machen? Parallel haben sich auch Dinge ergeben. Ich habe mich zum Beispiel immer für Finanzen interessiert. Mich haben auch oft Spieler nach dem Thema »Finanzen« gefragt. Es kamen dann immer mehr Fragen dazu: Willst du selbständig sein oder als Angestellter arbeiten? Seit 2010 war es ein kontinuierlicher Prozess, der immer mehr ins Detail ging.

Welche Art von Experiment passt für Sie am besten? Können Sie das Experiment, das Sie gerne starten würden, bündig beschreiben?

Übung

Stellen Sie sich vor, Sie müssten einem Grundschulkind von Ihrem Experiment erzählen. Das bedeutet: Sie müssen es in einer relativ einfachen, klaren Sprache tun. Was erzählen Sie ihm?

Wie Sie bei einem Experiment ansetzen, ist eine Frage, *wo* Sie einen Ansatz finden, eine andere. Auch hier gibt es verschiedene Alternativen. Die naheliegenden drei sind: entweder bei der Tätigkeit selbst, bei Orten oder bei Personen.

1. Ein Beispiel aus einem meiner Berufsorientierungskurse: Ein promovierter Soziologe beschließt, nach dem Auslaufen seines befristeten Anstellungsvertrages an einer Universität die akademische Laufbahn zu verlassen. Er lässt sich auf ein Jobexperiment ein, das drei verschiedene Tätigkeiten umfasst: die Redaktion von Onlinenachrichten, die ein Freund von ihm seit Kurzem auf einer neuen Plattform anbietet, eine Anstellung bei einem Meinungsforschungsinstitut sowie eine noch ungewisse Laufbahn als Referent für Abgeordnete im Landtag oder im Bundestag, was ihn sehr interessieren würde. Er entschließt sich dazu, in drei aufeinanderfolgenden Schritten zu experimentieren. Zuerst wird er ein Praktikum in dem Meinungsforschungsinstitut machen, das günstigerweise seinen Sitz in seiner Stadt hat. Danach möchte er seinen Freund als Onlineredakteur unterstützen, bis dieser auf sicheren Füßen steht und noch mehr Personal einstellen kann. Den Job im Onlinejournalismus würde er auch beibehalten können, wenn er zum dritten Experiment aufbricht, der Arbeit als Assistent eines Berufspolitikers – wofür ihm allerdings noch die Eintrittskarte fehlt, er hat leider keine Kontakte in die Politik. Möglicherweise hat er bis dahin aber bereits entschieden, einen der beiden anderen Berufe weiterzuverfolgen.

2. Statt bei Tätigkeiten könnten Sie ebenso bei Orten ansetzen. Ein (riskanter) Weg wäre dann, die Politiker-Assistenz als erste Alternative zu wählen und in die nahe Landeshauptstadt zu ziehen. Das Experiment bestünde darin, zu versuchen, aus der örtlichen Nähe zum politischen Personal Kapital zu schlagen und sich als Referent im Landtag anzubieten. Der Zeitpunkt ist günstig: Die Wahlen werden bald stattfinden. Ein Vorteil ist der Umzug in jedem Fall, da die zeitraubende Arbeit als Referent erfordert, dass unser Soziologe in Düsseldorf oder in der unmittelbaren Umgebung wohnt. Der Standort wäre für die beiden anderen Jobalternativen kein Nachteil, da sie eine ständige Präsenz vor Ort nicht unbedingt erfordern.

3. Drittens schließlich könnte unser Soziologe auch bei Personen ansetzen. Das heißt: Er verschiebt und erweitert seine Netzwerke. Die meisten neuen Beschäftigungen findet man über andere Menschen.[146] Der Soziologe aus unserem Beispiel hat mit seinem Freund bereits einen guten Kontakt, der ihm eine sehr konkrete Möglichkeit für ein Experiment eröffnet. Häufiger als Kontakte dieser Art, die gleich einen ganzen Job inklusive Infrastruktur und Netzwerk beinhalten, sind flüchtige Bekanntschaften, die zunächst nur auf eine Tür weisen, die in den neuen Bereich führt. In unserem Beispiel ist das die Leiterin des Meinungsforschungsinstituts, die an der Universität des Soziologen als Gastdozentin gelehrt hat und ihn daher flüchtig kennt. Sie hat ihn vor einiger Zeit auf die Möglichkeit eines bezahlten Praktikums hingewiesen, die er nun gerne nutzen würde. Später kann sie ihm darüber hinaus weitergehende Informationen über Beschäftigungen im Meinungsforschungssektor vermitteln. Solche Kontakte aus dem neuen Tätigkeitsfeld sind zugleich Türöffner und Trittsteine, die den Weg in dieses Feld erleichtern.

Es ist deshalb wichtig, neugierig und offen auf interessante Menschen zuzugehen, aktiv Kontakte zu suchen und beständig »den Kreis zu erweitern«, wie Janosch Kriesten sagt.

Warum soll ich mir nicht die Zeit nehmen, wenn jemand nach einem Gespräch fragt? Es kommt ja auch etwas zurück. Es entwickeln sich daraus wieder neue Sachen. Nicht mit der Brechstange, sondern einfach, weil man laufen lässt. Da kommen Ideen und man sagt: Ich habe richtig Bock, die jetzt umzusetzen. Vielleicht kann man die Idee nicht sofort umsetzen, aber irgendwann holt man sie wieder hervor und merkt: Jetzt geht es, und man braucht gar nicht mehr so viel Kraft reinstecken. Es braucht vielleicht diese gewisse Zeit einfach.

Das bestätigt auch Simon Rolfes:

Es ist wichtig, dass man kommuniziert. Wenn keiner weiß, was man tun will und wie man denkt, welche Ansätze man hat, dann kommt auch keiner auf einen zu. Wenn man das aber tut in seinem Umfeld, dann fühlen sich Leute auch angesprochen. Dann entwickeln sich viele Dinge vielleicht nicht, aber andere entwickeln sich, die auch interessant sind.

Janosch Kriesten schafft Gesprächen bewusst viel Raum, um die Möglichkeit, dass darin etwas passieren kann, überhaupt erst zu schaffen.

Ich ziehe ein Gespräch gerne bewusst ein bisschen in die Länge. Ich lasse Zeit, um zu schauen: Welche Interessen hat mein Gesprächspartner? Welchen Antrieb hat er? Hat er Bock drauf oder will er Geld rausziehen? Wer ist die Person? Erst die Person kennenlernen und dann schauen, was man zusammen machen kann!

Wann aber beenden Sie ein Experiment am besten? Nach welchen Kriterien entscheiden Sie, wann es erfolgreich ist und wann (noch) nicht? Der Zweck der Experimente ist es, einem Guten Job möglichst nahe zu kommen. Sie entscheiden, mit wie viel Annäherung Sie sich zufriedengeben. Auskunft darüber, wann dieser Punkt erreicht ist, gibt die Stimmigkeit – das wissen Sie bereits. Sobald Sie denken, dass Sie ein Maß an Stimmigkeit gefunden haben, mit dem Sie zufrieden sind, endet das Experiment. Darauf folgt eine Phase der Reflexion und Festigung (»die Karte zeichnen«).

Es gibt jedoch auch bestimmte Ereignisse, die Ihnen dabei helfen, den richtigen Punkt für das Ende zu finden.

› Wenn Sie etwas Distanz zum Berufsalltag aufbauen konnten, in einem Sabbatmonat, im Urlaub oder dergleichen, und plötzlich die Einsicht kommt, welches der nächstbeste Schritt ist. Der berühmte Knoten platzt am ehesten mit Abstand zur Arbeitsroutine und zu den Entscheidungsproblemen, die ein anstehender Wandel mit sich bringt.[147]

› Wenn Ihnen Freunde, Kollegen und so weiter sagen, dass Sie immer dann einen sehr begeisterten Eindruck machen, wenn Sie von Ihrer neuen Tätigkeit erzählen.

› Wenn Personen aus dem neuen Arbeitsfeld (zum Beispiel ein Mentor, der Sie unter seine Fittiche nimmt) Ihnen helfen, Eindrücke, die Sie selbst noch nicht einordnen können, zu deuten und zu erklären. Sie geben Ihnen damit ein Stück weit Orientierung, die Sie für die Übergangsphase so dringend brauchen.

› Wenn es Ihnen gelingt, die in Ihrem neuen Arbeitsfeld üblichen Verhaltensweisen zu übernehmen, und Sie sich dabei authentisch fühlen. Jede Arbeitsstelle hat ihre eigene »Kultur«, ihre eigenen »Dos and Don'ts« und ihre eigene Sprache. Es macht Ihnen nichts aus, diese zu kopieren und in Ihr eigenes Repertoire aufzunehmen.

Wie für alle Ihre Experimente gilt: Sie finden über die Zeit Ihre eigenen Anzeiger für Stimmigkeit. Führen Sie die Experimente so durch, dass Ihre zuverlässigsten Anzeiger aktiv werden.

Übung

Stellen Sie sich vor, Sie müssten Marketingexperten Ihre neue Tätigkeit erklären: Wofür steht die Tätigkeit, mit der Sie sich im Experiment beschäftigen? Mit welchen Begriffen können Sie sie am treffendsten kennzeichnen (zum Beispiel: »umsorgen«, »Kontakt zu anderen Menschen«, »neu schöpfen«, »zielgerichtet«, »Begeisterung« und so weiter)? In welchen dieser Begriffe finden Sie Anzeichen für Stimmigkeit? Gehen Sie dem nach: Inwiefern erfüllt die Tätigkeit diese Anzeichen für Stimmigkeit?

Und nach dem Abschluss des Experiments? In einem Übergangsprozess, während ich zum Beispiel zwischen einem alten und einem neuen Beruf oder zwischen zwei Entwicklungsschritten schwebe, durchlaufe ich meistens mehrere Experimentschleifen, in denen ich zuerst jeweils einen praktischen Versuch mache, dessen Auswirkungen zu erfassen versuche und anschließend mit einem neuen Schritt beginne. Durch Reflexion die Auswirkungen zu erfassen, haben wir in Kapitel 7 als Zeichnen der Entdeckerkarte kennengelernt. Ich komme in der Reflexion zu einem neuen Ausgangspunkt, sodass ich das nächste Experiment auf einer veränderten Grundlage beginne. Im Idealfall habe ich mehr Stimmigkeit gefunden und weiß daher, dass ich mich mit dem Experiment meiner Guten Arbeit genähert habe. In der nächsten Schleife (im Beispiel oben das Sabbatical) kann ich dieser Spur nachgehen und das Experiment verfeinern. Die Karte zeichne ich dabei immer weiter und erlange so auch immer mehr gesicherte Kenntnisse vom Territorium meiner Guten Arbeit.

Damit ich merke, dass ich mich meiner Guten Arbeit nähere beziehungsweise mich von ihr entferne, muss ich in erster Linie auf Anzeichen für Stimmigkeit achten. Stimmigkeit wird oft vernachlässigt bei der Suche nach einem Beruf, der zum Guten

Leben beiträgt. Andere Faktoren werden oft als wichtiger einge-schätzt, zum Beispiel das Einkommen oder die Qualifikation (»Kann ich das auch wirklich?«). Das sind wichtige Faktoren, die Sie aber rational beurteilen sollten. Sie gehören daher zu einer späteren Phase des Abwägens, dem Schritt der Reflexion. Es ist wichtig, sie nicht mit der Einschätzung der Stimmigkeit in eins zu werfen, da Sie diese ja vor allem nach Ihrem Gespür vorneh-men. Ihr Gespür hilft Ihnen am ehesten, wenn es unbeeinflusst von vorhergehenden rationalen Urteilen bleibt. Sie sollten daher zuerst nach der Stimmigkeit fahnden (so wie Sie es in Kapitel 4 gesehen haben). Lassen Sie Ihre Einschätzung der Stimmigkeit in die Reflexion miteinfließen.

Über Ihr Jobexperiment zu reflektieren ist essenziell, weil Sie erst durch eine solche »Auswertung« für die nachfolgenden Experimente lernen. Lassen Sie sie unter den Tisch fallen, sto-chern Sie nur herum, ohne zu wissen, ob Sie Ihrer Guten Arbeit näher kommen oder nicht. Der oben schon erwähnte Coaching-Klient, der über zehn Jahre nach einem passenden Beruf gesucht hat, tat dies unter anderem deshalb so lange, weil er es trotz einer ganzen Reihe von Versuchen mit unterschiedlichen Ausbildun-gen und Tätigkeiten nicht schaffte, größere Stimmigkeit zu fin-den. Er fing immer wieder von vorne an. Er probierte viel herum, experimentierte aber nicht. Deshalb blieb er in seiner Entschei-dungskapsel gefangen.

Wenn Sie mehrere Experimente durchlaufen, wird es auch einmal vorkommen, dass Sie stecken bleiben, weil eine Tätigkeit nicht stimmig ist oder ein anderer wichtiger Faktor gegen sie spricht. Beispielsweise könnte Ihr Lebenspartner vehement for-dern, damit aufzuhören, und Sie so in eine Zwickmühle bringen. In diesem Fall könnten Sie entscheiden, das Experiment zu beenden und die Tätigkeit zu verwerfen. Das sollten Sie dann auch genauso entschlossen tun, wie Sie vorher die Experimente angegangen sind. Erst dann ist Platz für ein neues. Der Vorteil der kleinen Schritte ist dabei, dass Sie in diesem Fall nur einen einzigen Schritt – nämlich den letzten – verwerfen und nicht gleich einen ganzen umfangreichen Plan. Im Anschluss können Sie sofort problemlos mit einem nächsten kleinen Versuch fortfahren.

MIT OFFENEN AUGEN:
DURCH ZUFALL ZUR GUTEN ARBEIT

Ab und an passiert Ihnen auf dem Entdeckerweg zur Guten Arbeit etwas aus reinem Zufall. Das Unverfügbare zieht auch im Beruf seine Kreise. Die kleinen Katastrophen (eine Krankheit gerade an dem Tag, an dem alle in das neue System eingearbeitet werden) bringt es ebenso mit sich wie die großen (Jobverlust wegen Kündigung). Manchmal spielt der Zufall Ihnen aber auch eine günstige Gelegenheit zu. Eine solche Gunst können Sie, wenn Sie entschlossen handeln, zu einem Experiment machen, das Sie Ihrer Guten Arbeit ein ganzes Stück näher bringt.

Entscheidend ist hierbei, dass es stets Sie selbst sind, der die Voraussetzungen dafür schafft, dass ein blinder Zufall zu einer willkommenen Gunst wird. Wie Sie in Kapitel 5 gesehen haben, ist es die Haltung der agilen Offenheit, die Ihnen Günste eröffnet. Das hat auch Ex-Fußballprofi Simon Rolfes erlebt.

Zufälle kommen nicht einfach so. Es kommt nicht einfach jemand im Hotel an deine Zimmertür und fragt dich um Rat. Anscheinend trauen einem die Leute in bestimmten Bereichen etwas zu. Man sollte schon darauf achten, was einem zufliegt. Man sollte mit offenen Augen durch die Welt gehen.

Berufliche Günste offenbaren sich oft nur in einem kurzen Zeitfenster, deshalb ist das Handeln hier wichtiger, als auf die Chance zum großen Wurf (dem »Traumjob«) zu warten. Ein ungewisses Fernziel lenkt Sie nur vom rechtzeitigen Handeln ab. Das Gleiche gilt für das Warten auf den ultimativen Grund zum Handeln.

Eine berufliche Gelegenheit ist nur dann eine Gunst, wenn Sie sie rechtzeitig erkennen und innerhalb des Zeitfensters in ein Jobexperiment verwandeln. Wollen Sie Günste für die Gute Arbeit nutzen, kommt es – wie beim Guten Leben allgemein – auf Ihre eigene Wahrnehmungs- und Handlungsfähigkeit an.

Wenn ich eines Tages jemandem meine ganze berufliche Laufbahn erzählen werde, dann, bin ich mir sicher, wird sie voll sein von Experimenten, an deren Anfang eine günstige Gelegenheit stand. Sie alle werden mich immer näher an meinen Guten Beruf herangeführt haben. Das fängt schon kurz nach dem Studium an. Zu dieser Zeit besuchte ich eine fächerübergreifende Vorlesungsreihe, die für Besucher aller Fakultäten und für bildungsinteressierte Bürger offen war und von einer Reihe von Professoren unserer Universität in Eigenregie organisiert wurde. Nachdem die Reihe einige Jahre gelaufen war, sollte sie nun um ein kleines Forschungsprojekt ergänzt werden. Die Rolle des Zufalls in dieser Geschichte ist, dass ich zu dieser Zeit gerade eine Stelle suchte, die zwar im akademischen Bereich angesiedelt, aber nicht zu fachgebunden sein sollte (Bedingungen, die für Stellensucher eine echte Herausforderung sind), und dass ich durch meine Teilnahme an der Veranstaltungsreihe frühzeitig von dem Projekt hörte. Ein fächerübergreifendes, universitäres Bildungsprojekt kam mir gerade recht.

Die Stelle gab es allerdings noch nicht. Niemand wusste genau, wie sie aussehen sollte. Also musste sie von den Organisatoren der Vorlesungsreihe erst eingerichtet werden. Das gelang auch in – für akademische Verhältnisse – atemberaubend kurzer Zeit. Ich konnte mich auf die Stelle bewerben, und tatsächlich bekam ich sie auch, zunächst befristet auf ein Jahr. Sie wurde nach Ablauf der Zeit zwar nicht verlängert, verhalf mir aber für zwölf Monate zu einem Einkommen und einer sehr interessanten Beschäftigung in einem Bereich, mit dem ich ohnehin befasst war. Und letztlich verhalf sie mir auch zu der Einsicht, dass ich nicht an der Universität bleiben wollte. Die Tätigkeit war für mich im Großen und Ganzen stimmig, das Umfeld war es jedoch größtenteils nicht. Ich glaube, dass mein späterer Entschluss, mich selbständig zu machen, auch aus dieser Zeit herrührt.

Damals hatte ich bereits begonnen, in einer Laiengruppe einmal die Woche Theater zu spielen. Wir probten *Kalldewey, Farce* von Botho Strauß, Jenny Erpenbecks *Katzen haben sieben Leben*, *Ein spanisches Stück* von Yasmina Reza, den *Sommernachtstraum* und andere Stücke. Nach einiger Zeit fragte mich die Spielleiterin, ob ich Interesse hätte, in dem Kinder- und Jugendtheater, zu dessen Ensemble sie gehörte, in theaterpädagogischen Ferienprojekten für Kinder mitzuwirken. Das tat ich, zuerst als Praktikant, dann gegen Honorar, immer in den Schulferien. Ich hatte zuerst keine Ahnung von theaterpädagogischer Arbeit. Die Kolleginnen und Kollegen, erfahrene Schauspieler und Pädagogen, machten es mir aber leicht, mich einzuarbeiten. Daraus wurde dann bald ein regelmäßiger Auftragsjob. Inzwischen arbeite ich seit über 15 Jahren theaterpädagogisch mit Kindern, biete auch eigene Projekte an als Teil meiner Freiberuflichkeit.

Für mich ist das ein typischer Fall einer Gunst: Ein völlig neuer Tätigkeitsbereich wird mir angeboten, ich kann unverbindlich etwas Neues lernen, nennenswerte Hindernisse gibt es keine. Ein neues, potenzielles Berufsfeld eröffnet sich, zusätzliches Einkommen steht in Aussicht. Konsequenz dieser Gunst ist eine Tätigkeit, die mich bis heute begleitet. Die Projekte sind über die Jahre tatsächlich lukrativer geworden und beinhalten nach wie vor Anschlussmöglichkeiten für weiterführende Tätigkeiten. Auf den Punkt gebracht: »Lehnen Sie nicht automatisch Gelegenheiten ab, weil sie nicht zu Ihren vorgefassten Zielen passen!«[148] Es könnte sich eine Gunst darin verbergen.

Danach fiel mir eine weitere Möglichkeit für ein Experiment vor die Füße. Was mir bis dahin nämlich fehlte, war die intellektuelle Beschäftigung mit Themen, für die ich mich begeisterte oder die mich aufregten, sowie die Beschäftigung mit Sprache als Arbeitsmittel. Mir fehlte also das Schreiben.

Wie in Kapitel 5 bereits erwähnt, arbeitete mein Bruder damals als Berater bei der Arbeitsagentur. Seinen Ratschlägen verdankte ich sowohl das Arbeitslosengeld I als auch die Förderung für eine Ich-AG. Die Selbständigkeit wurde dadurch zu einer realistischen Chance. Da ich in der Zwischenzeit ein Romanmanuskript begonnen hatte, war auch schnell klar, in welchem Bereich ich freiberuflich zu arbeiten gedachte: als Autor. Dass ich seitdem hauptberuflich Autor bin, verdanke ich also der Gunst, die sich aus einem – mittlerweile abgeschafften – Förderungsinstrument der Arbeitsagentur und einer guten Idee meines Bruders zusammensetzt.

Die dritte Tätigkeit, die ich heute noch ausübe, kam ebenfalls durch das Zusammenspiel von unbestimmten Vorstellungen und verheißungsvollen Gelegenheiten in die Welt. Persönliche Erfahrungen brachten mich auf den Gedanken, eine therapeutische Tätigkeit als Berater aufzunehmen. Außerdem entdeckte ich damals mein Interesse an dieser Form, mit anderen Menschen in Verbindung zu treten. Ich wusste nur nicht, wo ich anfangen sollte. Mein Plan war, bei Therapeuten und Weiterbildungsinstituten nach Informationen über Ausbildungsmöglichkeiten zu fragen und mir damit eine erste Orientierung zu verschaffen. Gleich in dem ersten Institut, in dem ich ein persönliches Gespräch angeboten bekam, schlug mir der Leiter vor, an der gerade anlaufenden Fortbildung zum lösungsfokussierten Berater und Therapeuten teilzunehmen. Ich hatte nur einige Tage Zeit bis zum Beginn der Veranstaltungen. Da mir sowohl das Menschenbild des systemischen Ansatzes als auch die wichtigsten Eckdaten des Ausbildungsganges zusagten, schlug ich ein und fand mich also innerhalb einer Woche in einer einjährigen Fortbildung zum lösungsfokussierten Berater wieder. Der bin ich heute noch, ebenfalls freiberuflich. Mehr noch: Diese Ausbildung hat mir mehrere weitere Türen geöffnet, unter anderem diejenige zum Trainer und Bildungsunternehmer sowie diejenige zum Fachbuchautor für Coaching und Beratung.

Lange Rede, kurzer Sinn: Meine heutigen Berufe begannen alle jeweils mit einer Gunst. Ich könnte heute nicht mehr sagen, was eigentlich mein Beruf ist. Alle vier Berufe, die ich habe (das

Schreiben, das Beraten, das Weiterbilden, die Theaterpädagogik), sind für mich stimmig. Mehr noch: Gerade weil es ein Verbund aus Berufen ist, finde ich in meinen Tätigkeiten Stimmigkeit. Ich möchte diese Vielfalt. Sie ist richtig für mich. Die vier Bereiche profitieren voneinander, sie erlauben mir, mich immer wieder für neue Themen und Arbeitsbereiche zu begeistern, gleichzeitig aber die Aufmerksamkeit für die großen Linien zu bewahren, die sich durch alle Tätigkeiten ziehen. Diese Linien werden immer klarer, je mehr Erfahrungen ich mache, soll heißen: Die Stimmigkeit wächst. Ich weiß inzwischen, dass ich »den Beruf fürs Leben« nicht brauche – so wenig, vermute ich, wie viele andere auch. Ich weiß mit Sicherheit, dass es besser ist, »statt nach erfüllender Arbeit zu suchen, eine Arbeit [anzustreben], die uns ein erfülltes Leben ermöglicht«, wie Roman Krznaric schreibt.[149] Wenn wir ein Gutes Leben wollen, sollten wir uns zu einer Guten Arbeit hinziehen lassen mit Experimenten, die wir machen, und Günsten, denen wir nachgehen.

Übung

Denken Sie kurz nach: Wann haben Sie in Ihrer Berufsbiografie schon einmal eine gute Gelegenheit sausen lassen, von der Sie im Nachhinein dachten, dass Sie sie lieber ergriffen hätten? Das kann auch eine kleine, folgenlose Begebenheit sein. Schreiben Sie die Episode auf.

Tun Sie das Gleiche mit einer Episode, in der Sie eine gute Gelegenheit tatsächlich ergriffen haben.

Vergleichen Sie die beiden Episoden. Welche Unterschiede in Ihren Handlungen und in Ihrer Haltung fallen Ihnen auf? Welche Gründe hatten Sie jeweils, so zu handeln, wie Sie gehandelt haben?

»GUT« SCHLÄGT »OPTIMAL«

Die Arbeitswelt ist heute so gestrickt, dass Sie höchstwahrscheinlich irgendwann einmal in einen Übergang hineingeraten: ein
Arbeitgeberwechsel, ein Berufswechsel, ein Umzug. Das bedeutet, dass Sie immer wieder aufs Neue in Entscheidungssituationen kommen, die Ihr weiteres Leben beeinflussen werden. Lassen Sie uns einmal durchspielen, was Sie tun, wenn Sie in solchen
Situationen im Sinne dieses Buches agieren und sich um eine
Gute Arbeit bemühen.

Am Anfang jedes Übergangs steht eine Notwendigkeit: Sie
sind entweder gezwungen, einen neuen Job zu finden, oder Sie
sind im Prinzip mit Ihrer beruflichen Tätigkeit zufrieden, fühlen
aber das Bedürfnis nach einem Tapetenwechsel. Dieser Wunsch
ist noch diffus, aber nichtsdestoweniger spürbar. Sie haben die
Stiefel schon geschnürt, wissen den Weg aber noch nicht.

Natürlich können Sie mittels eines wohlgeordneten Verfah-
rens versuchen, eine rationale Entscheidung darüber zu treffen,
was jetzt zu tun ist. Sie können eine sorgfältige Potenzialanalyse
durchführen, eine Liste Ihrer Stärken und Schwächen, Ihrer
erworbenen Kompetenzen und formalen Qualifikationen erstellen und sie mit Ihren Wünschen bezüglich Ihrer zukünftigen
Tätigkeit abgleichen. Ausgehend von diesem Abgleich würden
Sie ein konkretes Ziel entwickeln. Anschließend würden Sie Informationen darüber einholen, wie Sie dieses Ziel verwirklichen
könnten: in welcher Branche und in welchem Berufsfeld, welche
zusätzlichen Qualifikationen dafür nötig wären, welcher Zeit-
rahmen einzuhalten wäre und so weiter. Dann würden Sie die
Schritte festlegen, die notwendig sind, das Ziel zu erreichen. Sobald das Ziel, die Rahmenbedingungen und die Realisierungs-
schritte formuliert sind, könnten Sie loslegen und die Schritte
einen nach dem anderen abarbeiten.

Sicher: Durch das Reflektieren Ihrer Potenziale, Wünsche und
Möglichkeiten kommen Sie in der Theorie einer optimalen Ent-

scheidung nahe. Danach, mit einer optimalen Lösung vor Augen, sollte es Ihnen leichtfallen, die nötigen Schritte zu gehen. Genau das ist es, was Sie in vielen Ratgebern lesen können. Es ist das anerkannte Verfahren in unserer Kultur der Kontrollitis: Wir versuchen, Kontrolle über einen Teil unseres Lebens zu erhalten, indem wir ihn im Voraus planen, eine Ziel-Mittel-Kalkulation anstellen und den Plan dann bis zu seinem programmierten Ende erfüllen.

Janosch Kriesten ist mit seinen Mitgründern auch auf die Anforderung gestoßen, bevor man ein Unternehmen gründet, einen Businessplan zu erstellen. Sie haben den Rat jedoch zuerst in den Wind geschlagen.

Der Businessplan steht jetzt, weil er entstanden ist. Irgendwann sagte einer unsrer Mitgründer: Du, unser Businessplan ist jetzt fertig, wir müssen ihn nur noch formulieren. Am Anfang haben wir uns gesagt: Businessplan? Viel zu viel Arbeit! Das hemmt uns in unserer Kreativität, das ist eine Schranke. Man fordert von uns: Wir sollen kreativ sein und so weiter. Wenn wir von Unternehmungen sprechen, wird schon am Anfang gefordert: Schreibt einen Businessplan. Dadurch scheitert, glaube ich, sehr viel, weil gar nicht mehr gesagt wird: Probiert mal aus. Das ist aber das Entscheidende.

Kriesten weiß: Das vorgeplante Optimum ist selten eine gute Lösung. Warum also eine optimale Lösung suchen, wenn Sie doch eine *Gute* Arbeit wollen?

Einen Plan machen: Was gut und zielführend klingt, funktioniert leider selten problemlos. Realistischer ist, dass Sie trotz einer rational wasserdichten Lösung immer noch eine nachhaltige Orientierung vermissen werden. Für die braucht es zum einen etwas Zeit und zum anderen mehr als eine einzige vernünftige Entscheidung. Eine neue berufliche Identität können Sie leider nicht einfach so von der Stange aussuchen und dann überstreifen wie einen neuen Mantel. In der Regel wird es eine längere Phase des Übergangs geben, in der Sie mehr Fragen als Antworten haben werden. Nach einer klaren Richtung werden Sie erst suchen müssen. Was Sie vor allem tun müssen, ist, ins Handeln zu kommen.

Übung
Wie haben Sie Ihren letzten beruflichen Übergang erlebt? Holen Sie sich diese Zeit so konkret wie möglich ins Gedächtnis zurück: Gab es Schlüsselsituationen, gab es Personen, die maßgeblich waren? Aus welchen Gründen haben Sie damals diese Veränderung vollzogen? Denken Sie dabei an Ihre konkreten Handlungsgründe.

Die Richtung Ihres Handelns sollte gestützt sein durch die Erfahrungen mit Stimmigkeit, die Sie in Ihrer Berufstätigkeit bis dato gemacht haben. »Sollte«, weil Stimmigkeit eine Quelle ist, die vage Informationen liefert, die Sie mehr mit dem Gespür wahrnehmen als mit dem Verstand. Genau das ist in einer Phase der Veränderung aber wichtig. Die »harten« Fakten gewinnen Sie später, indem Sie handeln und danach die Auswirkungen Ihres Handelns bewerten.

Der erste praktische Schritt in den Übergang ist der schwierigste, denn bevor Sie ihn gehen, haben Sie noch keinerlei Erfahrung mit der neuen beruflichen Identität gemacht, der Sie sich erst nähern müssen. Sie werden sich vielleicht fragen, woher Sie den Mut nehmen sollen, dennoch mit der Veränderung zu beginnen.

Woher wird der Mut kommen? Machen Sie einen kleinen Versuch: Fragen Sie ein paar ehemalige Raucher danach, wie sie aufgehört haben. Nicht wenige werden Ihnen antworten: »Ich bin aufgewacht an diesem Morgen im November und habe gedacht: Schluss! Seitdem habe ich keine Zigarette mehr angerührt. Einfach so.« Woher kommt diese plötzliche Entschlossenheit (zum Teil nach langen Jahren vergeblicher Versuche, mittels aller möglichen Entwöhnungsmethoden das Rauchen loszuwerden)? Hat es dazu Mut gebraucht? Das ist eher unwahrscheinlich, denn um Mut zu sammeln, braucht es zuallererst die Angst, gegen die er sich richten kann. Angst hatten die Spontanentwöhner im entscheidenden Moment aber nicht, dazu war gar keine Gelegenheit. Die einzige Erklärung ist, dass mit einem Mal ein Knoten geplatzt ist. Es gab den Moment, in dem es keiner weiteren Vorsätze, Überlegungen und Beschlüsse mehr bedurfte. Das Handeln übernahm das Ruder. Es mag deshalb erscheinen, als käme der Entschluss aus heiterem Himmel. Das tut er nicht, er hat seine Vorbereitung in den vielen vergeblichen Versuchen. Die ewigen Wiederholungen gleichen einer langlebigen Entscheidungskapsel (siehe Kapitel 6). Der Raucher dreht sich lange Zeit darin, ohne die Hülle überwinden zu können. Und plötzlich hält er einen Eispickel in der Hand, das richtige Werkzeug dafür, die Schale zu durchstoßen.

In Ihrer Berufsbiografie kann es solche Momente ebenfalls geben, in denen Ihnen die Entschlossenheit zufällt, ohne dass Sie zuerst Mut fassen müssen. Das sind die Momente, in denen Sie sich sagen: »Jetzt tu ich's einfach!« Diese Entschlossenheit bekommt manchmal auch Schützenhilfe von außen. Eine Entlassung etwa ist sicher einschüchternd und unangenehm, sie kann der Entschlossenheit jedoch auch das nötige Momentum verleihen.

Manche beruflichen Veränderungen sind allerdings tatsächlich ein Wagnis, für das es Mut braucht. Bevor Sie eine Stelle antreten, in der Sie zum ersten Mal Führungsverantwortung haben werden, bekommen Sie verständlicherweise kalte Füße. Springen Sie ins kalte Wasser der Selbständigkeit als Berater, nachdem Sie 20 Jahre im Außendienst bei einem Küchenhersteller gearbeitet haben, erfordert das natürlich Wagemut von Ihnen. Manch einer hat allerdings mehr Mut, als er ahnt. Ich hatte schon des Öfteren Klienten, die sich über sich selbst gewundert haben, als ihnen in unseren Gesprächen vor Augen kam, wie mutig sie in der Vergangenheit bereits gehandelt hatten.

Man kann der eigenen Courage zudem mit einfachen Mitteln auf die Sprünge helfen:

› Vergegenwärtigen Sie sich, wo Sie stabile Unterstützung erfahren, etwas, das sich nicht verändern wird, während Sie den Übergang zu einem neuen Job durchlaufen. Ein Lebenspartner zum Beispiel, der Ihnen den Rücken freihält. Das kann aber auch eine stabile Wohnumgebung sein, die Familie, ein erfüllendes Hobby oder eine Menge anderer Dinge. Suchen Sie nach dem, das konstant bleibt, während Sie auf dem Entdeckerweg unterwegs sind!

› Halten Sie nach Dingen Ausschau, die diese Konstanz in dem neuen Berufsfeld für Sie bereitstellen. Gibt es dort zum Beispiel eine Person, die Sie schon kennen? Welche Ihrer vertrauten Kompetenzen und Tätigkeiten werden Sie in dem neuen Job wiederfinden? Ist Ihnen die Art und Weise des Umgangs unter den neuen Kollegen bereits vertraut?

› Professionelle Hilfe durch ein Coaching kann ebenfalls eine große Unterstützung sein. Aber auch gute Freundinnen und Freunde können diese Funktion erfüllen. Gespräche wirken manchmal Wunder. Einer meiner Klienten brauchte nur eine einzige Sitzung, um wieder mit dem Schreiben zu beginnen – für ihn reichte ein Gespräch, das ihm beiläufig bestätigte, grundsätzlich auf dem richtigen Weg zu sein.

› Die Regel der kleinen Schritte gilt auch hier. Sie brauchen nicht so viel Mut, wenn die berufliche Veränderung, vor der Sie stehen, weniger groß und einschüchternd wirkt. Deshalb ist es wichtig, sich zunächst mit kleinen Schritten in den neuen Job vorzutasten. Das gilt vor allem für den ersten Schritt. Sofern Sie die Möglichkeit haben, unternehmen Sie diesen, während Sie noch sicher im alten Job verankert sind. So behalten Sie die existenzielle Sicherheit und erfahren gleichzeitig die Freiheit, Ihre Fühler ins Unbekannte ausstrecken zu können.

› Schließlich fällt Ihnen entschlossenes Verändern umso leichter, je häufiger Sie sich verändern. Den Mut dazu können Sie sich mit der Zeit aneignen.

Übung

Bevor Sie eine berufliche Veränderung vollziehen und in ein Jobexperiment starten, erzählen Sie möglichst vielen Bekannten von Ihrem Vorhaben, von denen Sie annehmen können, dass sie Sie unterstützen werden. Beobachten Sie, wie sich Ihre Zuversicht und Ihre Haltung zu dem bevorstehenden Experiment verändern.

»BREIT« SCHLÄGT »ENG«

Noch ein paar Worte zum Thema »Spezialisierung«: Sie ist nach wie vor das Leitbild für die berufliche Selbstpositionierung, ein unsterbliches Mantra der heutigen Arbeitswelt. Folglich wird jedem Berufsanfänger schon in der Schule eingebläut: »Wenn du richtig gut werden willst im Job, musst du dich spezialisieren« – und gut sollst du natürlich werden, sonst wird gar nichts aus dir. Der Satz ist einprägsam, aber in seiner Allgemeinheit schlicht falsch. Es ist der Erfahrung nach mitnichten so, dass professionelle Engführung eine Voraussetzung für Exzellenz oder beruflichen Erfolg wäre.

Im Gegenteil: Es gibt viele Tätigkeiten, in denen man Professionalität am ehesten durch eine facettenreiche (Aus-)Bildung und eine breite Perspektive erreicht. In diesen Bereichen werden Fähigkeiten gebraucht, die einen fundamentalen Charakter haben, das heißt grundlegende, unspezifische Fähigkeiten, die in konkrete Tätigkeiten übersetzbar sind. Ferner machen sie die Tätigkeit anschlussfähig an andere Tätigkeiten, denen dieselbe fundamentale Fähigkeit zugrunde liegt.

Diese Fähigkeiten sind wie gute Stiefel, die man als Entdecker braucht. Ein Beispiel: schreiben können. Gut formulieren zu können ist grundlegend für viele verschiedene Berufe. Es garantiert darüber hinaus Anschlussfähigkeit: Arbeite ich etwa in der PR-Abteilung einer Stadtverwaltung, kann ich vergleichsweise einfach auf Journalismus umsatteln, freier Autor oder Werbetexter werden. Dann wechsele ich zwar den Texttypus, die grundlegende Erfahrung mit dem Schreiben bleibt mir aber als Vorteil und Schlüssel zu den anderen Tätigkeiten erhalten.

Weitere Stiefel sind, unter vielen anderen:

› Führungsfähigkeit,
› die Fähigkeit, wertschätzend mit anderen Menschen zu kommunizieren,
› sicher vor Gruppen auftreten zu können,
› Informationen erfassen und strukturieren zu können,
› eine Vielzahl sprachlicher Register zu beherrschen,
› sich auf Habitus und Redeweise anderer reibungslos einstellen zu können,
› feinmotorische Fertigkeiten.

Der Wechsel der Tätigkeit, der oben beschrieben wird, führt von selbst fort von der Spezialisierung hin zu einer Laufbahn als »Serienspezialist«[150]. Die Tätigkeiten eines Serienspezialisten sind durch eine oder mehrere Stiefel-Fähigkeiten miteinander verknüpft. Er übt sie aber nicht parallel zueinander aus, sondern in der Regel nacheinander. Das tun viel mehr Berufstätige, als man denkt.[151] Vervielfachen sich die parallel ausgeübten Tätigkeiten, muss man von einem Generalisten oder »Parallelarbeiter« sprechen. Wichtig ist der Unterschied beider zum klassischen Spezialisten. Serienspezialisten und Generalisten vereinen eine Anzahl von Stiefel-Fähigkeiten auf sich, mit denen sie in der Lage sind, im Laufe ihrer Berufsbiografie verschiedene Tätigkeiten auszuüben beziehungsweise sich in diese einzuarbeiten – wobei sie sich die geforderten spezifischen Fertigkeiten jeweils aneignen. Ihr Vorteil liegt darin, dass sie schneller und leichter an Jobexperimente gelangen, da ihnen die Stiefel-Fähigkeiten immer wieder Anschlüsse eröffnen, denen sie nachgehen können. Zudem sind sie eher in der Lage, auf Günste zu reagieren, die zu einer ihrer Stiefel-Fähigkeiten passen.

Nehmen wir als Beispiel »sicher vor Gruppen auftreten können«: Sie arbeiten beispielsweise in einem Museum für Stadtgeschichte und führen dort regelmäßig Besuchergruppen durch die Ausstellung. Während einer kleinen Busreise erfahren Sie, dass der Reiseveranstalter nach Süddeutschland expandieren will und ab dem nächsten Jahr noch Reiseleitungen für Alpentouren benötigt. Sie kennen die Alpen zwar nicht, wissen aber, dass Sie gut mit kleinen Gruppen umgehen können. Die Fachkenntnisse können Sie sich schnell aneignen, ist auch der Arbeitgeber sicher, also sagen Sie zu und haben sich so einen neuen Nebenjob an Land gezogen.

Spezialisierung ist nicht der Königsweg zu einer Guten Arbeit. Wagen Sie mehr Breite, damit tun Sie sich oft den größeren Gefallen.

Mehr zur neuen Arbeitswelt und zum Entdeckerweg zur Guten Arbeit finden Sie unter:
www.peter-ploeger.de
www.whywework.de
www.facebook.com/whywework.de

KAPITEL 10

SCHWINGEN

Das Leben ist keine gerade Linie. Es ist keine ausgebaute Straße, keine Karriereleiter und kein Zeitstrahl. Das Leben ist eine Welle.

Wellen schwingen zwischen einem Scheitelpunkt und einem Wellental. Mal ist der Wellengang heftig, mit kurzen, tiefen Tälern und steilen Anstiegen. Mal ist er ganz ruhig und kaum zu spüren. Aber das Wasser ist in ständiger Bewegung. Das Leben ist auf seiner ganzen Länge ein Schwingen zwischen diesen Polen – in all seinen Aspekten: zwischen dem gefühlten Hoch und dem gefühlten Tief; zwischen Anspannung und Entspannung; zwischen der Nähe zum Partner und der Distanz zum Partner; zwischen Arbeit, die leichtfällt, und Arbeit, die einen an die Grenzen bringt; zwischen großer Vitalität und stumpfer Routine. Das Leben besitzt ein »Wellengangprinzip«, wie es Wilhelm Schmid nennt.

Das Leben wogt hin und her zwischen Zeiten, in denen es wunderbar, dann wieder furchtbar erscheint, in jeder Phase aber mit dem Anspruch auf alleinige Wahrheit, dass das Leben so »ist« und für immer so bleiben wird – bis die jeweilige Energie abgearbeitet ist und der Gegenpol wieder an Energie gewinnen kann.[152]

Wenn die Welle im Steigen begriffen ist, ist das kommende Sinken bereits unvermeidlich. Wenn sie sinkt, beginnt am Horizont schon die nächste Steigung. Nichts, das wir tun könnten, kann dieses Wellengangprinzip durchbrechen. Deshalb täuschen wir uns, wenn wir dem Machwahn folgen.

Das Gute Leben kann sich also nur dort befinden, wo ich dieses Schwingen akzeptiere. Und ich kann mich dem Guten Leben nur immer weiter nähern, indem ich es schwingend tue. Sobald ich versuche, mich in einer geraden Linie zu bewegen – etwa indem ich Anstrengungen unternehme, dauerhaft ein Glücksgefühl zu empfinden –, störe ich meine eigene Bewegung in Richtung Gutes Leben. Ich kann das Leben nur in seiner ganzen Fülle leben, also nur als fortlaufende Welle *mit* beiden Polen. Dann aber werde ich eine gute Erfahrung machen. Was nämlich »zur Fülle des Lebens beiträgt«, schreibt Schmid, »bestärkt das Glück, geschwächt wird es nur durch die Vereinseitigung der Erfahrung, meist nach der Seite des Angenehmen hin, die am ehesten festzuhalten versucht wird.«[153] Lasse ich von der Idee ab, dem Glück ununterbrochen verhaftet sein zu müssen, habe ich erst eine Chance, glücklich zu werden.

LEBEN BRAUCHT LEBENDIGKEIT

Wenn ich die Ideen, die mich an das Falsche binden, loslasse, passiert etwas mit mir: Ich werde lebendig. Erst wenn ich begreife, dass sich das Leben weder ganz verstehen noch ganz kontrollieren und erst recht nicht »machen« lässt, habe ich eine Chance auf ein Gutes Leben. Es ist anstrengender, einem eigenständigen, heuristischen Weg zu folgen als einem leicht nachvollziehbaren, aber übersimplifizierenden Versprechen auf ein gesichertes Glück. Das Leben fordert mich nicht dazu heraus, glücklich zu sein, es fordert mich dazu heraus, lebendig zu sein. Den Entdeckerweg einzuschlagen bedeutet, das eigene Leben lebendiger zu machen.

Lassen Sie mich das ruhig so apodiktisch formulieren: Leben ohne Lebendigkeit ist paradox – und das nicht bloß, weil die beiden Wortstämme identisch sind. Ich denke, dass das Lebendigsein zum Menschsein dazugehört, das heißt von allen gebraucht und gesucht wird. Die Suche nach Glück in allen ihren heutigen Ausformungen ist ein Ausdruck davon, wie sehr wir nach Lebendigkeit streben. Nur führt uns diese forcierte Glückssuche leider oft genug in die Irre und fort von der Stimmigkeit. Machwahn und Glücksstress halten uns vom Lebendigsein fern. Und was am Lebendigsein hindert, hindert daran, Stimmigkeit zu erleben. Wenn Sie für die Stimmigkeit taub sind, nützt Ihnen auch jedwedes Glücksgefühl nichts. Ein Glücksgefühl, das nicht stimmig ist, können Sie mit Recht ablehnen. »Ein Glücksgefühl ist gut, wo es am Platz ist. Wo Traurigkeit am Platz ist, ist es besser, traurig zu sein«, schreiben Robert und Edward Skidelsky. Je mehr wir dem Glücksstress nachgeben, desto weniger können wir unterscheiden, wann welches Gefühl angemessen ist, und desto weniger wagen wir es, traurig, erschöpft oder auf eine andere Weise nicht »im Glück« zu sein. Dabei ahnen wir bereits, dass Glück ohne Sinn, der es in einen größeren Zusammenhang stellt, leer ist. Wir brauchen »nicht bloß das Gefühl, glücklich zu sein, sondern Gründe für das Glück«.[154]

Unsere Zielgerichtetheit bei der Glückssuche wird uns dabei zu einem falschen Freund. Der Versuch, methodisch an ein erfüllendes Leben heranzugehen und Techniken zu benutzen, die das Suchverfahren optimieren sollen, läuft der Lebendigkeit zuwider. »Der Intellekt möchte sein Muster der Lebendigkeit aufprägen. Dieser Versuch des Intellekts ist immer zum Scheitern verurteilt.«[155] Wollen und Streben zerstören die Flüchtigkeit und Spontaneität, auf die das Gespür angewiesen ist. Machwahn und Glücksstress hindern uns daran, Stimmigkeit wahrzunehmen, und halten uns damit vom Guten Leben fern. Darin liegt der Schaden begründet, den sie verursachen. Wir sollten ihn nicht länger einfach so hinnehmen.

Günste, und wie ich auf sie reagiere, spielen eine große Rolle dabei, wie gut es mir gelingt, dem Schwingen zu folgen. Indem ich Günste geschickt nutze, kann ich das Schwingen zum Teil mitsteuern. In der Regel verändern und beschränken äußere Geschehnisse zwar meine Handlungsmöglichkeiten. Ich bin nicht vollkommen frei, zu tun, was immer ich will oder mir gerade in den Kopf kommt. Bietet sich mir aber eine Gunst, habe ich eine Chance, dem Unverfügbaren einen bestimmten Dreh zu geben. Entweder ich beschleunige die Bewegung der Welle: Befinde ich mich in einem Abschwung, verstärke ich den Abschwung und komme schneller durch ihn hindurch (wobei dasselbe auch für den Aufschwung gilt). Oder ich durchbreche die Dynamik punktuell, das heißt, ich gebe der Kurve eine etwas andere Richtung, mache sie steiler oder flacher.

In jedem Fall aber teste ich mich aus, wenn ich angesichts einer Gunst entschlossen handle. Folge ich den Günsten, komme ich allmählich meinem stimmigen Terrain immer näher. Ich lerne immer besser kennen, welche Handlungen und Haltungen, welche Situationen und welche Interaktionen sich für mich stimmig anfühlen. Der Prozess ist selbstverstärkend: Ich entwickele eine Ahnung davon, welche Gelegenheiten echte Günste sind, welche in größere Stimmigkeit führen und welche nicht. Ich bewege mich mäandernd durch die Terrains und lasse meine sich steigernde Erfahrung mein Kompass sein.

Ganz anders sieht es bei dem vergeblichen Versuch aus, durch Machwahn und Kontrollitis zu einem gelingenden Leben zu gelangen: Machwahn bedeutet ständige Unruhe und nicht Lebendigkeit. Im Machwahn liegt die Trägheit der monotonen Linie und nicht die Vitalität der Welle. Im Machwahn finden Sie nur Müdigkeit und nicht die Experimentierfreude des Entdeckers. Machwahn macht taub, Lebendigkeit öffnet Ihre Sinne.

Es gibt zwei Möglichkeiten, das Schwingen zu begradigen, die Dynamik der Welle zum Erliegen zu bringen und damit dem Leben die Lebendigkeit zu rauben:

1. Nach unten drängen: der Versuch, die Dynamik auf einem möglichst niedrigen Niveau zu halten, auf einer tiefen, durchgehenden Linie. Man versucht, eine konstante Distanz zum Partner zu halten, Tätigkeiten nachzugehen, die einen möglichst wenig herausfordern, oder emotional regungslos zu bleiben. Das ist eine Strategie, die Menschen zum Beispiel in psychischen Notlagen unbewusst einnehmen, um sich zu schützen und die Notlage nicht noch weiter zu vertiefen. Das subjektive Empfinden bei Depressionen verläuft in mancher Hinsicht auf einer solchen Linie. Aber auch Menschen, denen zeitweise der Mut fehlt, richten sich manchmal in einer solchen Dynamik ein und verlieren sich in der Unsicherheit, dem Schmerz und der Angst, ohne zu bemerken, dass die Welle inzwischen schon wieder eine Bewegung nach oben macht.

2. Nach oben drängen: der Versuch, die Dynamik auf einem möglichst hohen Niveau zu halten. Genau diesen Versuch unternehmen wir im Glücksstress. Wir wollen maximieren, was wir mit Glück, Positivität und so weiter verbinden. Dabei versuchen wir, die Wellendynamik genauso zu brechen wie in 1). Der Versuch ist allerdings genauso zum Scheitern verurteilt.

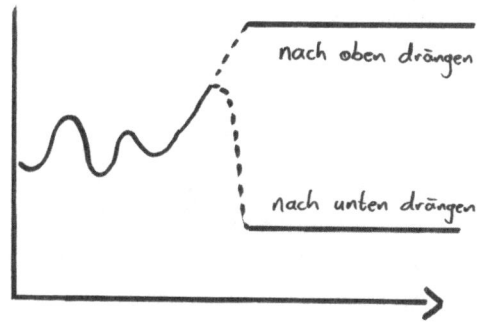

Beide Arten, die Welle zu zwingen, ihr Schwingen aufzugeben und gerade zu verlaufen, gehen also letztendlich nicht auf. Wir Menschen können vieles, aber dem Leben ans Eingemachte gehen können wir nicht – und das ist auch gut so!

Was wir tun können (von Zeit zu Zeit und in manchen Fällen), ist, das Steigen und Sinken etwas zu verkürzen oder zu verlängern. Und wir können versuchen, das Grundniveau der Welle zu verändern. Nichts anderes tun Sie, wenn Sie sich auf den Entdeckerweg begeben. Das Schwingen steht dafür, wie weit Sie sich im Vorwärtstasten dem Guten Leben annähern. Kommen Sie näher heran, befinden Sie sich in einem Aufwärtsschwung, entfernen Sie sich wieder, befinden Sie sich in einem Abwärtsschwung. Je besser Sie das Terrain Ihres Guten Lebens kennenlernen, desto häufiger bewegen Sie sich auch auf diesem Terrain. Sie werden ein eben entdecktes, stimmiges Terrain weiter erkunden; Sie können zu einem alten, schon bekannten stimmigen Terrain zurückkehren und es erneut durchwandern. Je mehr stimmiges Terrain Sie kennenlernen, desto höher setzen Sie das Level, von dem aus sich die Welle bewegt. Sie erreichen kein konstantes Maximum, das ist Ihnen, wie allem, das lebt, unmöglich. Aber Sie heben doch das Niveau an, auf dem das Schwingen stattfindet. Und das ist letztendlich alles, was Sie für eine größere Zufriedenheit brauchen.

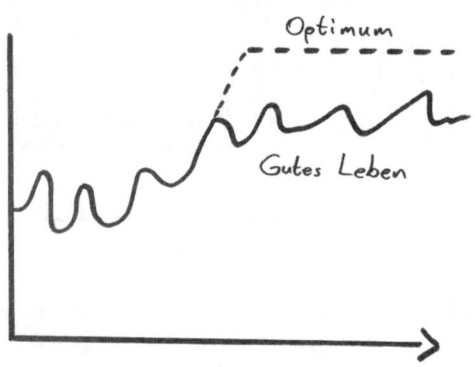

Für ein Gutes Leben müssen Sie auf Lebendigkeit setzen und dem Schwingen Raum geben. Dazu braucht es zwei Hände: eine zupackende und eine offene, die bereit ist, dass etwas in sie hineingelegt wird. Denn das Leben ist wie ein Vogel: Lassen Sie zu locker, fliegt er davon, drücken Sie aus Angst, er könnte fortfliegen, zu fest zu, stirbt er.

Erlauben Sie dem Leben, lebendig zu sein.

SIE SIND KEINE KIRSCHE, SIE SIND EINE GESCHICHTE

Ist in diesem Schwingen denn gar nichts stabil? Es mag ja sein, dass meine Empfindungen und Antriebe, meine Handlungschancen und Erfolgsaussichten, meine Beziehungen und Haltungen zu anderen sich beständig auf und ab bewegen. Aber meine fundamentale Identität, mein Wesenskern, bleibt doch gleich. Es gibt ein »wahres Selbst«. Und es gibt Methoden, mit denen ich es aufspüren kann. Wenn ich authentisch bin, kann ich mein »ganzes Ich verwirklichen« und endlich glücklich sein. Oder?

Mag ja sein. Aber: *Cui bono?*

Die Annahme, es gäbe irgendeinen inneren Kern oder ein vollständiges Ich, das mein eigenes Dasein ausmachen würde, bleibt eben das – eine Annahme. Der Glaube daran, dass ich dieses Ich im Verlauf meiner Existenz finden und für den Rest meiner Zeit konservieren und sogar für ein gelingendes Leben nutzen könnte, bleibt eine Hoffnung. Inwieweit diese Hoffnung erfüllbar ist, ist nicht ausgemacht. Die Glücksindustrie setzt mit ihren Selbstverwirklichungsangeboten darauf, dass sehr viele Menschen bereit sind, dieser Hoffnung zu folgen und ihr durch die (zum Teil teuer) bezahlte Teilnahme an diesen Angeboten Ausdruck zu verleihen. Ein Gutes Leben lässt sich aber auch ohne die Hoffnung auf einen inneren Kern haben – vielleicht sogar eher als mit ihm. Denn: »Die echte Suche nach sich selbst […] braucht aus Prinzip ein offenes Ende.«[156]

Meine Identität verwirkliche ich in erster Linie damit, dass ich praktisch handele in einer Welt, die mich vor bestimmte Herausforderungen stellt. Ich muss mein rein körperliches Fortbestehen sichern, indem ich Nahrung erwerbe oder für einen Platz zum Schlafen sorge. Ich muss den Anforderungen gerecht werden, die meine Erwerbstätigkeit an mich stellt – sei es, dass sie mir durch einen Vorgesetzten übermittelt werden, sei es, dass sie mir ein Markt vorgibt. Ich muss mich um andere Menschen kümmern – um meine Kinder, meinen Partner, meine Eltern – und deren Bedürfnisse im Blick haben. Und so weiter.

Die Art und Weise, wie ich angesichts dieser Herausforderungen handele und mich selbst wahrnehme und von anderen wahrgenommen werde, machen meine Identität aus. Identität ist also »work in progress« und kein Kern, der mir schon von vornherein einverleibt ist und an den ich herankommen kann, indem ich die lästige, ihn verdeckende Schale durchbreche und mich bis zu ihm vorarbeite. Ich bin ein Mensch und keine Kirsche.

Was ich erreiche, indem ich der Kernmetapher folge, ist, das Fruchtfleisch als etwas Unechtes und eher Lästiges zu definieren, das ich loswerden muss, um ein wahres und authentisches Dasein zu haben. Alles, was mich nicht zum Kern führt, lenkt mich vom Guten Leben ab. Das ist so natürlich unhaltbar, weil ich den praktischen, existenziellen Herausforderungen nun einmal begegnen muss, und zwar jeden Tag und unaufhörlich. Das Fruchtfleisch als zweitrangig abzutun heißt, mittels Selbstverwirklichung Selbstverleugnung zu betreiben.

Zu denken, es gäbe meinen Kern, heißt zweitens, zu denken, dass da schon etwas fertig angelegt ist in mir, das ich nur noch nicht vollständig entdeckt habe. Als trüge ich das Ende meiner Suche schon immer mit mir herum. Die Philosophin Rahel Jaeggi hält das für ein falsches Denken:

Zunächst einmal ist die Annahme, dass es mich als »Ganzes«, als »Fülle«, als ein den sozialen Praktiken vorgängiges Ich gibt, schlicht nicht zutreffend. […] Es geht nicht darum, sich

pausenlos selbst zu verwirklichen, sondern es geht um Er-
fahrungsoffenheit, Lebendigkeit, gelingende Aneignung [der
Resultate meines eigenen Tuns]. Was heute als Selbstverwirk-
lichung begriffen wird, ist eine Zumutung, ein falsches Erwar-
tungsprofil.[157]

Die Erfahrungsoffenheit – die Sie auch in der agilen Offenheit
der Entdeckerhaltung wiederfinden – ist eine Notwendigkeit und
kein lästiges Beiwerk, das wir möglichst überwinden müssten.

Als Anhaltspunkt, um mit der Herausforderung klarzukom-
men, was ich tun muss, damit mein Leben gelingt, hat die Frage
nach dem Wesenskern unzweifelhaft ihre großen Verdienste.
Aber man muss sie als Mittel begreifen, nicht als letztes Ziel.
Wenn sie zum Beispiel als Instrument benutzt wird im Rahmen
einer Neuorientierung im Beruf,[158] kann sie mir helfen, meine
wesentlichen Stärken und Eigenschaften zu klären, und mir
damit die Neuorientierung erleichtern. Wenn ich weiß, was ich
kann und was ich nicht kann, was mich am ehesten auszeichnet
und wo ich damit bereits erfolgreich war, kann ich meine nächsten Schritte besser planen und in Angriff nehmen.

Die Sehnsucht nach einem »wahren Selbst« hat jedoch ihre
Tücken. Die neoliberale Logik nutzt sie bereits aus. Arbeitnehmer sollen sich optimieren, zu ihren innersten Kraftquellen vor-
dringen, jeden Stress in einen Antrieb umwandeln. Wo es sonst
reichte, einfach zur Arbeit zu gehen und sich körperlich zu ver-
ausgaben, werden jetzt auch »die Kreativität« oder »der unbe-
dingte Wille, es zu schaffen«, gefordert. Das alles dient der Stei-
gerung der Leistungsfähigkeit, die von Unternehmen abgeschöpft
und in Umsatzsteigerungen umgewandelt wird. Deshalb sollte
man es mit einem sehr kritischen Auge betrachten, wenn der
Arbeitgeber »die ganze Persönlichkeit« des Arbeitnehmers fordert.

Insofern ist die persönliche Glückssuche natürlich auch ein
gesellschaftliches Problem. Gerade da, wo »Mach dein Ding!«
draufsteht, ist oft nichts als Konformität mit den bestehenden

Kräfteverhältnissen zwischen den Arbeitskräften und den Nutzern von Arbeitskraft angesagt. Viele machen mit, verstehen den Aufruf »Mach dein Ding!« als Tür zur Freiheit und begeben sich umso freiwilliger in den Mainstream der unsouveränen Lebensweisen. Sie übersehen dabei, dass wir eine Gesellschaft von individuellen Glückssuchern sind, eine Gesellschaft, in der Glück ein dermaßen starker Topos ist, dass er es schafft, uns alle von frühester Kindheit an auf die Lebensform des Machwahns und der Kontrollitis zu eichen. Es ist für die, die ihn ausnutzen, deshalb leicht, diesen »Willen zum Glück« in eine Bereitschaft zu kanalisieren, bisher ungenutzte persönliche Ressourcen auch noch auf den Markt zu werfen. Die Suche nach einer Lebensessenz wird zum Lockstoff der Falle der Selbstausbeutung. Und der Glücksstress ist der Hebel, der die sozialen Ungleichheiten in unserer Gesellschaft maßgeblich weiter verschärft.

Das Suchen nach dem inneren Kern wird also im Zweifelsfall eher zum Glücksstress beitragen als dem Glück auf die Sprünge helfen. Dennoch sieht sich jeder psychisch gesunde Mensch als eine stabile Persönlichkeit. Ich bin immer ich. Natürlich lerne ich dazu, verändere mich auch mal, aber im Großen und Ganzen bleibe ich doch gleich. All das Auf- und Abschwingen durchzieht etwas Stringentes (ohne das einem ja auch ganz übel werden würde): meine eigene Identität.

Ganz ehrlich: Ich wüsste nicht zu sagen, was von mir über die letzten 20, 30 oder noch mehr Jahre geblieben ist, wie es schon immer war. Das verhindert mein launen- und lückenhaftes Gedächtnis. Nichtsdestoweniger ist mir die Vorstellung natürlich sympathisch, dass ich eine stringente Persönlichkeit habe, dass man sich auf die wesentlichen Anteile meiner Person also verlassen kann und ich selbst weiß, wer ich bin. Besonders sympathisch ist mir die Vorstellung, wenn ich daran denke, dass diese durchgehende Identität die Form einer Geschichte hat, die ich von mir selbst erzählen kann.

»Irgendwann erfindet jeder eine Geschichte, die er für sein

Leben hält«, schreibt Max Frisch.[159] Damit trifft er den Nagel auf den Kopf. Was immer Sie als Ihr »Ich« bezeichnen, es entsteht aus einer Kombination von Rückblicken und der gegenwärtigen Zusammensetzung von Wahrnehmungen und Erfahrungen, die für Sie Bedeutung haben. Das klingt kompliziert, lässt sich jedoch sehr einfach zusammenfassen: Das Ich ist eine Geschichte. Jeder braucht das Gefühl, das Leben habe Sinn und Zusammenhang. Eine erzählende Struktur schafft genau das, Sinn und Zusammenhang. Deshalb geben wir unserem eigenen Dasein eine erzählende Struktur. In der Erzählung spielen wir zudem stets die tragende Rolle, sodass wir zugleich dem Bedürfnis nach Bedeutsamkeit Rechnung tragen. Alles drei muss die biografische Erzählung bereithalten, damit wir uns in der Welt zurechtfinden und in ihr handeln können. Erzählungen haben nämlich den großen Vorteil, dass sie alles Komplexe auf seine wesentlichen Elemente herunterbrechen. Geschichten vereinfachen. Damit halten sie uns am Laufen. Hätten sie keine erzählende Struktur, unsere Wahrnehmung der Welt würde zusammenbrechen.[160]

Im Grunde gleicht das Erzählen damit dem Zeichnen der Karte meines Entdeckerweges. Die Karte ist eine grafische Wiedergabe der Geschichte, die ich auf dem Entdeckerweg Satz für Satz selbst geschrieben habe, mit allen Annäherungen an das Gute Leben, allen günstigen Zufällen und allen Grenzen, die ich erlebt habe. Die Karte ist ebenfalls eine Vereinfachung, sie gibt die Landmarken und die zugehörigen Ereignisse und Personen wieder, zeigt in Linien geronnene Strecken, die ich abgelaufen bin, und Landschaftsmerkmale, die mir aufgefallen sind. Die Erzählung ist in mancher Hinsicht vollständiger als die Karte. Sie berichtet auch über Motive und Gründe, die mich zu bestimmten Handlungen bewogen haben: »Ich habe damals entschieden, das Gebiet im Tal (undurchsichtiger Wald bedeutet Kinderwunsch) zu umgehen, weil …« Die Erzählung kann auch meine persönliche Haltung, meine Vorhaben, die Strecken, die ich hätte gehen können, aber nicht gegangen bin, sowie offene Fragen enthalten.

Mit der Erzählung schaffe ich Kohärenz. Das bedeutet, dass ich einen Zusammenhang herstelle zwischen all den Inhalten, die ich bereits kenne. Zweitens bedeutet es, dass ich bei jeder neuen Erfahrung unwillkürlich versuche, diese in Zusammenhang zu bringen mit schon vorhandenen Gedächtnisinhalten. Ich passe, mit anderen Worten, das Neue in das Alte ein. Die Kognitionswissenschaftler Roger Schank und Robert Abelson schreiben:

> *Reaktionen auf Neues, Erklärungen vollkommen neuer Ereignisse sind in Wahrheit lediglich umgeschriebene, im Gedächtnis bereits existierende Geschichten, die den neuen Umständen angepasst werden. [...] Die Welt zu verstehen heißt, eine Erklärung zu finden, die mit dem übereinstimmt, was Sie bereits für wahr halten. Die Aufgabe des Verstehenden, der ein Gedächtnis voller Geschichten mitbringt, ist also, auszumachen, welche dieser Geschichten für die fragliche Situation am relevantesten ist.[161]*

Das tut er in der Regel ganz automatisch, das heißt, ohne sich bewusst damit auseinanderzusetzen.

Bitte nicht missverstehen – das Einpassen vom Neuen in das Alte ist nicht etwa ein Nachweis einer »primitiven« oder brutal vereinfachenden Denkweise. Es ist überhaupt nichts Schlechtes. Es liegt auch Ihrem Gespür für Stimmigkeit zugrunde. Sie erinnern sich: Der Eindruck der Stimmigkeit entsteht dort, wo Sie (bewusst oder unbewusst) Zusammenhänge zu Dingen herstellen, die für Sie bereits stimmig sind.

Wenn Sie vor einer Veränderung stehen – sich also auf ein neues Terrain begeben, von dem Sie noch keine Karte haben –, dann werden Sie deswegen unruhig, weil Sie für diesen Weg noch keine Erzählung Ihrer selbst haben. Sie beginnt erst zu entstehen, sobald Sie ein paar Schritte gegangen sind. Die Geschichte, die Sie auf diesem neuen Terrain entwickeln, wird aber immer klarer und reichhaltiger, je weiter Sie kommen und je mehr neue Erfahrungen Sie dort machen.

Im Laufe des Erzählens wird Ihnen die Geschichte noch wie Stückwerk vorkommen. Irgendwann aber steht mit einem Mal der fertige, frische Abschnitt Ihrer Erzählung vor Ihnen, der über Stimmigkeitserfahrungen wiederum verknüpft sein wird mit alten Abschnitten und schon bekannten Erfahrungen. Ab diesem Punkt (er kann sehr plötzlich kommen) wird Ihnen Ihre eigene Lebensgeschichte klarer und verständlicher erscheinen. Der neue Abschnitt wird Ihnen helfen, zu bestimmen, wo Ihr Weg danach weitergehen soll. »Was beim Erzählen herauskommt, ist nicht bloß eine besser überarbeitete Geschichte; wir kommen schließlich zu einer Erzählung, die uns etwas über unseren nächsten Schritt sagt.«[162] Vielleicht kennen Sie solche Momente, in denen »es wie Schuppen von den Augen fällt« und Sie am liebsten ausrufen würden: »Jetzt ist alles ganz klar, und ich weiß, wie es weitergeht.«

Auf diese Weise schafft Ihre Erzählung immer wieder einen Fokus, der Ihnen dabei hilft, sich in der Entdeckerlandschaft zu bewegen. Sie treiben mitnichten hilflos auf der Welle mit. Sie sind eine Geschichte, eine Geschichte, die sich selbst immer weiter fortschreibt.

DAS LEBEN IST EIN *PRAKTISCHES* PROBLEM

Mein Leben ist nicht an sich schon stringent und in sich schlüssig. Es ist auch nicht planbar oder machbar. Die Geschichte, die ich mein Leben nenne, sehe ich erst in der Rückschau. Immer dann, wenn ich mich besinne und überblicke, was sich auf dem Weg angesammelt hat. Ich kann daher ein gelingendes Leben auch nicht herstellen. Glaube ich daran, dass ich ein gutes Drehbuch schreiben und dann danach leben kann, gehe ich dem Machwahn in die Falle. Es gibt aber keinen Masterplan, nach dem ein Gutes Leben gelänge.

Ich habe bei Menschen, die ich treffe oder die als Klienten zu mir kommen, oft den Eindruck, sie würden das Leben gerne besser *können*. Sie würden gerne lernen, wie man es richtig macht – als gelte es, sich erst eine Lebenskompetenz anzueignen und ein Zertifikat dafür zu bekommen. Anschließend bräuchte man das Gelernte dann nur noch umzusetzen. So wie in einem Erfolgsratgeber läuft die Sache aber nicht.

Leben ist keine Kompetenz. Leben ist eine höchst pragmatische und im besseren Sinne opportunistische Tätigkeit. Für das praktische Problem »Leben« gibt es ganz verschiedene Lösungswege. Einige davon gehören schon zu Ihrem gewohnten Lösungsrepertoire, ohne dass Sie sie täglich als solche bezeichnen würden. Überall dort, wo Sie zum Beispiel sagen, Sie folgten einem bestimmten Lebensstil, verfolgen Sie eine bestimmte Lösungsstrategie.[163]

Ihr Leben ist das, was Sie werden, während Sie sind. Wir arbeiten uns zu sehr am Leben ab, so als wäre es eine selbst gewählte Zwangsarbeit. Den Glücksstress machen wir uns, indem wir es wie eine Aufgabe angehen, die wir unbedingt richtig zu Ende bringen müssen. Und wir leiden darunter, dass wir keine sichere Anleitung dafür finden, was richtig ist und was falsch.

Wir müssen es selbst herausfinden. Immer wieder, zeitlebens. Eine Anleitung kann uns dabei nicht helfen. Wir brauchen eine Heuristik, die uns hilft, mitzuschwingen. Eine solche Heuristik habe ich in diesem Buch vorgestellt – das Entdeckerprinzip. Es erlöst Sie zwar nicht vom Unwägbaren und Unsicheren, Sie können auch nach wie vor nicht gewiss sein, dass Sie das Richtige – Ihr Gutes Leben – finden werden. Die Heuristik des Entdeckerprinzips ermöglicht es Ihnen aber, mit guten Aussichten und mit Freude danach zu suchen. Das Leben ist immer zu einem Teil ungewiss. Das macht es aber auch so spannend und lebendig.

Erinnern Sie sich: Sie werden das Gute Leben nie garantiert finden. Sie können aber richtig suchen.

Was wir brauchen, ist eine neue Lebenskunst. Eine Lebenskunst trägt (anders als eine »Anleitung zum Erfolg« oder eine »Glücksstrategie«) der Tatsache Rechnung, dass Ihr eigenes, individuelles Dasein Ihre eigene, individuelle, praktische Herausforderung ist.

Einer, der sich ganz der Untersuchung aller Facetten einer Lebenskunst verschrieben hat, ist der in diesem Buch schön öfters zu Wort gekommene Philosoph Wilhelm Schmid.

Ich habe die Utopie, dass wir eine Gesellschaft der Lebenskunst werden – eine Gesellschaft, die akzeptiert, dass das menschliche Leben auf Problemen aufgebaut ist, die es zu lösen gilt. Und zwar aus dem einzigen Grund, um damit wieder neue Probleme zu schaffen und die wieder zu lösen.

Wozu das gut sein soll?

Dass uns nicht langweilig wird. Und dass das Leben seine Räume testet und erweitert. Das Leben selber hat vermutlich kein Bewusstsein, aber wir sind Teil eines ungeheuren Stroms von Leben, dem es darum geht, ausfindig zu machen, wo weiteres und neues Leben möglich ist.[164]

Lebenskunst als permanente Bemühung um ein Gutes Leben? Also doch wieder eine dauernde Anstrengung?

Eine stetige Bemühung, ja, natürlich. Glücksstress heißt jedoch ebenso, sich ständig zu bemühen. Wenn Sie das also ohnehin schon tun, dann doch wenigstens so, dass Sie nicht permanentem subtilem Stress ausgesetzt sind. Denn an dessen Ende steht doch wieder nur die Unzufriedenheit. Außerdem bedeutet Lebenskunst, dass Sie auch einmal Pause machen können von der Suche nach dem Guten Leben. Lebenskunst schwingt mit: Mal suchen Sie intensiv, dann lassen Sie wieder locker und tun nur, was Sie im Alltag eben so tun.

Die Lebenskunst, die im Entdeckerprinzip eingeschrieben ist, bedeutet, dass Sie sich von Glücksstress, Machwahn und Kontrollitis lösen. Damit verabschieden Sie sich von der Vorstellung, es sei Ihre konstante Aufgabe, das Maximum aus Ihrem Leben herauszuholen. Was Sie brauchen, ist das Gute Leben, nicht eine Existenz nach Maximierungskriterien, die Ihrem Leben fremd sind. Das Entdeckerprinzip hilft Ihnen, diese viel zu hohe Messlatte durch Lebendigkeit zu ersetzen.

Sie lösen sich damit von der andauernden Beschäftigung mit dem Glück. Sie ist nur ein Ausdruck Ihrer Eingesponnenheit in eine zeittypische Unfreiheit: den Zwang zur Übernahme von Verantwortung für Dinge, die Sie in Wahrheit gar nicht beeinflussen können, den Druck zur »Selbstwerdung« und die Illusion, alles, was Ihr Leben beeinflusst, sei letztlich Ihnen selbst als zu lösendes Problem auferlegt.[165]

Sie sollten eins nicht vergessen: Sie sind nicht auf diese Welt gekommen, um Ihre Zeit damit zu verbringen, darüber zu grübeln, wie Sie diese Zeit optimal ausnutzen können.

Wir können dem müßigen, nicht projektorientierten Leben dann am ehesten ins Auge schauen, wenn wir uns vergegenwärtigen, dass wir eigentlich bei sehr kleinen, überschaubaren Anlässen das vollkommen perfekte Gefühl haben, dass das Leben sich lohnt. Wir stehen auf einer Anhöhe, blicken hinunter, sehen eine schöne Aussicht und haben eigentlich das Gefühl, jetzt lohnt sich das Leben.[166]

Wenn Sie schon grübeln wollen, gehen Sie dazu dorthin, wo Sie etwas entdecken können. Essen Sie Kuchen. Lesen Sie Montaigne oder einen anderen entspannten Autor, der Sie daran erinnert: »Unsere vornehmste Aufgabe ist es, zu leben.«

Machen Sie sich nicht so einen Glücksstress!

DANKSAGUNG

Tausend Dank an …

meinen Agenten und zeitweiligen Wanderbegleiter Ernst Piper, in dessen Gesellschaft ich den Eindruck habe, als Autor kein Glück mehr zu brauchen, weil er alles im Griff hat und man auf ihn bauen kann,

meine neue Lektorin Nicola v. Bodman-Hensler, deren autorenfreundliche Art und Auffassungsgabe für Texte ein echtes Glück sind,

die Mitarbeiterinnen und Mitarbeiter des Carl Hanser Verlags, die immer wieder aufs Neue beweisen, dass gute Bücher kein Zufall und keine Unmöglichkeit sind,

insbesondere Michael Lenkeit, dessen gewissenhafte Redaktion an vielen Stellen dafür gesorgt hat, dass der Text lesbar und lebendig ist,

meinen früheren Lektor Martin Janik, der sein Glück inzwischen bei einem anderen Verlag sucht und dem ich weiter alles Gute wünsche,

die vier Jahre meines Lebens, die ich – mal mehr, mal weniger intensiv – mit diesem Buch verbracht habe, und an alles, was ich durch sie gelernt habe.

DANKSAGUNG

Mehr zum Glücksstress und dem Entdeckerweg finden Sie unter:
www.peter-ploeger.de
www.whywework.de
www.facebook.com/whywework.de

ANHANG

ANMERKUNGEN

EINLEITUNG

1 Moritz 2015, S. 85.
2 Strasser 2011, S. 12 f.
3 Ich schreibe »Gutes Leben« hier absichtlich mit großen Anfangsbuchstaben, um zu signalisieren, welche Bedeutung die Frage danach im Leben jedes Einzelnen hat.
4 Schirach 2014, S. 38.
5 Moritz 2015, S. 90.
6 Pfaller 2015b, S. 27.
7 Montaigne 2005, 2015.
8 Lütz 2015, S. 112.
9 Krumboltz & Levin 2010, S. 37.

1 MACHWAHN

10 Goos 2013, S. 50 f.
11 Juul 2016, S. 118.
12 Skidelsky & Skidelsky 2012, S. 55.
13 Scheich 2001, S. 17.
14 Morozov 2013, S. 25 ff.
15 Adorno 1951, S. 207.
16 Han 2010.
17 In den modernen Überflussgesellschaften ist das Erlebnis sogar die typische Form des Nutzens. Die weitgehende Befriedigung materieller Bedürfnisse (oder deren Anschein) hat dazu geführt, dass sich die an den postindustriellen Wohlstand gewöhnten Menschen in der sogenannten »Ersten Welt« vermehrt dem Stillen hedonistischer, immaterieller Bedürfnisse zuwenden.

18 Menasse 2013, S. 216.

19 Pfaller 2012, S. 18.

20 Menasse 2013, S. 216.

21 Illouz 2011.

22 Vinken 2014.

23 Timm 2013, S. 273 f.

24 Ebd.

25 Elias 1969, S. 339.

26 Nach dem jährlich durchgeführten »Engagement Index« des Gallup-Instituts hatten 70 Prozent der deutschen Arbeitnehmer im Jahre 2014 nur eine »geringe Bindung« zu ihrem Arbeitgeber, weitere 15 Prozent sogar »keine Bindung« mehr. http://www.gallup.com/de-de/181871/engagement-index-deutschland.aspx; Zugriff 04.02.2016.

27 Foucault 1994.

28 Berendsen 2014.

29 http://www.sueddeutsche.de/geld/neues-krankenversicherungsmodell-generali-erfindet-den-elektronischen-patienten-1.2229667;   Zugriff 10.12.2015.

30 Lacroix 2015, S. 29.

31 Schnabel 2009.

32 Plöger 2013, Kap. 4.

33 Moritz 2015, S. 88 f.

34 Ehrenberg 2004.

35 Bourdieu 1979, S. 356 f.; Nida-Rümelin 2011.

36 http://www.chirurgie-portal.de/news/orthorexia-nervosa.html;   Zugriff 04.02.2016.

37 Blech 2014, S. 18 ff.; Foley 2010, S. 78. Alle Übersetzungen aus dem Englischen hat der Autor besorgt.

38 Reinhard 2009, S. 42.

39 Kirchhoff 2012, S. 101.

40 Reiter 2012, S. 11.

41 Ebd., S. 12.

42 Michel de Montaigne, zitiert nach Reiter 2012, S. 11.

43 Vgl. Gronemeyer 1993.

44 Flaßpöhler 2013, S. 38.

45 Knapp 2013, S. 179 f.

46 Hegel 1955, S. 29.

47 Plöger 2013.

48 Morozov 2013.

49 Hier nimmt ein Denkfehler seinen Anfang: Zeit steht uns nicht zur Verfügung, so wie uns Geld oder eine Anzahl Stühle zur Verfügung stehen. Zeit ist kein greifbarer Verbrauchsgegenstand, sondern ein Abstraktum, das

wir zwar messen, aber nicht in Portionen teilen und stückweise verbrauchen können.

50 Weber 2005, S. 137.
51 Gronemeyer 1993.
52 Rescher 1995, S. 12.
53 Niazi-Shahabi 2015, S. 78.

2 DAS GUTE LEBEN

54 Schon der Titel des 1998 von Peter Weir gedrehten Spielfilms spielt mit den Worten »wahr« und »Mensch«. Truman Burbank ist die einzige echte Person in einer auf ein gesättigtes, wenn auch etwas miefiges Glück getrimmten Kunststadt – alle anderen sind Schauspieler. Als er den großen Betrug erkennt, flieht er in ein ungewisses, dafür aber echtes Leben.
55 Lane 2000, S. 5, 158.
56 Kasser 2002, S. 28.
57 Lütz 2015, S. 85.
58 Sie hängen zum Teil von den Methoden des Positiven Denkens ab. Dieses hat sich in seiner jüngeren Geschichte stark der Personalentwicklung im Unternehmensbereich mit ihren Erfolgs-, Motivations- und Karrieretrainings zugewandt (Horowitz 2014, Kap. 7). Die Soziologin Eva Illouz beschreibt eine regelrechte Psychologisierung, »wobei neuere Ratgeber eine gewisse Spiritualität mit der therapeutischen Aufforderung verbinden, Leistungsängste abzuschütteln, sich selbst Gutes zu tun und positive Gedanken über sich selbst und andere zu haben« (Illouz 2009, S. 143).
59 Ein Beispiel ist die »Positive Psychologie«. Ihre Exponenten (zum Beispiel Martin Seligman) übernehmen zum Teil den Gestus und die Zielgruppen der Management- und Erfolgsberatung (Ehrenreich 2009, S. 148 ff.).
60 Dazu zählen auch einige Vordenker des Positiven Denkens, die einen dezidiert christlichen Hintergrund haben (Horowitz 2014).
61 Lyubomirsky & Jacobs Bao 2013, S. 27.
62 Lyubomirsky 2007.
63 Gentry 2009, S. 31, 116, passim.
64 Lyubomirsky 2007, S. 64, 15, 22.
65 Sprenger 2010, S. 15, 23 ff.
66 Shimoff 2008, Kap. 3; Byrne 2007.
67 Carnegie 2003, S. 212, 147; Horowitz 2014, S. 174 ff.
68 Murphy 2005, S. 162; 1967, S. 31, 39 f.
69 Byrne 2013, S. 82.
70 Klein 2012, S. 22.
71 Murphy 1967, S. 134.

ANMERKUNGEN

72 Carnegie 1986, S. 94.

73 Byrne 2012, S. 7; Horowitz 2014, S. 107 ff.; Carnegie 2003, S. 137.

74 Ehrenreich 2009, S. 63 ff.

75 Oettingen 2014.

76 Scheich 2001, S. 11 f.

77 Ebd., S. 15 ff.; Horowitz 2014, S. 201; Ehrenreich 2009, S. 36; Murphy 1967, S. 85, 79.

78 Scheich 2001, S. 93 ff.; Moore 2007.

79 Murphy 1967, S. 146; Ehrenreich 2009, S. 8; Peale 2006, S. 80; Scheich 2001, S. 102, 22.

80 Pearsall 2006, S. 61, 84, 13, 51; Lang et al. 2013.

81 Ehrenreich 2009, S. 41 f.; Pearsall 2006, S. 60 ff.

82 Ehrenreich 2009, S. 57, 59.

83 Zu dieser Unterscheidung siehe Honneth 2011.

84 Klein 2012, S. 378; Seligman 2003, Kap. 5–7; Gentry 2009, S. 31; Klein 2012, S. 122.

85 Shimoff 2008, S. 73 f.

86 Frederickson 2011, Klappentext; Seligman 2003, S. 70; Gentry 2009, S. 26 f., 37 ff.; Klein 2012, S. 348 ff.

87 Ehrenreich 2009, S. 158 ff.; Held 2004, S. 11 ff.

88 http://www.faz.net/aktuell/gesellschaft/menschen/trauerzeit-laut-dsm-5-nicht-laenger-als-zwei-wochen-13278887.html; Zugriff 23.12.2015.

89 Klein 2012, S. 328, 336 ff. Dass Depressionen weit mehr sind als nur schlechte Gefühle, unterschlägt Klein an dieser Stelle; Murphy 2005, S. 132; Klein 2012, S. 124, 26.

90 Ebd., S. 108 f.

91 Zitiert nach ebd., S. 137.

92 Bruckner 2002.

93 Schirach 2014, S. 103.

94 Layard 2006, Kap. 4.

95 Skidelsky & Skidelsky 2012, S. 95, 97.

96 Thomä 2002, S. 11.

97 Niazi-Shahabi 2013, S. 18, 21.

98 Bruckner 2002, S. 11 f.

99 Schmid 2012, S. 64; 2007, S. 27; 2012, S. 23.

100 Schmid 2007, S. 23 f.

101 Ebd., S. 30.

102 Skidelsky & Skidelsky 2012, S. 115.

103 »Sinn« wird heute in der psychologischen Forschung bereits viel weiter gefasst. Vgl. exemplarisch http://www.sinnforschung.org oder das »SMiLE«-Programm der Universität München: http://www.psychothera pie-muenchen.de/forschung-lebenssinn.html; Zugriff 11.02.2016.

104 Krumboltz & Levin 2010, S. 31.
105 Williams 2010, S. 72.
106 Das ist die Reformulierung eines Grundsatzes der lösungsfokussierten Beratung nach de Shazer und Kim Berg.
107 Pink 2009, S. 34 ff.
108 Jullien 2015, S. 50.
109 Anders 1980, S. 369; Spät 2013, S. 48.
110 Knapp 2013, S. 224.
111 Lütz 2016.

3 DER ENTDECKERGANG: VON BAUM ZU BAUM RICHTUNG GUTES LEBEN

112 Ibarra 2003, S. 2.
113 Nach ebd., S. 34.

4 DER ENTDECKERSINN: STIMMIGKEIT

114 Watzlawick 2002, S. 14 f.
115 Knapp 2013, S. 199.
116 Schmid 2013a, S. 171, 397.
117 Physiologisch ist das natürlich mitnichten so, der Körper verbraucht beim Ausdauersport im Gegenteil eine ganze Menge Energie. Psychisch-motivational passiert aber offenbar das Gegenteil.
118 Bock 2007, S. 128.
119 Csikszentmihalyi 1992, S. 97 ff.
120 Pink 2009, S. 123.

5 DIE ENTDECKERHALTUNG: DIE KUNST DER GÜNSTE

121 Reiter 2012, S. 87.
122 Brunold 2011, S. 89.
123 Reiter 2012, S. 112 f.
124 Tausend Dank an Anja Rutter für diesen Begriff!
125 Vgl. Ibarra 2003, S. 148.
126 Im Englischen zum Beispiel ist das anders. Da unterscheidet man zwi-

schen »fortune«, dem gelingenden Leben, und »luck«, dem glücklichen Zufall, beziehungsweise »bad luck«, dem ungünstigen Zufall (Brunold 2011, Kap. 4).

127 Vgl. Krumboltz & Levin 2010.

128 Sher 2006, S. 110.

129 Vgl. Ribolits 1997, S. 264.

130 Knapp 2013, S. 69.

6 DER ENTDECKERMUT:
MEILEN MACHEN AUF DEM ENTDECKERWEG

131 Gerade die letztere »Regel« ist besonders fatal, weil sie jede zwischenmenschliche Bindung unter ein egozentrisches Nutzenkalkül stellt. Wenn Sie jeder Freundin skeptisch begegnen, die Ihnen mit Klagen kommt, weil sie jemanden zum Reden braucht, und überlegen, ob diese Freundschaft gut für Ihre eigene Ausgeglichenheit oder für Ihr Gehirn ist, handeln Sie inhuman und nicht glücksorientiert.

132 Ibarra 2003, S. 37.

133 Vašek 2013, S. 23.

134 Krznaric 2012, Kap. 4.

8 BEENDEN SIE DIE TOUR!

135 Niazi-Shahabi 2015, S. 178.

9 DIE GUTE ARBEIT: DER RICHTIGE JOB
FÜR DAS GUTE LEBEN

136 Zur Bedeutung und den Schwierigkeiten insbesondere der Selbstverwirklichung im Beruf siehe Muirhead 2006.

137 Balz & Plöger 2015.

138 Plöger 2010; Rambach & Rambach 2001.

139 Plöger 2010.

140 Plöger 2011, Kap. 4; Sooth 2008.

141 Nach Hall 2004, S. 4; siehe auch Balz & Plöger 2015, S. 35 ff.

142 Lang-von Wins & Triebel 2006, S. 21.

143 Bolles 2005; Ibarra 2003; Kötter & Kursawe 2015; Krznaric 2012; Langvon Wins & Triebel 2006; Williams 2010; Vašek 2015.

144 Vgl. Krznaric 2012, S. 117 ff.; Kötter & Kursawe (2015, S. 210 ff.) bieten eine

Liste von acht verschiedenen Experimentierstufen (»Prototypen«) mit steigendem Zeitaufwand und steigender Aussagekraft an.

145 Oettingen 2014, S. 36.
146 Granovetter 1974.
147 Ibarra 2003, S. 140, 146, 148.
148 Krumboltz & Levin 2010, S. 49.
149 Krznaric 2012, S. 159.
150 Ebd., S. 94.
151 Plöger 2010, Kap. 1.

10 SCHWINGEN

152 Schmid 2013b, S. 106.
153 Schmid 2013a, S. 411.
154 Skidelsky & Skidelsky 2012, S. 97, 123.
155 Lauster 1991, S. 75.
156 Niazi-Shahabi 2015, S. 173.
157 Jaeggi 2014b, S. 64 f.
158 Ein Beispiel für eine erfolgreiche Methode ist das »Wesenskernspiel«: http://www.frei-raeume.info/wesenskernspiel; Zugriff 18.01.2016.
159 Frisch 1964.
160 Plöger 2013, Kap. 2.
161 Schank & Abelson 1995, S. 3 f.
162 Ibarra 2003, S. 157.
163 Jaeggi 2014a, Kap. 4.
164 Schmid 2015.
165 Niazi-Shahabi 2015, S. 23, 35.
166 Pfaller 2015a, S. 48 f.

LITERATUR

Adorno, Theodor W. 1951: *Minima Moralia – Reflexionen aus dem beschädigten Leben*. Frankfurt am Main: Suhrkamp.

Anders, Günther 1980: *Die Antiquiertheit des Menschen, Bd. II: Über die Zerstörung des Lebens im Zeitalter der dritten industriellen Revolution*. München: Beck.

Argyle, Michael 1972: *Social Psychology at work*. London: Penguin Press.

Balz, Hans-Jürgen & Peter Plöger 2015: *Systemisches Karrierecoaching – Berufsbiographien neu gedacht*. Göttingen: Vandenhoeck & Ruprecht.

Berendsen, Eva 2014: »Das genormte Geschlecht«. *Frankfurter Allgemeine Sonntagszeitung*, 09.03.2014, S. 58.

Blech, Jörg 2014: *Die Psychofalle – Wie die Seelenindustrie uns zu Patienten macht*. Frankfurt am Main: S. Fischer.

Bock, Petra 2007: *Die Kunst, seine Berufung zu finden*. Frankfurt am Main: Fischer Taschenbuch Verlag.

Bolles, Richard N. 2005: *What color is your parachute? A practical manual for job-hunters and career-gatherers*. Berkeley: Ten Speed Press.

Bourdieu, Pierre 1979: *Entwurf einer Theorie der Praxis auf der ethnologischen Grundlage der kabylischen Gesellschaft*. Frankfurt am Main: Suhrkamp.

Bruckner, Pascal 2002: *Verdammt zum Glück – Der Fluch der Moderne*. Berlin: Aufbau.

Brunold, Georg 2011: *Fortuna auf Triumphzug – Von der Notwendigkeit des Zufalls*. Berlin: Galiani.

Byrne, Rhonda 2007: *The Secret*. München: Knaur.

Byrne, Rhonda 2012: *The Secret – The Magic*. München: Knaur.

Byrne, Rhonda 2013: *The Secret – Hero*. München: Knaur.

Carnegie, Dale 1986: *Wie man Freunde gewinnt – Die Kunst, beliebt und einflussreich zu werden*. Bern u. a.: Scherz.

Carnegie, Dale 2003: *Sorge dich nicht – lebe!* Frankfurt am Main: Fischer.

Csikszentmihalyi, Mihaly 1992: *Flow – Das Geheimnis des Glücks*. Stuttgart: Klett-Cotta.

de Montaigne, Michel 2005: *Essais*. Köln: Anaconda.

de Montaigne, Michel 2015: *Von der Kunst, das Leben zu lieben*. Berlin: Die Andere Bibliothek.

Ehrenberg, Alain 2004: *Das erschöpfte Selbst – Depression und Gesellschaft in der Gegenwart*. Frankfurt am Main: Campus.

Ehrenreich, Barbara 2009: *Smile or die – How positive thinking fooled America and the world*. London: Granta.

Elias, Norbert 1969: *Über den Prozeß der Zivilisation, Bd. 2*. Frankfurt am Main: Suhrkamp.

Flaßpöhler, Svenja 2013: »Entscheidet der Zufall mein Leben?«. *Philosophie Magazin* 5/2013, S. 38-41.

Foley, Michael 2010: *The age of absurdity – Why modern life makes it hard to be happy*. London: Simon & Schuster.

Foucault, Michel 1994: *Überwachen und Strafen – Die Geburt des Gefängnisses*. Frankfurt am Main: Suhrkamp.

Frederickson, Barbara L. 2011: *Die Macht der guten Gefühle – Wie eine positive Haltung Ihr Leben dauerhaft verändert*. Frankfurt am Main & New York: Campus.

Frisch, Max 1964: *Mein Name sei Gantenbein*. Frankfurt am Main: Suhrkamp.

Gentry, W. Doyle 2009: *Glück für Dummies*. Weinheim: Wiley-VCH.

Goos, Hauke 2013: »Du sollst keine Fehler machen!«. *Spiegel* 1/2014, S. 50-54.

Granovetter, Mark 1974: *Getting a Job: A Study of Contacts and Careers*. Chicago: University of Chicago Press.

Gronemeyer, Marianne 1993: *Das Leben als letzte Gelegenheit – Sicherheitsbedürfnisse und Zeitknappheit*. Darmstadt: Wissenschaftliche Buchgesellschaft.

Hall D. T. 2004: »The protean career – A quarter-century journey«. Journal of Vocational Behavior 65, S. 1-13.

Han, Byung-Chul 2010: *Müdigkeitsgesellschaft*. Berlin: Matthes & Seitz.

Held, Barbara S. 2004: »The negative side of positive psychology«. *Journal of Humanistic Psychology* 44/1, S. 9-46.

Hegel, Georg W. F. 1955 (5. Aufl.): *Die Vernunft in der Geschichte*. Hamburg: Meiner.

Honneth, Axel 2011: *Das Recht der Freiheit – Grundriss einer demokratischen Sittlichkeit*. Berlin: Suhrkamp.

Horowitz, Mitch 2014: *One simple idea – How positive thinking reshaped modern life*. New York: Crown.

Ibarra, Herminia 2003: *Working identity – Unconventional strategies for reinventing your career*. Boston: Harvard Business School Press.

Illouz, Eva 2009: *Die Errettung der modernen Seele – Therapien, Gefühle und die Kultur der Selbsthilfe*. Frankfurt am Main: Suhrkamp.

Illouz, Eva 2011: *Warum Liebe weh tut – Eine soziologische Erklärung.* Berlin: Suhrkamp.

Jaeggi, Rahel 2014a: *Kritik von Lebensformen.* Berlin: Suhrkamp.

Jaeggi, Rahel 2014b: Interview im *Philosophie Magazin* 1/2014, S. 62–67.

Jullien, François 2015: Interview im *Philosophie Magazin* 5/2015, S. 50–51.

Juul, Jesper 2016: Interview im *Spiegel* 5/2016, S. 111–118.

Kasser, Tim 2002: *The high price of materialism.* Cambridge: Bradford.

Kirchhoff, Bodo 2012: *Die Liebe in groben Zügen.* Frankfurt am Main: Frankfurter Verlagsanstalt.

Klein, Stefan 2012: *Die Glücksformel oder Wie die guten Gefühle entstehen.* Frankfurt am Main: S. Fischer.

Knapp, Natalie 2013: *Kompass neues Denken – Wie wir uns in einer unübersichtlichen Welt orientieren können.* Reinbek: Rowohlt.

Kötter, Robert & Marius Kursawe 2015: *Design your life – Dein ganz persönlicher Workshop für Leben und Traumjob.* Frankfurt am Main: Campus.

Krumboltz, John D. & Al S. Levin 2010 (2. Aufl.): *Luck is no accident – Making the most of happenstance in your life and career.* Atascadero: Impact Publishers.

Krznaric, Roman 2012: *Wie man die richtige Arbeit für sich findet.* München: Kailash.

Lacroix, Alexandre 2015: »Unternehmen Unsterblichkeit – Reportage aus dem Silicon Valley«. *Philosophie Magazin* 3/2015, S. 27–33.

Lane, Robert E. 2000: *The loss of happiness in market democracies.* New Haven & London: Yale University Press.

Lang, Frieder, David Weiss, Denis Gerstorf & Gert G. Wagner 2013: »Forecasting life satisfaction across adulthood: Benefits of seeing a dark future?«. *Psychology and Aging* 28/1, S. 249–261.

Lang-von Wiens, Thomas & Claas Triebel 2006: *Kompetenzorientierte Laufbahnberatung.* Heidelberg: Springer.

Lauster, Peter 1991: *Liebeskummer als Weg der Reifung.* Düsseldorf u. a.: Econ.

Layard, Richard 2006: *Happiness – Lessons from a new Science.* London: Penguin.

Lütz, Manfred 2015: *Wie Sie unvermeidlich glücklich werden – Eine Psychologie des Gelingens.* Gütersloh: Gütersloher Verlagshaus.

Lyubomirsky, Sonja 2007: *The how of happiness – A practical guide to getting the life you want.* London: Piatkus.

Lyubomirsky, Sonja & Katharine Jacobs Bao 2013: »Ein Stück vom Glück«. *Gehirn & Geist* 12/2013, S. 24–28.

Menasse, Eva 2013: *Quasikristalle.* Köln: Kiepenheuer & Witsch.

Moore, Victoria 2007: »It's becoming the fastest selling book ever, but is The Secret doing more harm than good?«. *Daily Mail*, 26.04.2007. http://www.

dailymail.co.uk/femail/article-450745/Its-fastest-selling-self-help-book-The-Secret-doing-harm-good.html. Zugriff am 19.5.2016.

Moritz, Rainer 2015: *Schnauze voll! Schluss mit dem Optimierungsquatsch.* o. O.: Edition Chrismon.

Morozov, Evgeny 2013: *Smarte neue Welt – Digitale Technik und die Freiheit des Menschen.* München: Blessing.

Muirhead, Russell 2006: *Just work.* Cambridge (MA) & London: Harvard University Press.

Murphy, Joseph 1967: *Die Macht Ihres Unterbewußtseins.* Gütersloh: Bertelsmann.

Murphy, Joseph 2005: *Dein Recht auf Glück.* München: Ullstein.

Niazi-Shahabi 2013: *Ich bleib so scheiße wie ich bin – Lockerlassen und mehr vom Leben haben.* München & Berlin: Piper.

Niazi-Shahabi 2015: *Scheiß auf die anderen – Sich nicht verbiegen lassen und mehr vom Leben haben.* München & Berlin: Piper.

Nida-Rümelin, Julian 2011: *Die Optimierungsfalle – Philosophie einer humanen Ökonomie.* München: Irisiana.

Oettingen, Gabriele 2014: *Rethinking positive thinking – Inside the new science of motivation.* New York: Current.

Peale, Norman Vincent 2006 (Neuausgabe): *Die Kraft positiven Denkens.* Zürich: Oesch.

Pearsall, Paul 2006: *Denken Sie negativ, unterdrücken Sie Ihren Ärger und geben Sie anderen die Schuld! – Warum Sie auf Lebenshilfe-Ratgeber verzichten können.* Heidelberg: mvg.

Pfaller, Robert 2012: *Wofür es sich zu leben lohnt.* Frankfurt am Main: Fischer Taschenbuch.

Pfaller, Robert 2015a: *Kurze Sätze über gutes Leben.* Frankfurt am Main: Fischer Taschenbuch.

Pfaller, Robert 2015b: Interview in *Psychologie Heute* 7/15, S. 25 ff.

Pink, Daniel 2009: Drive – *The surprising truth about what motivates us.* New York: Riverhead.

Plöger, Peter 2010: *Arbeitssammler, Jobnomaden und Berufsartisten – Viel gelernt und nichts gewonnen? Das Paradox der neuen Arbeitswelt.* München: Hanser.

Plöger, Peter 2011: *Einfach ein gutes Leben – Aufbruch in eine neue Gesellschaft.* München: Hanser.

Plöger, Peter 2013: *Warum wir es gerne einfach hätten und alles immer so kompliziert ist.* München: Hanser.

Rambach, Anne & Marina Rambach 2001: *Les intellos précaires.* Paris: Fayard.

Reinhard, Rebekka 2009: *Die Sinn-Diät – Warum wir schon alles haben, was wir brauchen – Philosophische Rezepte für ein erfülltes Leben.* München: Ludwig.

Reiter, Barbara 2012: *Ethik des Zufalls.* München: Fink.

Rescher, Nicolas 1995: *Luck. – The brilliant randomness of everyday life.* New York: Farrar, Straus, Giroux.

Ribolits, Ernst 1997 (2. Aufl.): *Die Arbeit hoch? Berufspädagogische Streitschrift wider die Totalverzweckung des Menschen im Post-Fordismus.* München & Wien: Profil.

Schank, Roger C. & Abelson, Robert P. 1995: »Knowledge and memory: The real story«. In: Wyer, Robert S. jr. (Hrsg.): *Knowledge and memory: The real story.* Hillsdale: Erlbaum, S. 1-85.

Scheich, Günter 2001: *Positives Denken macht krank – Vom Schwindel mit gefährlichen Erfolgsversprechen.* Frankfurt am Main: Eichborn.

Schmid, Wilhelm 2007: *Glück – Alles, was Sie darüber wissen müssen, und warum es nicht das Wichtigste im Leben ist.* Frankfurt am Main & Leipzig: Insel.

Schmid, Wilhelm 2012: *Unglücklich sein – Eine Ermutigung.* Berlin: Insel.

Schmid, Wilhelm 2013a (6. Aufl.): *Mit sich selbst befreundet sein – Von der Lebenskunst im Umgang mit sich selbst.* Frankfurt am Main: Suhrkamp.

Schmid, Wilhelm 2013b: *Die Liebe atmen lassen.* Berlin: Suhrkamp.

Schmid, Wilhelm 2015: Interview in der Zeit, 23.12.2015.

Schnabel, Ulrich 2009: »Im Rausch der Petersilie«. *Zeit,* 14.10.2009.

Seligman, Martin E. 2003: *Der Glücks-Faktor – Warum Optimisten länger leben.* Bergisch Gladbach: Ehrenwirth.

Sher, Barbara 2006: *Refuse to choose! Use all of your interests, passions, and hobbies to create the life and career of your dreams.* New York: Rodale.

Shimoff, Marci 2008: *Glücklich ohne Grund! – In 7 Schritten das Glück entdecken, das längst in Ihnen steckt.* München: Goldmann.

Skidelsky, Robert & Skidelsky, Edward 2012: *How much is enough? Money and the good life.* New York: Other Press.

Sooth, Sebastian (Hrsg.) 2008: *Der 100 000 Euro Job – Nützliche und neue Ansichten zur Arbeit.* Berlin: Verbrecher.

Spät, Patrick 2013: *Das Leben und der Sinn des Ganzen – Zwischen Nihilismus und einem Funken Moral.* Stuttgart: Schmetterling.

Sprenger, Reinhard K. 2010 (14. Aufl.): *Die Entscheidung liegt bei dir! Wege aus der alltäglichen Unzufriedenheit.* Frankfurt am Main & New York: Campus.

Strasser, Peter 2011: *Was ist Glück? – Über das Gefühl lebendig zu sein.* München: Fink.

Thomä, Dieter 2002: »Der bewegliche Mensch – Moderne Identität aus philosophischer Sicht«. Vortrag im Rahmen der 52. Lindauer Psychotherapiewochen. www.lptw.de/archiv/vortrag/2002/thomae_d.pdf. Zugriff am 19.5.2016.

Timm, Uwe 2013: *Vogelweide.* Köln: Kiepenheuer & Witsch.

Vašek, Thomas 2013: »Wer nicht wagt, ist tot«. *Hohe Luft* Nr. 6/2013, S. 20-27.

LITERATUR

Vašek, Thomas 2015 (TB): *Work-Life-Bullshit – Warum die Trennung von Arbeit und Leben in die Irre führt.* München: Goldmann.

Vinken, Barbara 2014: Interview in der *Zeit*, 04.12.2014, S. 51.

von Schirach, Ariadne 2014: *Du sollst nicht funktionieren – Für eine neue Lebenskunst.* Stuttgart: Tropen.

Watzlawick, Paul 2002: *Die erfundene Wirklichkeit – Wie wissen wir, was wir zu wissen glauben? Beiträge zum Konstruktivismus.* München: Piper.

Weber, Max 2005: *Die protestantische Ethik und der Geist des Kapitalismus.* Erftstadt: Area.

Williams, John 2010: *Screw Work, let's play – How to do what you love and get paid for it.* Harlow u. a.: Prentice Hall.

REGISTER

Peter Plöger
im Carl Hanser Verlag

Warum wir es gerne einfach hätten
und alles immer so kompliziert ist
2013, 322 Seiten

Vereinfachen ist menschlich: Wir müssen uns die Welt überschaubar halten, um überhaupt handeln zu können. Alles bis zur Handhabbarkeit einzudampfen kann aber auch fatal sein. Dann nämlich schlägt die Welt mit ihrer ganzen Komplexität zurück – im Privatleben, in der Arbeit, in der Wirtschaft, in der Politik. Peter Plöger zeigt, wie wir uns die Welt kurz und klein denken – und wann wir das besser lassen sollten. Er zeigt, warum wir uns gerne durch die rosarote Brille sehen – auch wenn das nicht immer richtig ist, warum reines Profitdenken kein gutes Vorbild für eine Gesellschaft ist oder warum das Internet allein noch keine Demokratie macht. Ein Buch, das Mut macht, die Komplexität der Welt auch einmal auszuhalten.

»In diesem Sinne ist Plögers Buch ein Plädoyer für das Aushalten von Unterschieden und Ungereimtheiten.
Für die aufwendige Differenzierung. Für das mühselige Schritt-um-Schritt.
Für die kleinen, aber feinen Lösungen statt des großen Rundumschlags. Exemplarisch und en passant führt Plöger diese Praxis noch an den Beispielen Datenschutz und Urheberrecht vor. Wie er hier radikale Forderungen nach völliger Transparenz und nach freiem Zugang zu immateriellen kulturellen Werken kontert, ist schon für sich genommen höchst lesenswert.
Ein kluger Autor. Ein nützliches Buch.«

Dominik Fehrmann, *changeX*, 24.10.2013

Frank Arnold
im Carl Hanser Verlag

Der beste Rat, den ich je bekam
Lernen von Denkern und Machern
2016, 304 Seiten

Nichts ist so wertvoll wie ein kluger Rat zur richtigen Zeit. In der aktualisierten Neuauflage seines Bestsellers hat Frank Arnold neue Ratschläge von erfolgreichen Denkern und Machern aus dem In- und Ausland versammelt. Star-Unternehmer wie Richard Branson, Eric Schmidt und Steve Jobs, Beraterlegenden wie Roland Berger oder deutsche Spitzenpolitiker wie Wolfgang Schäuble – sie alle schreiben, welches der beste Rat war, den sie in ihrem Leben erhalten haben, wie sie ihn genutzt haben und wie er ihr Leben verändert hat. Ein Buch mit unschätzbaren Anregungen für jeden, der von dem Erfolg dieser Persönlichkeiten für sein Leben und seine Karriere profitieren möchte.

»Ein Kompendium einprägsamer Botschaften, das zum Nachdenken anregt.«
manager magazin, 4/2014

»Die besten Ratschläge 100 erfolgreicher Top-Manager und Unternehmer: unbezahlbar. ... Ein spannendes Buch mit persönlichen Einblicken, die zum Teil sehr überraschen.« Sabine Hockling, *Zeit Online*, 03.04.14

»›Der beste Rat, den ich je bekam‹ ist die passende 5-Minuten-Lektüre für zwischendurch: Kurz und prägnant pro Kapitel ein guter Tipp, der auch das eigene Handeln und Denken befruchten kann.«
management-journal.de, 20.09.14